Beziehungen professionell gestalten

AF237154

STIFTUNG
KBF
gemeinnützige GmbH

Schriftenreihe der
Stiftung KBF

Herausgegeben von
Hans - Peter Färber

Beziehungen professionell gestalten

In Pädagogik, Therapie und Pflege

Herausgegeben
für die Stiftung KBF von

Hans - Peter Färber
Klaus Barthold
Verena Bez
Annette Blunck
Joachim Leibfritz
Gert Mohler
Wolfgang Welte

STIFTUNG
KBF
gemeinnützige GmbH

Bibliografische Information der Deutschen Bibliothek
Die Deutsche Bibliothek verzeichnet diese Publikation in der Deutschen Nationalbibliografie; detaillierte bibliografische Daten sind im Internet abrufbar über <http://dnb.ddb.de>.

Umschlaggestaltung unter Verwendung eines Fotos von Annette Blunck.

Internet: http://www.kbf.de
E - Mail: kbf@kbf.de

Grafik: Sonja Bulling, Tübingen, www.sobulling-design.de
Herstellung und Verlag: Books On Demand GmbH, Norderstedt
Printed in Germany
ISBN 9783752832211

Inhalt

Vorwort

Beziehungen zwischen Menschen bestimmen das ganze Leben. Wir entwickeln uns, lernen und arbeiten in Beziehungen mit anderen. Befindlichkeit und Lebenszufriedenheit hängt wesentlich mit sozialer Einbindung und der Qualität von Beziehungen zusammen. Die Bereitschaft, mit seinem Gegenüber in Beziehung zu treten und sich auf die Begegnung mit ihm einzulassen, ist unabdingbarer Teil professionellen Handelns im sozialen Bereich – ob in der Arbeit mit Kindern, Jugendlichen, Erwachsenen oder mit alten Menschen.

Im Rahmen der 12. Fachtagung befasste sich die KBF mit der Entwicklung und Gestaltung zwischenmenschlicher Beziehungen im professionellen Kontext:

Was zeichnet eine gute, hilfreiche Beziehung aus? Welche Bedeutung hat die Eltern-Kind-Bindung für die weitere Entwicklung? Wie lassen sich Beziehungen und wie lässt sich Beziehungsfähigkeit aufbauen? Welche gelingenden Beziehungsformen gibt es zu Menschen mit Schwermehrfachbehinderung, mit seelischer oder demenzieller Erkrankung? Was tun, wenn sich Menschen gegen eine Beziehungsaufnahme wehren oder die Beziehung abbrechen? Wie wirkt sich herausforderndes Verhalten auf Beziehungen aus? Was macht gute Arbeitsbeziehungen aus? Wie gelingt die professionelle Balance zwischen Nähe und Abgrenzung? Und wie tiefgreifend verändern digitale Medien unsere vertrauten Beziehungsformen? Der vorliegende Band fasst die Beiträge und Ergebnisse der Fachtagung zusammen und zeigt die hohe praktische Relevanz des Themas für die Förderung, Betreuung, Therapie und Pflege von Menschen mit Behinderungen und alten Menschen.

Im Einführungsbeitrag beleuchtet Hans-Jürgen Luderer „Die personenzentrierte Haltung als Grundlage der professionellen Begegnung". Er zeigt, von welcher Aktualität der personenzentrierte Ansatz insbesondere in der Arbeit mit Menschen mit besonderen Bedürfnissen ist.

Ulrike Luxen legt in Ihrem Beitrag das Augenmerk auf Menschen mit sehr besonderen Bedürfnissen: Sie befasst sich mit der Frage, wie Beziehungen mit schwer behinderten Menschen entwicklungsfördernd gestaltet werden können. Sie entfaltet das Konzept der entwicklungsfreundlichen Beziehung und knüpft ebenfalls an der personenzentrierten Grundhaltung von Carl Rogers an.

Auch Adelheid Schulz befasst sich in ihrem Beitrag zur motivorientierten Beziehungsgestaltung mit Menschen mit sogenanntem herausforderndem Verhalten. Sie weist darauf hin, dass dieses Verhalten nicht selten mit Frustrationserfahrungen in nicht gelingenden Beziehungen zusammenhängt. Gute Beziehungen zu Menschen mit geistiger Behinderung orientieren sich an den Motiven der betreuten Menschen und sie ermöglichen eine Reduktion problematischen Verhaltens.

Im Beitrag von Ellen Vahl-Seyfarth geht es um Beziehungen zwischen Geschwistern. Sie ist die in der Regel die am längsten währende, unaufkündbare menschliche Beziehung. Mit engem Bezug zu den Lebenserfahrungen vieler Menschen schildert die Autorin die Bedeutung von Geschwisterkonstellationen für die individuelle Entwicklung und widmet sich der Frage, welche Auswirkungen Behinderungen von Kindern auf die Beziehungen zwischen den Geschwistern haben können.

Mone Welsche beschreibt die Bedeutung von bewegter Beziehungserfahrung für die kindliche Entwicklung und betont besonders die Bedeutung der Aspekte Kindgemäßheit, leiblich-affektive Abstimmung und leiblicher Dialog für das Gelingen von Beziehungserfahrungen.

Was für Menschen mit geistigen Behinderungen gilt – Frustrationserlebnisse in förderlichen Beziehungen reduzieren und bearbeitbar machen, das gilt auch für die „Systemsprenger" im Aufsatz von Martin Feuling. Er schildert nach einer Einführung in die Theorie der gesprengten Institution in einem Fallbeispiel wie und warum Beziehungen explosiv werden können.

Gerd Hölter weist darauf hin, dass sogenannte. „unspezifische" Faktoren, und hier an prominenter Stelle die Beziehungsgestaltung, stärker über Erfolg und Misserfolg von Interventionen in der pädagogischen Arbeit entscheiden als sogenannte „spezifische" Faktoren. Beispielhaft skizziert Hölter drei Interventionstechniken im Umgang mit verhaltensschwierigen Kindern und Jugendlichen. Die professionelle Beziehungsgestaltung zu den betreuten Kindern und Jugendlichen ist dabei ein entscheidender Faktor in der Anwendung dieser Techniken.

Silvia Bender-Joans stellt in ihrem Beitrag vor, wie mit der Marte Meo-Methode gelingende kommunikative Situationen zur Entwicklungsförderung von Kindern gestaltet und deren Entwicklungsbotschaften verstanden und begleitet werden können.

Daniela Bauer und Nina Deuschle zeigen in ihrem Beitrag auf, wie wichtig psychosoziale Entwicklung des Individuums und für den Beziehungsaufbau zu Menschen mit Behinderungen das Erkennen und Berücksichtigen der charakteristischen emotionalen Bedürfnisse ist. Eine angemessene, passende Reaktion der Umwelt auf die basalen emotionalen Bedürfnisse ist Voraussetzung für eine gesunde psychische Entwicklung einer Person. Es geht vor allem um Verstehen, Anerkennen und Berücksichtigen, also um eine verstehende Haltung. Ausschlaggebend ist dabei die Haltung, mit der der betreffenden Person begegnet wird.

Friedgard Blob beschäftigt sich in ihrem Beitrag mit einem besonderen Aspekt von Beziehungen: der Abgrenzung. Abgrenzung ist eine der wichtigen Verhaltensweisen für Professionelle zur Vorbeugung beruflicher Erschöpfung. Aber auch in der Beziehung zu betreuten Personen ist das Nein wertvoll: Es ist ein Zeichen von Präsenz, die beschrieben wird als eine vertiefte Form von unbedingter positiver Wertschätzung. Friedgard Blob erläutert welche Bedeutung hierfür vor allem auch die körperliche Präsenz hat.

Die Art und Weise, wie Menschen zueinander Beziehungen aufbauen und Beziehungen zueinander pflegen ist in starkem Maße abhängig vom kulturellen Hintergrund der beteiligten Personen. Laura Bossong macht deutlich, was die Hintergründe für unterschiedliche Wert- und Erziehungsvorstellungen von Menschen aus unterschiedlichen Kulturen sind, was für den Aufbau guter Beziehungen beachtet werden muss und wie Kommunikation in solchen Konstellationen gelingen kann.

Claudia Rückert stellt Ergebnisse aus einem Forschungsprojekt vor: Sie untersucht wie sich Bindungsverhalten bei Jugendlichen auf deren beruflichen Perspektiven auswirkt.

Mone Welsche beschreibt in einem zweiten Beitrag gemeinsam mit Ralph Wertmann die Beziehungsorientierte Bewegungspädagogik nach Veronica Sherborne. In den typischen Bewegungsaktivitäten wird weitestgehend auf Material verzichtet und sowohl Beziehungserfahrung zur eigenen Person als auch zu anderen Menschen vermittelt.

In einem weiteren Beitrag zeigt Mone Welsche das pädagogische Potential zur Erweiterung emotional-sozialer Kompetenzen auf, das im Konzept des Ringen und Raufens auch für Kinder und Jugendliche mit kognitiven Beeinträchtigungen steckt.

Gottfried-Maria Barth blickt als Kinder-und Jugendpsychiater auf die Frage, wie neue Medien Beziehungen verändern, welche Möglichkeiten und Gefahren diese mit sich bringen. Barth rät zur Gelassenheit und zur differenzierten Betrachtung der Thematik.

Die 12. Fachtagung der KBF hatte das Ziel, den Teilnehmerinnen und Teilnehmern mit einem breit gefächerten Programm Impulse und Anregungen zur Reflektion von Beziehungen aber auch zur Verbesserung von Beziehungen in der pädagogisch-therapeutischen Arbeit zu geben.

Die Beiträge dieses Buches widmen sich folgenden wichtigen Fragen: Was zeichnet eine gute, hilfreiche Beziehung aus? Welche Bedeutung hat die Eltern-Kind-Bindung für die weitere Entwicklung? Wie lassen sich Beziehungen und wie lässt sich Beziehungsfähigkeit aufbauen? Welche gelingenden Beziehungsformen gibt es zu Menschen mit Schwermehrfachbehinderung, mit seelischer oder demenzieller Erkrankung? Was tun, wenn sich Menschen gegen eine Beziehungsaufnahme wehren oder die Beziehung abbrechen? Wie wirkt sich herausforderndes Verhalten auf Beziehungen aus? Was macht gute Arbeitsbeziehungen aus? Wie gelingt die professionelle Balance zwischen Nähe und Abgrenzung? Und wie tiefgreifend verändern digitale Medien unsere vertrauten Beziehungsformen?
Wir freuen uns, mit diesem Buch, das eine Vielzahl der Tagungsbeiträge dokumentiert, die Reihe der KBF-Publikationen um einen Band erweitern zu können.

Mössingen 2018
Die HerausgeberInnen

Hans-Jürgen Luderer:

Die personzentrierte Haltung als Grundlage der professionellen Begegnung
Was hat uns Carl Rogers heute noch zu sagen?

Einführung

In den 1930er, 1940er und 1950er Jahren entwickelte der amerikanische Psychologe Carl Ransom Rogers eines der damals innovativsten Modelle der Beratung und Psychotherapie. Er formulierte Prinzipien der professionellen Beziehungsgestaltung zu Klienten, Angehörigen, Kollegen und Schülern, deren Charakteristika – Wertschätzung, Empathie und Echtheit – inzwischen zum Allgemeingut geworden sind.

Im folgenden Beitrag soll auf die Entstehung und die Bedeutung dieser Prinzipien für den Kontakt zu Personen mit psychischen Problemen allgemein und für die Beziehungsgestaltung zu Menschen mit Behinderungen und unterstützungsbedürftigen alten Menschen eingegangen werden.

Entstehung der Prinzipien professioneller Beziehungsgestaltung: das Lebenswerk des amerikanischen Psychologen Carl Ransom Rogers

Viele psychotherapeutische Ansätze stehen in engem Zusammenhang mit bestimmten Personen. Die Psychoanalyse wäre ohne Sigmund Freud (1856-1939) kaum denkbar. Weitere tiefenpsychologische Schulen gehen auf Schüler Sigmund Freuds wie Carl Gustav Jung (1875-1961), Alfred Adler (1870-1937), Karl Abraham (1877-1925), Sandor Ferenczi (1873-1933) und andere zurück. Die Gestalttherapie wurde von Fritz Perls (1893-1970) geprägt, das Psychodrama von Iakov Levi Moreno (1889-1974), die Dialektisch-behaviorale Therapie (DBT) von Marsha M. Linehan (*1943), das Motivational Interviewing von William R. Miller (*1947) und Stephen Rollnick (*1952), und die Schematherapie von Jeffrey E. Young (*1950).

Carl Rogers (1902-1987) entwickelte Grundzüge des personzentrierten Ansatzes ab den 1930er Jahren. Nach Abschluss des Psychologiestudiums

arbeitete er von 1928-1940 an einer Beratungsstelle für Eltern sozial auffäl-
liger Kinder in Rochester (New York). Es waren entscheidende Jahre für die
Entwicklung eines eigenen Beratungs- und Psychotherapiekonzepts, denn
er stellte dort fest, wie wenig er mit dem anfangen konnte, was er bisher
gelernt hatte. Eine seiner eindrücklichsten Erfahrungen war sein Scheitern,
wenn er glaubte, die Ursache des auffälligen Verhaltens eines Kindes erkannt zu haben. Versuche, diese Erkenntnis dem Kind oder den Eltern zu
erklären, misslangen regelmäßig. Das ließ eine zentrale Kenntnis in ihm rei-
fen: nicht die beratende Person, sondern die ratsuchende muss die Lösung
für ihr Problem finden.

Unter dem Einfluss der Schriften des Psychoanalytikers Otto Rank kam
er zudem zur Überzeugung, dass sich Berater und Psychotherapeuten weniger mit der Vergangenheit und mehr mit dem aktuellen Erleben der Betroffenen beschäftigen.

Im Jahr 1939 veröffentlichte Carl Rogers sein erstes Buch, „The Clinical
Treatment of the Problem Child." Hierin fasste er die Erfahrungen von
über 10 Jahren Arbeit mit Kindern und deren Familien zusammen. Er legte
dar, wie wichtig es für Berater und Therapeuten ist, die Eltern der Kinder
als Personen zu akzeptieren. Nur dadurch könnten die Eltern lernen, ihre
Kinder zu akzeptieren.

Was dann geschah, klingt heute unglaublich. Im Jahr der Publikation
wurde ein praktisch in der Beratung tätiger Psychologe mit bisher gerade einmal neun Veröffentlichungen in Fachzeitschriften und einem Buch
(Schmid 1999) als Professor an die Ohio State University berufen.

Dort begann er als erster Psychotherapeut, Tonaufnahmen von Beratungsgesprächen anzufertigen. Dadurch konnte er das, was in diesen Gesprächen tatsächlich geschah, einer kritischen Betrachtung unterziehen und
untersuchen. Gleichzeitig arbeitete er an der weiteren Entwicklung seiner
Idee von Beratung und Psychotherapie. 1940 legte er in einem Vortrag an
der University of Minnesota mit dem Titel "New Concepts of Psychotherapy" dar, dass das wesentliche Ziel der Psychotherapie, wie er sie verstehe,
nicht die Beseitigung einzelner Probleme, sondern die Unterstützung der
Persönlichkeitsentwicklung sei. Emotionale Aspekte seien wichtiger als kognitive, die Gegenwart sei wichtiger als die Vergangenheit.

Sein zweites Buch "Counseling and Psychotherapy" (1942) ist allein
schon wegen seines englischen Titels bemerkenswert. „Counseling" bedeu-

tet „Beratung", aber in einem engeren Sinn als im Deutschen.

Unter dem deutschen Wort „Beratung" versteht man unter anderem auch Kaufberatung, Anlageberatung, technische Beratung oder EDV-Beratung, und das heißt im Englischen „consulting" oder „advice". Mit „Counseling" ist ausschließlich psychosoziale Beratung gemeint, z. B. Lebensberatung, Eheberatung oder Suchtberatung.

In dem Buch betont er die Gemeinsamkeiten von psychosozialer Beratung und Psychotherapie und führt weiter aus, Berater sollten keine Lenkung des Gesprächs durch Fragen, Ratschläge und Anweisungen vornehmen, sondern vor allem ein Klima von Wärme und Akzeptanz schaffen. Als einige therapeutische Technik nannte er die Empathie.

Empathie verstand Rogers von Anfang an als Fähigkeit, nicht nur das Erleben einer anderen Person nachzuempfinden, sondern auch das Verstandene in Worte zu fassen. Zur Unterscheidung dieser beiden Aspekte wird heute die Haltung häufig als Empathie und die Intervention als empathische Reaktion („empathic response") bezeichnet (Behr et al 2017, S. 41).

1945 folgte er einem Ruf an die Universität Chicago. Dort veröffentlichte er 1951 sein drittes Buch, „Client-Centered Therapy". In diesem präzisierte er die akzeptierende Grundhaltung als Basis der Begegnung und das Reflektieren der Gefühle betroffener Personen als Basis des Handelns in Beratung und Psychotherapie.

1957 wechselte er an die Universität von Wisconsin und blieb dort bis 1968. Danach setzte er sich mit der Ausweitung des personzentrierten Ansatzes in andere Lebensbereiche ein. Er vertrat die Auffassung, Beratung und Psychotherapie seien lediglich Sonderformen zwischenmenschlichen Umgangs. Die grundsätzliche Interventions- und Interaktionsregeln seien jedoch für alle sozialen Kontakte gültig, und die Bedingungen der konstruktiven Persönlichkeitsänderung durch Beratung und Psychotherapie seien bei jeder Form der Weiterentwicklung einer Persönlichkeit gleich.

1987 wurde er für den Friedensnobelpreis nominiert, starb jedoch kurz darauf an den Folgen einer Oberschenkelhalsfraktur.

Zwei seiner wichtigsten Arbeiten seien an dieser Stelle erwähnt: die Publikationen über die Entwicklung der Persönlichkeit und die Entstehung psychischer Probleme (Rogers 1959) und über die notwendigen und hinreichenden Bedingungen einer Persönlichkeitsänderung durch Psychotherapie (Rogers 1957).

Rogers 1959: die Entwicklung der Persönlichkeit und die Entstehung psychischer Probleme

1959 fasste Rogers seine Gedanken zur Entwicklung der menschlichen Persönlichkeit ausführlich zusammen. Er postulierte dazu ein einziges Grundmotiv menschlichen Handelns, die „aktualisierende Tendenz". Hierunter verstand er die generelle Tendenz des Organismus, sich so zu verhalten, dass er existieren und wachsen kann. Die aktualisierende Tendenz treibt den Menschen dazu, seine grundlegenden körperlichen Bedürfnisse wie Essen, Trinken und Sexualität zu befriedigen, unangenehme Spannungen zu reduzieren, aber auch Spannungen zu suchen. Wenn der Mensch lernt, seine eigene Person und ihre Beziehungen zu anderen Menschen oder Dingen bewusst wahrzunehmen, beginnt die aktualisierende Tendenz auch, die eigene Persönlichkeit, das Selbst, einzubeziehen.

Die selbstaktualisierende Tendenz ist somit die Kraft, die den Menschen zur Weiterentwicklung seiner Person anregt. Damit entsteht auch das Bedürfnis nach unbedingter, d. h. nicht an bestimmte Bedingungen geknüpfter positiver Wertschätzung durch wichtige Bezugspersonen. Wenn er diese positive Wertschätzung erfährt, wird er lernen, sich selbst als Person uneingeschränkt anzunehmen und sein Erleben und Verhalten auf der Grundlage seiner aktualisierenden Tendenz zu bewerten. Rogers spricht in diesem Zusammenhang vom organismischen Bewertungsprozess. Selbst und Erfahrung stimmen überein.

Aus dieser Theorie der Persönlichkeitsentwicklung leitete Rogers eine Theorie zur Entstehung psychischer Probleme ab. Die Erfahrung mangelnder Akzeptanz durch andere führt zur Selbstakzeptanz mit Vorbedingungen („Ich bin nur in Ordnung, wenn…"). Vor diesen Aspekten der eigenen Person wird eine Person dann ihre Augen verschließen. Dadurch können bestimmte Erfahrungen nicht in das Bewusstsein gelangen und in das Selbst integriert werden. Selbst und Erfahrung sind dann nicht mehr in Übereinstimmung. Diese mangelnde Übereinstimmung bezeichnete Rogers als Inkongruenz. Sie wird zunächst nicht bewusst wahrgenommen, jedoch als diffuse Bedrohung erlebt.

Wenn eine Person die mangelnde Übereinstimmung zwischen Selbst und Erfahrung wahrnimmt, mit einem anderen Menschen in Kontakt tritt und dann die Erfahrung unbedingter positiver Wertschätzung macht, wird sie unabhängiger von Wertbedingungen. Erfahrungen, die vorher abgewehrt wurden, können ins Bewusstsein gelangen und werden nicht durch Wertbedingungen, sondern durch den organismischen Bewertungsprozess beurteilt.

Kritik am Modell der Entstehung psychischer Probleme

Dieses Modell zeigt zum einen das ungeheuer optimistische Menschenbild, das dem personzentrierten Ansatz zugrunde liegt. Es bildet die Basis eines positiven, zugewandten Umgangs mit anderen Menschen, vor allem mit denjenigen, die auf psychosoziale Unterstützung angewiesen sind. Auf der anderen Seite können bestimmte Thesen heute nicht mehr aufrechterhalten werden.

Zum einen handelt es sich bei dem von Rogers (1959) vorgelegten Modell um eine rein psychologische Theorie der Entstehung psychischer Probleme, in dem biologische oder soziale Faktoren nicht vorkommen. Man weiß aber inzwischen, dass bei allen psychischen Problemen und Störungen biologische, soziale und psychische Faktoren Entstehung und Verlauf bestimmen. Nicht alle psychischen Probleme entstehen als Folge fehlender Akzeptanz durch die Herkunftsfamilie oder andere Bezugspersonen („Wertbedingungen").

Mangelnde Übereinstimmung zwischen Selbst und Erfahrung kann zudem nicht nur die Ursache, sondern auch die Folge psychischer Störungen oder körperlicher Krankheiten und Behinderungen sein. Die Einschränkungen des Lebens durch angeborene oder erworbene Körperbehinderungen, geistige Behinderungen, Demenzen oder Schizophrenien bringen Probleme mit sich, die nicht als Folge mangelnder Akzeptanz durch frühere oder aktuelle Bezugspersonen erklärt werden können.

Das klassische Inkongruenzmodell psychischer Probleme und Störungen (Rogers 1959) ist insofern zu eng.

Rogers 1957: Das personzentrierte Modell von Beratung und Psychotherapie

Rogers geht in seinem kurzen, nur neunseitigen Beitrag über die notwendigen und hinreichenden Bedingungen durch Psychotherapie davon aus, dass zunächst ein Kontakt zwischen zwei Personen zustande kommen muss.

Die hilfesuchende Person ist mit sich selbst uneins („Inkongruenz"). Die andere, eine psychotherapeutisch tätige Person, ist in der Lage, sich ihr gesamtes Erleben zu vergegenwärtigen ("Kongruenz"). Sie ist der hilfesuchenden Person ohne Vorbedingungen positiv zugewandt ("nicht an Bedingungen geknüpfte Wertschätzung"), in der Lage, sich in die hilfesuchende Person einzufühlen, sie zu verstehen und ihr das Verstandene mitzuteilen ("Empathie"). Kongruenz, nicht an Bedingungen geknüpfte positive Wertschätzung und einfühlendes Verstehen wurden von Rogers als "notwendige und hinreichende Bedingungen für eine Veränderung der Persönlichkeit durch Psychotherapie" von Seiten der helfenden Person gesehen. Sie bilden auch heute noch die Grundlage des personzentrierten Vorgehens.

Von Seiten der hilfesuchenden Person müssen nach Rogers (1957) ebenfalls drei Bedingungen erfüllt sein: das Entstehen eines Kontakts, die mangelnde Übereinstimmung von Erleben und Selbstbild bei der betroffenen Person und die Wahrnehmung des Beziehungsangebots durch die betroffene Person.

Personzentrierter Ansatz: Empathie

Empathie bezeichnet, wie oben mehrfach dargelegt, die Fähigkeit, sich in die persönliche Wahrnehmungs- und Erlebenswelt einer anderen Person kognitiv und emotional einzufühlen, sie zu verstehen und der Person das Verstandene mitzuteilen. Die Mitteilung des Verstandenen wird als empathisches Reagieren („empathic response") bezeichnet (Behr et al. 2017; S. 41). Empathie bezeichnet die Haltung, empathisches Reagieren die Intervention.

Das, was empathisch verstanden werden soll, die persönliche Wahrnehmungs- und Erlebenswelt ist bei verschiedenen Menschen unterschiedlich. Sie hängt vom Lebensalter, von der sozialen Situation, von den bestehenden psychosozialen Problemen und von Beeinträchtigungen der körperlichen, geistigen und psychischen Gesundheit ab. Zentrale Aufgabe professioneller Gesprächspartner ist es, diese Faktoren und ihre Bedeutung für die betroffene Person zu erkennen, verstehend nachzuvollziehen und eine angemessene Art der Mitteilung des Verstandenen zu finden.

Zur Erläuterung soll an dieser Stelle ein Beispiel dienen, das nicht die Zielgruppe der Menschen mit Behinderungen und alten Menschen betrifft.

Stellen Sie sich vor: eine 42-jährige Lehrerin kommt zu Ihnen, möchte sich von Ihrem Mann trennen und fragt: „Wie soll ich ihm das beibringen?"
Als Reaktion auf diese Frage sind prinzipiell zwei Vorgehensweisen denkbar:
1. Sie fragen nach der ehelichen Situation und ihren Gründen für die Trennung, und dann suchen Sie gemeinsam nach Möglichkeiten, was sie ihrem Mann sagen könnte. Damit geben Sie die Richtung vor, in die sich das Gespräch entwickelt.
2. Sie versuchen, zunächst die Gedanken und Gefühle zu erahnen, mit denen sie sich bei ihrer Frage auseinandersetzt. Dazu stellen Sie sich zu erst die Frage, wie sicher sie wohl in ihrem Entschluss sein mag und geben diese Frage an sie weiter:
„Wenn Sie diese Frage so stellen, heißt es dann, Sie sind sicher, dass Sie sich trennen möchten?" Diese Frage kann sie mit „ja" oder mit „Viel leicht bin ich doch nicht so ganz sicher" beantworten. Je nach der Ant-wort kann sich das Gespräch in zwei völlig unterschiedliche Richtungen entwickeln.
Wenn sie Frage mit „Ja" beantwortet, könnte die nächste Intervention lauten:
„Diese Entscheidung haben Sie sich sicher nicht leicht gemacht."
Sie wird dann von sich aus auf ihre Gründe für die Trennung zu spre-chen kommen und sich dann mit der Frage auseinandersetzen, was es ihr so schwer macht, das mit ihrem Mann zu besprechen.
Wenn sie die Frage mit „Vielleicht bin ich doch nicht so ganz sicher" beantwortet, wird das Thema des Gesprächs zunächst ihre Unsicher-heit sein. Dieses Thema können Sie mit den Worten einleiten:
„Zeitweise wissen Sie ganz genau, was Sie wollen, aber dann wieder kommen Ihnen Zweifel?"

In diesem Beispiel wird deutlich, wie sehr das, was in einem Gespräch ge-schieht, von der beratenden Person abhängt. Bei der ersten Vorgehensweise bestimmt die beratende Person, was geschieht. Sie stellt zunächst die Fragen, die ratsuchende Person gibt die Antworten. Bei der zweiten, der personzent-rierten Vorgehensweise, kann sich das Gespräch in mehrere Richtungen ent-wickeln, und die ratsuchende Person hat eine wesentlich aktivere Rolle.

Personzentrierter Ansatz: unbedingte positive Wertschätzung

Im personzentrierten Ansatz wird eine positive Wertschätzung angestrebt, die nicht an Bedingungen geknüpft ist. Diese soll in erste Linie der betroffenen Person und ihrem Erleben entgegengebracht werden, nicht unbedingt ihrem gesamten Verhalten. Das Verhalten selbst soll beim Gespräch zunächst kein zentrales Thema sein, sondern Frage, wie die betroffene Person selbst zu sich und ihrem Verhalten steht.

Jeder Mensch hat bestimmte Grenzen der Fähigkeit und Bereitschaft, Erleben und Verhalten einer anderen Person zu akzeptieren. Psychosoziale Fachkräfte müssen jedoch besser als Angehörige anderer Berufe in der Lage sein, Akzeptanzprobleme in Form versteckter negativer Gefühle bei sich zu erkennen.

Akzeptanzprobleme gefährden die Beziehung zwischen psychosozialer Fachkraft und betroffener Person. Ein offenes Ansprechen der Akzeptanzprobleme bedeutet jedoch eine Überforderung der betroffenen Person.

Deshalb sollen Akzeptanzprobleme in Teambesprechungen und Supervisionen und nicht im Kontakt mit betroffenen Personen zur Sprache kommen. Ein wichtiges Ziel der Weiterentwicklung psychosozialer Fachkräfte ist es dabei, die Grenzen der Akzeptanzfähigkeit zu erweitern.

Personzentrierter Ansatz: Kongruenz (Andere Bezeichnungen: Echtheit, Authentizität)

Kongruenz bedeutet: eine Person ist in der Lage, sich ihr gesamtes Erleben zu vergegenwärtigen und prinzipiell bereit, dieses gegenüber betroffenen Personen zu kommunizieren. Das bedeutet allerdings nicht, dass es grundsätzlich sinnvoll ist, dies auch zu tun. Die Grenzen der offenen Kommunikation werden durch Empathie und Akzeptanz bestimmt.

Echtheit ohne Empathie und Akzeptanz ist rücksichtslos, Empathie und Akzeptanz ohne Kongruenz sind verlogen. Alle psychosozialen Fachkräfte müssen ihren Weg der Verwirklichung aller Merkmale hilfreicher Kontakte mit den ihnen anvertrauten Personen finden.

Personzentrierter Ansatz: Diagnosen

Viele Vertreter des personzentrierten Ansatzes lehnen eine Klassifikation psychischer Probleme und Auffälligkeiten ab. Carl Rogers nahm zu diesen Fragen in dem Buch „Client-Centered Therapy (Rogers 1951, p. 219-231, deutsch 1972, S. 205-215) Stellung. Unter anderem stellt er fest, die „Diagnose der psychologischen Dynamik" sei unnötig und nachteilig (S. 223, deutsch S. 209). Bei der Begründung dieser Auffassung ging er zunächst auf die Grundprinzipien des Diagnostizierens in der somatischen Medizin ein, gegen die er nichts einzuwenden hatte. Bei psychologischen Diagnosen sah er die Gefahr der sozialen Bewertung und Manipulation (Rogers 1951, S. 224). Die Diagnose einer Nierenentzündung beinhalte kein soziales Urteil.

Wenn aber ein psychologischer Experte die beruflichen Ziele, die Gestaltung der Ehe oder die religiöse Haltung eines Klienten als unreif beurteile, gebe er damit ein negatives soziales Urteil ab. Eine Änderung der Werte einer hilfesuchenden Person im Sinne einer Expertenmeinung sei eine fremdgesteuerte und damit manipulative Einflussnahme.

Es ist offensichtlich, dass diese Kritik nicht die heute üblichen beschreibenden Diagnosen und heutige diagnostische Systeme wie IDC-10 (1992) oder DSM-5 (2013) betrifft, sondern soziale Bewertung und Intransparenz beim Umgang mit Diagnosen.

Ziel eines personzentrierten Umgangs mit Diagnosen ist es, Erleben und Verhalten der betroffenen Personen nachzuvollziehen, zu beschreiben und einzuordnen. Dabei können spontane Äußerungen der betroffenen Person, Antworten auf gezielte Fragen, Schilderungen von anderen Personen und weitere Informationsquellen herangezogen werden. Bei allen diagnostischen Handlungen ist größtmögliche Transparenz anzustreben.

Eine soziale Bewertung des Erlebens und Verhaltens ist abzulehnen. Experten stehen bei alledem in der Verantwortung, den Betroffenen zu helfen, ihre Situation zu verstehen und Autonomie zurückzugewinnen (Behr et al. 2018).

Carl Rogers und das Menschenbild der KBF

Die Stiftung KBF GmbH ist Träger eines Netzes von derzeit 75 Förder-einrichtungen an 23 Standorten für Menschen mit Behinderungen und alte Menschen im Raum Tübingen-Reutlingen. Es handelt sich um ambulante Einrichtungen der Frühförderung, Integrative Kindertageseinrichtungen mit Schulkindergärten, Kindertagesstätten, um stationäre Einrichtungen für erwachsene Menschen mit Behinderung und für Senioren sowie um mobile soziale und pflegerische Dienste. Grundlage der Arbeit mit den Be-troffenen ist ein humanistisches Menschenbild (https://de.wikipedia.org/wiki/Stiftung_KBF).

Dieses wurde 1998 erstmals in Form einer Broschüre unter dem Titel „Unser Verständnis vom Menschen" veröffentlicht und 2004 überarbeitet. 2011 wurde eine inhaltlich unveränderte Neuauflage gedruckt. Im Folgen-den werden wir das in der Broschüre skizzierte Menschenbild zusammen-fassen und seine personzentrierten Wurzeln aufzeigen.

Grundlage jeder Begegnung und Förderung in der KBF ist nach dieser Broschüre die Achtung der Würde, der Einzigartigkeit, der Ganzheitlichkeit und der Identität der Bewohner der stationären bzw. der Nutzer der ambu-lanten Einrichtungen.

Achtung der Würde bedeutet, die betroffenen Personen in ihrer Eigen-heit zu respektieren, sie nicht an anderen zu messen sowie ihre Gefühle und Lebensvorstellungen zu achten. Ziele sind der partnerschaftliche Umgang mit Menschen mit Behinderung und mit alten Menschen.
Die Verantwortlichen betonen dabei die Gleichwertigkeit von Menschen mit und ohne Behinderung.

Die KBF-Leitlinie „Achtung der Würde" ist somit eine zielgruppenspe-zifische Formulierung des personzentrierten Prinzips der Akzeptanz.
Ein wichtiger Aspekt der Akzeptanz ist die strikte Ablehnung einer sozialen Bewertung Betroffener.

Achtung der Einzigartigkeit bedeutet, die Verschiedenheit genetischer Voraussetzungen und psychosozialer Entwicklungsbedingungen zu akzep-tieren, keinen Druck zur Anpassung des Schwächeren an die Wertvorstel-lungen des Stärkeren auszuüben und sich in die Andersartigkeit des Schwä-cheren einzufühlen.

Respektieren der Einzigartigkeit subjektiv empfundener Gefühlszustände behält im Blick, dass Menschen mit gleichen oder ähnlichen Behinderungen unterschiedliche Menschen sind und bleiben. Der Blick auf die Behinderung darf nicht den Blick auf den einzelnen Menschen verstellen.

Dies gilt auch für alte Menschen. Nicht jede altersbedingte Veränderung wirkt sich auf betroffene Personen gleich aus. Jeder Einzelne bedarf deshalb einer individuellen Begegnung, Förderung, Behandlung und Betreuung.

Achtung der Ganzheitlichkeit versteht Körper, Seele, Geist und soziale Beziehungen als verschiedene Aspekte einer Person, die sich nur bei Kooperation der verschiedenen in der KBF tätigen Berufsgruppen erfassen lassen.

Insofern erweitern die KBF-Leitlinien „Achtung der Einzigartigkeit" und „Achtung der Ganzheitlichkeit" das personzentrierte Modell der persönlichen Entwicklung (Rogers 1959) um biologische und soziale Faktoren und letztlich um eine zielgruppenspezifische Formulierung des Prinzips der Empathie und um die Komponente der interdisziplinären Zusammenarbeit.

Eine zentrale Rolle im Menschenbild der KBF nimmt die Achtung der Identität ein. Hier findet sich die Idee der aktualisierenden und selbstaktualisierenden Tendenz (Rogers 1959) wieder: Alle Lebewesen tragen eine Kraft in sich, die ihr Wachstum und ihre Entwicklung vorantreibt und erhält. Diese Kraft strebt in frühen Lebensphasen die stetige Veränderung an und konzentriert sich im Verlauf des Lebens immer mehr auf das Bewahren des Erreichten. So bestimmt sie den Weg zur Entwicklung und Bewahrung der eigenen Identität. Grundlage dieser Leitlinie ist das optimistische personzentrierte Menschenbild, das allerdings modifiziert wird.

So ist in der Broschüre zu lesen, dass die menschliche Sozialisation sich im Spannungsfeld zwischen der eigenen Person und den Erwartungen der Umgebung bewege, und dass von außen herangetragene Normen, Erwartungen, Ansprüche und Werte auf das Selbstideal jeder Person Einfluss nehmen. Wenn reales Selbstbild und reales Verhalten mit dem Selbstideal in Einklang seien, erlebe sich die betroffene Person als frei, selbstbestimmt und eigenverantwortlich.

In Ergänzung des ursprünglichen Konzepts der Wertbedingungen werden hier die Erwartungen der Umgebung nicht nur als Quelle von Wertbedingungen, sondern als durchaus hilfreiche Orientierungshilfen gesehen.

Für Menschen mit Behinderungen ist die Auseinandersetzung mit den

Erwartungen der Umgebung und der Vergleich mit Menschen ohne Behinderung unausweichlich. Psychosoziale Fachkräfte können sie unterstützen, indem sie gemeinsam mit ihnen nach Antworten auf die Frage suchen, wie weit eine Erfüllung dieser Erwartungen möglich ist und welche Abstriche die betroffene Person hinnehmen muss. So können sie ihnen beim bisweilen außerordentlich schmerzlichen Prozess des Akzeptierens der eigenen Grenzen und der eigenen Behinderung helfen.

Alte Menschen spüren ihre Grenzen besonders deutlich. Sie orientieren sich oft an den Möglichkeiten in früheren Lebensabschnitten. Psychosoziale Fachkräfte stehen hier vor der Aufgabe, sie sowohl beim Aufrechterhalten früherer Fähigkeiten als auch bei der Wahrnehmung und Akzeptanz unabänderlicher körperlicher und psychischer Einschränkungen zu unterstützen.

Wiederum ist die KBF-Leitlinie „Achtung der Identität" eine zielgruppenspezifische Formulierung von Empathie und Akzeptanz. Sie bezieht sich auf Menschen mit weniger schweren geistigen Behinderungen und auf das „normale" Altern, aber nicht auf schwere Behinderungen und Demenzen. Bei schweren geistigen Behinderungen und Demenzen sind die Möglichkeiten der Wahrnehmung und der bewussten Auseinandersetzung mit den eigenen Grenzen eingeschränkt. Diese Einschränkungen nehmen bei fortschreitender Demenz zu.

Das Menschenbild der KBF – Zusammenfassung

Das Menschenbild der KBF beruht auf dem Menschenbild, das Carl Rogers in der 1940er und 1950er Jahren entwickelt hat. Es ist der gelungene Versuch der Anwendung des personzentrierten Konzepts auf das Erleben und Verhalten von Menschen mit Behinderungen und alten Menschen.

Die Autoren der Broschüre „Unser Verständnis vom Menschen" haben es weitergedacht und damit weiterentwickelt.

Es ist bemerkenswert, dass ein Unternehmen personzentrierte Prinzipien zu seiner Unternehmensphilosophie macht. Was würde Carl Rogers heute dazu sagen? Er wäre beeindruckt.

Literatur

Behr M., Hüsson D., Luderer H.J., Vahrenkamp, S.: Gespräche hilfreich führen, Band 1. Beltz, Weinheim, 2017

Behr, M., Hüsson, D., Luderer, H.J.: Gespräche hilfreich führen, Band 2. Beltz, Weinheim, erscheint 2018

KBF (2011): Unser Verständnis vom Menschen. KBF Neckar-Alb, Mössingen, Eigenverlag

Rogers, C.R. (1939): The Clinical Treatment of the Problem Child. Houghton Mifflin, Boston

Rogers, C.R. (1940): Some newer concepts of psychotherapy. Manuscript 1940 (20 pp.). Lecture given at the University of Minnesota, December 11, 1940.

Rogers, C.R. (1942): Counseling and psychotherapy Houghton Mifflin, Boston (Deutsch: Die nicht-direktive Beratung,. Kindler, München, 1972)

Rogers, C.R. (1951): Client-Centered Therapy. Boston: Houghton Mifflin. Deutsch: Rogers, C. R. (1973). Die klientenzentrierte Gesprächspsychotherapie. München: Kindler.

Rogers, C.R. (1957): The necessary and sufficient conditions of therapeutic personality change. J Consult. Psychol 21: 95–103.

Rogers, C.R. (1959): A theory of therapy, personality, and interpersonal relationship as developed in the client-centered framework. In: Koch S (Hrs.). Psychology: A Study of a Science Vol. 3. New York (Mc Graw-Hill) , S 184-256: (Deutsch: Eine Theorie der Psychotherapie, der Persönlichkeit und der zwischenmenschlichen Beziehungen. Köln (GwG) 1987.)

Schmid, P.F. (1999): Carl R. Rogers: Chronolocical Bibliography – Chronologische Bibliografie. http://www.pfs-online.at/1/bibliocrr.htm

Ulrike Luxen

„Ich brauche dich doch" – Herausforderndes Verhalten entwicklungsfreundlich beantworten

Ich brauche dich doch! Ein dringlicher Hilferuf! Oder eine Provokation, wörtlich übersetzt eine Herausforderung? Und diese entwicklungsfreundlich beantworten? Wenn doch Provokation häufig mit Feindseligkeit gleichgesetzt wird und oft wenig akzeptierende Gefühle oder zumindest Hilflosigkeit auslöst? Wie das gehen kann, sei am Fall Irina dargestellt.

Die Medizin findet für Irina folgende Kategorien:
*   chronisches hirnorganisches Psychosyndrom mit geistiger Behinderung ohne Sprachentwicklung
*   Minderwuchs – die körperliche Entwicklung entspricht in etwa der eines dreijährigen Kindes
*   verschiedene Fehlbildungen von Blutgefäßsystem, Herz, Lunge, Nieren, Auge, Hüfte und Wirbelsäule, die zu wiederholten Klinikaufenthalten und Operationen führten
*   spastische rezidivierende Bronchitis und Rechtsherzüberlastung, beides Ursachen für wiederkehrende lebensbedrohliche Zustände
*   beidseitige Innenohrschwerhörigkeit

Pädagogen, die Irinas Verhaltensweisen während des ersten halben Jahres in der Wohngruppe beobachteten, beschreiben das Kind in den verschiedenen Lebensbereichen oder Entwicklungsdimensionen so.

Ich zitiere aus den Aufzeichnungen ihrer Bezugsbetreuerin:

Motorik
Irina kann sich von der Bauch- in die Rückenlage rollen und umgekehrt. Sie bewegt sich hauptsächlich durch zielgerichtetes Rollen im Raum fort. Sie zieht sich zum Sitzen hoch und sitzt frei. Sie kann Gegenstände von Hand zu Hand wechseln. Sie ist mit Unterstützung in der Lage, Ringe auf feststehende Stäbe zu stecken.

Lebenspraktischer Bereich
Irina ist in der Lage, flüssige Nahrung zu schlucken. Sie kann selbständig aus

einem Becher trinken, indem sie die Flüssigkeit nicht schluckweise, sondern in einem Zug hinuntergießt. Beim Essen vermag sie einen Löffel alleine zum Mund zu führen und die Nahrung mit den Lippen abzunehmen. Zerkleinerte Brotstückchen nimmt sie mit den Händen vom Teller ab, sie kann nicht abbeißen. Allgemein bedarf sie bei den Mahlzeiten guter Aktivierung. Beim An- und Ausziehen zeigt sie erste Ansätze zur Mithilfe, indem sie Arme und Beine hinhält. Irina nässt und kotet tagsüber und nachts ein, sie ist also in ihrer Selbstversorgung vollständig auf Hilfe angewiesen.

Kommunikation
Irina äußert sich bei guter Stimmung mit Lautverbindungen in Kettenform (mam-mam, pap-pap); Unbehagen, Wut oder Ärger bringt sie durch Schreien, Quengeln oder sich selbst schlagend zum Ausdruck. Ihre Wünsche deutet sie an, indem sie die Hand des Erwachsenen führt (z. B. Latz abbinden). Sie reagiert auf ihren Namen und auf einfache, situationsgebundene Aufforderungen, wie „Nein", „komm her", steh auf", die aber größtenteils gestisch unterstützt sind.)

Sensomotorik
Sie beobachtet langsam vor ihren Augen bewegte Gegenstände und betrachtet den Gegenstand, den sie in der Hand hält. Dabei verfällt sie aber, wenn sie sich selbst überlassen ist, in Stereotypien, indem sie ihre Finger, Hände oder einen Gegenstand vor dem Gesicht dreht). Sie reagiert manchmal mit Weinen auf laute Geräusche.

Sozio-emotionales Verhalten
Irina reagiert, wenn sie angesprochen wird. Sie kann nur für einen kurzen Moment Blickkontakt aufnehmen und halten. Sie unterscheidet zwischen ihr bekannten und unbekannten Personen und hält sich am liebsten in unmittelbarer Nähe der erwachsenen Bezugsperson auf, wobei sie engen Kontakt zu ihr sucht. Sie beruhigt sich, wenn man sie auf den Arm nimmt. Irina unterliegt starken Stimmungsschwankungen. Wenn ihre Wünsche nicht sofort verstanden werden, verfällt sie in aggressives bzw. autoaggressives Verhalten, das sich in Kratzen, Zwicken, Sich-selbst-an-den-Kopf-Schlagen zeigt. Die Gegenwart anderer Kinder meidet sie; ist sie auf der Spielmatte im Wohnzimmer und ein anderes Kind kommt dazu, weicht sie aus oder schiebt das Kind mit einer Hand aus ihrer Nähe weg.

An dieser Ausgangssituation orientierten sich Irinas Betreuer in den ersten Monaten ihres Aufenthaltes in ihrer neuen Wohngruppe. So meinten sie, dem heilpädagogischen Grundsatz: „Hol das Kind da ab, wo es steht." gerecht zu werden. Sie stellten die lebenspraktische Förderung ins Zentrum ihrer Bemühungen, um Irinas Selbständigkeit zu erhöhen. Sie achteten darauf, Irina nicht ständig zu tragen, obwohl sie danach verlangte.

Irina sollte laufen, obwohl es von ihren motorischen Fertigkeiten eigentlich noch nicht „dran" war. Sie schulten ihre Feinmotorik, indem sie Ringe auf feststehende Stäbe stecken sollte, was sie meist nur auf ausdrückliches Verlangen tat. Irina wurde sechsmal täglich aufs Töpfchen gesetzt, wo sie nur gezwungenermaßen sitzen blieb und niemals einen Erfolg erlebte.

Irinas Frustrationstoleranz sollte erhöht werden, indem man ihr Wartezeiten zumutete und von ihr erwartete, sie solle sich allein beruhigen, Man wollte sie nicht „verwöhnen".

Diese intensiven pädagogischen Bemühungen, die durchaus mit viel Zuwendung verbunden waren, beantwortete Irina mit drastisch zunehmendem aggressivem Verhalten, was große Ratlosigkeit auslöste.

Zu diesem Zeitpunkt lernte Irinas Bezugsbetreuerin das Konzept der Entwicklungsfreundlichen Beziehung kennen. Dieses sollte fortan ihr pädagogisches Handeln bestimmen, da sie sich erhoffte, mit seiner Hilfe Irina besser verstehen und fördern zu können. Im Folgenden seien die Prinzipien der Entwicklungsfreundlichen Beziehung kurz dargestellt.

Menschenbild und Grundhaltung

Die EfB geht von einem dialogisch konzipierten Menschenbild (BUBER 1984) aus. Ihre psychologische Begründung findet sie in der humanistischen Psychologie. Diese betont, dass der Mensch über die ganze Lebensspanne hinweg entwicklungsfähig und im Rahmen seiner individuellen Möglichkeiten auf Wachstum angelegt ist. Als Hemmnis dieser Anlage wirken jedoch negative Erlebnisse, insbesondere die Erfahrung mangelnden Verstehens und eingeschränkter, d. h. „bedingter", Wertschätzung; sie blockieren die sogenannte „Selbstaktualisierungstendenz". Die emotionalen Bewertungen der Erfahrungen und ihre Verarbeitung erfolgen unwillkürlich und daher unabhängig vom Lebens- und Entwicklungsalter. Deshalb gilt dieses Modell auch für Menschen mit schwersten komplexen Behinderungen.

Die sich aus diesen Annahmen ableitende pädagogische Grundhaltung ist durch die Merkmale charakterisiert, die C. ROGERS (1992) als therapeutische Grundvariablen bezeichnet. Sie ermöglichen einem Menschen, die Symptome, an denen er leidet, die Blockierungen der Selbstaktualisierungstendenz, aufzugeben und sein Persönlichkeitspotenzial zu entfalten. Es sind dies die Akzeptanz (unbedingte Wertschätzung), Empathie (Einfühlung) und Kongruenz (Echtheit) des Gegenübers:

Mit „unbedingter Wertschätzung" ist eine Haltung gemeint, die das Gegenüber in seinem Sosein akzeptiert, ihm möglichst frei von (Ab-)Wertungen wohlwollend begegnet.

Der Begriff „Empathie" beschreibt die Fähigkeit, sich in einen anderen Menschen hineinzuversetzen, die innere und äußere Welt sozusagen mit seinen Augen zu betrachten, ohne sich vollständig mit ihm zu identifizieren, d. h. die eigene Sichtweise aufzugeben.

Unter „Kongruenz" ist zu verstehen, dass die Bezugsperson in ihren Reaktionen klar und für das Gegenüber eindeutig erscheint und sich in ihrer Individualität zu erkennen gibt. Kongruenz bedeutet nicht, eigene Verstimmungen hemmungslos auszuleben und sich dem Gegenüber zuzumuten.

Eine solche Grundhaltung würde sich also zunächst einmal darum bemühen, alle Verhaltensweisen, auch die sog. schwierigen, z. B. das ständige Suchen nach Nähe, das aggressive Verhalten, vorurteilsfrei wahrzunehmen und zu verstehen. Dies ist aber oft nicht leicht. Als hilfreich für dieses Verstehen erweist sich die entwicklungspsychologische Perspektive, die Verhaltensweisen in den Kontext der Entwicklung einordnet. Daher verbindet die EfB den wachstumsorientierten Ansatz der humanistischen Psychologie mit entwicklungspsychologischen Theorien.

Die EfB geht also davon aus, dass man Menschen mit unbegreiflich erscheinenden und/oder schwierigen Verhaltensweisen leichter wertschätzen und angemessener verstehen kann, wenn man sie in ihrem ganzen Wesen, auch im Entwicklungsniveau der verschiedenen Persönlichkeitsdimensionen zu erfassen versucht. Sie legt hierzu Kenntnisse der sozio-emotionalen Entwicklung (MAHLER 1978), der Entwicklung der kognitiven Leistungen, wie PIAGET (1977, 1992) sie beschreibt, und allgemeinen Entwicklungspsychologie (OERTER 1995) zugrunde. Als zentral betrachtet sie überdies die Bindungstheorie (BOWLBY 1975).

Sie erfasst also zunächst genau die Fertigkeiten, die ein Mensch in für die Lebensbewältigung relevanten Dimensionen (z. B. Lebenspraxis) zeigt. Dieses Ergebnis vergleicht sie mit dem normalen Entwicklungsverlauf und ordnet es einem Entwicklungsalteräquivalent zu. Dieses bezieht sich immer auf spezifische Dimensionen und versteht sich als „Momentaufnahme", nie als „festschreibende" Diagnose, sondern als eine „Analogie", die das Verstehen erleichtern soll. Der pschychoanalytische Theorieansatz liefert darüber hinaus einen Rahmen, um die hinter einem Verhalten stehenden Bedürfnisse und/oder Konflikte zu erkennen.

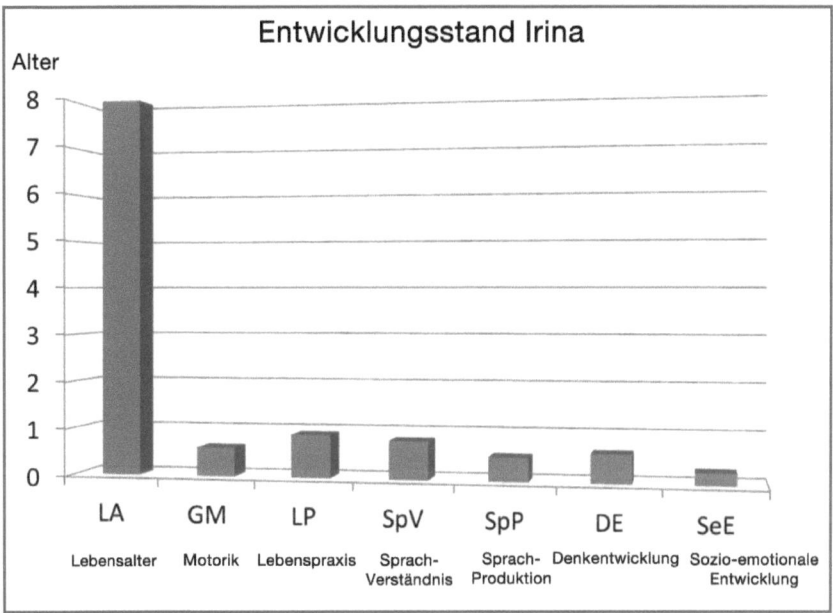

Tab. 1: Entwicklungsstand Irina

Bezogen auf Irina bedeutet das:
Irina hat in der Motorik ungefähr die Kompetenzen eines acht Monate alten Kindes erworben, etwas weiter ist mit elf Monaten die Lebenspraxis ausgebildet. Ihr Sprachverständnis ähnelt dem eines Säuglings zwischen neun und zwölf Monaten. Dass Irina die Hand eines Erwachsenen führt, um Wünsche mitzuteilen, entspricht ebenfalls dem Entwicklungsstand eines Kindes am Ende des ersten Lebensjahres. Die Sprachproduktion sinkt demgegen-

über – vermutlich aufgrund der Schwerhörigkeit – auf das Niveau einer Halbjährigen. Kognitiv ist sie also noch ganz im Bereich der Sensomotorik. Insbesondere ihre Handlungsplanung, weist die Spannweite zwischen drei Monaten – wenn sie sich selbst überlassen mit einfachen Stereotypien beschäftigt – und einem knappen Jahr auf – wenn sie lang geübte lebenspraktische Handlungen ausübt und den Löffel alleine in den Mund schiebt oder kleine Brotstückchen nimmt und isst.

Das sozio-emotionale Verhalten hingegen deutet klar auf die Bedürftigkeit eines wenige Monate alten Säuglings: Wie ein Kind in den ersten Lebensmonaten benötigt sie intensiven Körperkontakt, um sich zu beruhigen.

Ebenso braucht sie die direkte Aufmerksamkeit der Bezugsperson, um sich interessiert der Umwelt zuwenden zu können. Alleine gelassen, verfällt sie in Stereotypien, die die Leere füllen, aber keine geistige Anregung bieten.

Irina spürt das, sucht deshalb ständig den engen Kontakt zu Bezugspersonen und reagiert mit verzweifelten Fremd- und Autoaggressionen, wenn sie in diesem Bedürfnis nicht verstanden wird. Die Kontaktsuche wird hier also nicht als ein Wunsch im Mittelpunkt stehen zu wollen, gedeutet; denn das würde eine bewusste Absicht voraussetzen, zu der Irina aufgrund ihrer kognitiven Kompetenzen noch gar nicht in der Lage ist. Vielmehr ist sie Ausdruck eines inneren Leidens, Zeichen für existentielle Verlassenheitsängste.

Werden diese nicht verstanden, so verstärken sich die Not und damit das Problemverhalten. Werden sie jedoch in ihrer Bedeutung erfasst, so kann man empathisch auf die Verlassenheitsgefühle reagieren, dadurch die Not lindern und das Problemverhalten wird sinken.

Mit Gleichaltrigen kann sie ihr Kontaktbedürfnis noch nicht stillen. Nur der sich selbstlos auf sie einstellende Erwachsene zählt. Alle diese Verhaltensformen sprechen also eindeutig für die symbiotische Bedürftigkeit, wie sie in den ersten vier Lebensmonaten vorherrscht.

Bedenkt man die vielen Krankenhausaufenthalte, die Irina in den ersten Lebensjahren durchmachte, und die Belastung ihrer Mutter durch ein dermaßen komplex behindertes Kind, so ist ein Mangel im frühen Beziehungsaufbau nur allzu verständlich.

Irinas Entwicklungsprofil weist also die Spannbreite von ca. elf Monaten in der Lebenspraxis, über 10 – 11 Monate im Sprachverständnis bis zu 2 – 3 Monaten in ihrer sozio-emotionalen Bedürftigkeit auf. Solch breit gefächertes Entwicklungsprofil ist typisch für Menschen mit intellektueller Beeinträchtigung, selbst dann wenn sie mehrfach und stark behindert sind. Dabei zeigt sich meist, dass das sozio-emotionale Bedürfnisniveau gegenüber den anderen Kompetenzbereichen abfällt. Das ist bei Menschen mit herausforderndem Verhalten immer so, unabhängig davon wie schwer sie behindert sind. Denn diese Verhaltensweisen verweisen immer auf emotionale Probleme und Verletzungen und signalisieren deshalb die Blockierung der Selbstaktualisierungstendenz im Bereich der zwischenmenschlichen Beziehungen und der emotionalen Selbstregulation.

Das Verständnis der EfB für herausforderndes Verhalten stützt sich erstens auf Rogers Annahme, dass verletzende Beziehungserfahrungen die Selbstaktualisierungstendenz blockieren. Zweitens bezieht es sich auf das psychoanalytische Konzept der nicht gemeisterten Entwicklungsaufgaben und auf die Theorie der Bindungsstörungen. Durch ein korrigierendes Beziehungsangebot soll der Erwerb eines sicheren Bindungsmusters ebenso ermöglicht werden wie die Bewältigung der anstehenden Entwicklungsaufgaben.

Menschen mit schwerster und schwerer intellektueller Beeinträchtigung sind durch die erhebliche Einschränkung ihrer kognitiven Ressourcen auch bei der Bewältigung ihrer sozio-emotionalen Entwicklungsaufgaben – im Falle von Irina das Erleben von Symbiose – begrenzt. Dies gilt unabhängig von etwa hinzukommenden, die Entwicklung nochmals erschwerenden negativen Beziehungserfahrungen. Auch unter günstigen Bedingungen bewältigen Personen, die lediglich über Ansätze zur Objektpermanenz, zur seriellen Handlungsplanung und zum Wortverständnis verfügen und damit das kognitive Niveau von acht Monaten kaum überschreiten, maximal die sozio-emotionalen Entwicklungsaufgaben des ersten Lebensjahres. In diesem Fall erwerben sie Urvertrauen und eine sichere Bindung.

Umfasst das kognitive Potenzial noch die Fähigkeiten des zweiten Lebensjahres, so können auch die sozio-emotionalen Entwicklungsaufgaben des zweiten und eventuell auch des dritten Lebensjahres gemeistert werden, nämlich Übungsphasenstolz entwickelt, der Symbiose-Autonomie-Konflikt auf der ersten Ebene bewältigt und elementare Formen des Sozialverhaltens erworben werden.

Soll das gelingen, so benötigt der behinderte Mensch dauerhaft wenige verlässliche, emotional präsente, fürsorgliche Beziehungspersonen, die aufmerksam seine Bedürfnisse wahrnehmen und sie so schnell wie möglich angemessen befriedigen. Zudem sollten sie seine kommunikativen Signale,

Handlungen und Erlebnisse wohlwollend gestisch, mimisch und verbal spiegeln und auf diese Weise einen Dialog gestalten, indem er als aktiver Partner zur Geltung kommt. Dadurch vermitteln sie ihm das Empfinden von emotionaler Einheit, sie zeigen ihm Akzeptanz und Interesse an „seiner Welt".
Sie stärken sein Gefühl der Selbstwirksamkeit und erhöhen seine Selbstwahrnehmung. Erst die verlässliche, feinfühlige Fürsorglichkeit verbunden mit der achtsam wertschätzenden Kommunikation verleiht dem schwerst behinderten Menschen die notwendige Sicherheit, seine frühen Formen der Selbstbestimmung zu stabilisieren. Zugleich erwirbt er auf diese Weise eine sichere Bindung und Urvertrauen. Fehlt diese Beziehung, so wird er entweder „aufgeben", also das Gespür für seine Bedürfnisse verlieren und in Passivität verfallen, oder er bleibt hilflos seinen inneren Spannungen und Impulsen ausgeliefert, die sich dann häufig in Fremd- oder Autoaggressionen äußern.

Reflektiert man auf diesem Hintergrund Irinas Verhalten, so zeigt sich deutlich, dass ihr sowohl die sichere Bindung als auch das Vertrauen in die Welt und das Leben überhaupt fehlen. Sie benötigt also dringend eine sie emotional haltende und nährende Beziehung, was sie ja auch mit ihren Verhaltensauffälligkeiten vehement ausdrückt.

Ihre Bezugsbetreuerin hat ihr Beziehungsangebot darauf abgestimmt. Dazu benötigte sie nicht nur das nötige Feingefühl, sondern auch die Unterstützung durch das Betreuerteam, das eine solche „Sonderbehandlung" versteht und unterstützt, oder doch zumindest duldet. Fehlt dies, so kann es zu Spannungen und Rivalitäten im Team kommen.

Die Betreuerin tat also gut daran, die Hintergründe ihres veränderten Verhaltens zu erklären. Konkret achtete sie in der Folgezeit darauf, Irina möglichst viel Symbiose zu bieten und sie dadurch emotional „zu halten" und ihr eine grundlegende Sicherheit zu vermitteln. Sie schreibt:
Ich gewährte Irina in jeder nun gebotenen Situation den so sehr ersehnten Körperkontakt. Ich schmuste mit ihr, nahm sie auf den Schoß und trug sie so viel wie möglich mit mir herum. Ich sprach mit ihr und versuchte, bei allem was ich mit ihr machte, Blickkontakt aufzunehmen. Außerdem bemühte ich mich, ihre Bedürfnisse unmittelbar zu befriedigen. Die Anforderungen an Irina schraubte ich auf ein Minimum herunter. Das heißt, dass sie nicht mehr beim An- und Ausziehen mithelfen musste. Es wurden keine Spielangebote mehr gemacht, um Konzentration oder Feinmotorik. zu schulen. Wenn sie nicht mehr alleine sein wollte, musste sie das

nicht mehr. Bei den Mahlzeiten sollte Irina allerdings weiterhin selbständig vom Löffel essen. Dabei konnte sie sich allerdings meiner uneingeschränkten Anwesenheit und Aufmerksamkeit sicher sein. Ab jetzt setzte ich mich zu ihr und gab ihr so viel Kontakt mit mir, wie sie benötigte. Auch aufs Töpfchen gesetzt wurde Irina weiterhin. Allerdings achtete ich auch dabei darauf, dass ich mich ständig in ihrer Nähe, also im Raum, befand. Zeitweise setzte ich mich sogar neben sie. Wenn sie mir vermittelte, dass sie nicht mehr auf dem Topf sitzen bleiben konnte oder wollte, nahm ich sie sofort herunter.

Sehr eindrücklich beschreibt die Bezugsperson, wie sich zwischen ihr und Irina eine sichere Bindung anbahnt. Hier einige Beispiele:

Ihr Interesse schien mit jedem Mal, da ich sie auf dem Schoß hielt, sie trug, ihr beim Essen half etc., zu wachsen. Irina begann Blickkontakt zu mir aufzunehmen. Am Anfang passierte das nur sehr flüchtig und kurz, von Tag zu Tag aber wurde er intensiver. Typisch war, dass sie sofort die Hände ausstreckte und auf meinen Arm oder Schoß genommen werden wollte, wenn sich jemand anders mit Irina beschäftigte und ich dazu kam.

Irina lässt sich also nicht mehr problemlos von jedem „versorgen", sie zeigt deutliche Vorlieben, was zu Eifersucht und Rivalitätsgefühlen im Team führen kann und ggf. sorgsam bearbeitet werden muss.

An ihrem Verhalten zeigten sich schon nach zwei Wochen ganz deutliche Veränderungen. Aggressiv bzw. autoaggressiv wurde sie nur noch selten. Sie wirkte viel ausgeglichener, als dies seit ihrem Hiersein je der Fall gewesen wäre.

Als nach etwa einem Monat der Beziehungsarbeit Irina intensiveren Blickkontakt zu ihrer Betreuerin aufnahm, gewannen die Spiegeldialoge an Bedeutung und bewirkten einen weiteren Entwicklungsschub.

Ich bemühte mich, alle ihre Laute zu wiederholen, sie ihr laut ins Ohr zu sagen (sie leidet an einer beidseitigen Innenohrschwerhörigkeit) Auch versuchte ich die Betonung ihrer Laute nachzuahmen. Irgendwann begann Irina, sich für die Laute, die aus meinem Mund kamen, zu interessieren. Sie öffnete mit ihren Fingern meine Lippen, um direkt in meinen Mund zu schauen, als ob sie erkunden wolle, woher diese kamen. Sie hielt ihr Ohr direkt an meinen Mund, damit ich ihr hineinsprechen oder -singen sollte. Sie lachte dabei und hielt meinen Kopf solange fest, bis sie genug hatte. Eines Tages, nach ca. zwei Monaten, fiel mir auf, dass Irina neue

Laute formulierte. Sie gurrte und grunzte und neue Lautverbindungen in Ketten-
form ergänzten ihr Repertoire (Jo-Jo, Nannen). Sie amüsierte sich köstlich, wenn
ich ihr diese nachplapperte und sie ihr hörbar machte, indem ich sie ihr wieder ins
Ohr sprach. Sie wurde richtig aufgeregt, experimentierte mit den Lauten, indem sie
sie immer wieder, mit sichtlichem Spaß daran, wiederholte, mal leiser, mal lauter.
Während der ersten drei Monate spielten Irina und ich uns richtiggehend aufein-
ander ein. Wir hatten unsere eigene Art, miteinander zu kommunizieren. Ich ge-
wann immer mehr das Gefühl, sie mit ihren Gesten, ihren Blicken, ihrem Schrei-
en, ihrem Stillsein besser verstehen zu können, was unsere Beziehung wiederum
festigte und ich auch dadurch natürlich besser, gezielter und wirkungsvoller auf
sie reagieren konnte.

Parallel zu der sich vertiefenden symbiotischen Beziehung wuchs auch Irinas Autonomie. Nicht nur dass sie selbst bestimmte, wie lange sie auf dem
Töpfchen saß. Vielmehr entwickelte sie im Beisein ihrer Bezugsbetreuerin
auch Eigeninitiative bei ihrem Spielverhalten. Irina bewegte die Gegenstände
nicht mehr nur stereotyp vor ihrem Gesicht, sie untersuchte sie, indem sie sie
in den Mund steckte, abschleckte, schüttelte, daran kratzte, sie dann wieder
in den Mund steckte und zwischendurch immer wieder betrachtete. War sie
allerdings sich selbst überlassen, hantierte sie wieder mit stereotypen Bewegungen vor ihrem Gesicht.

Die Sicherheit der sie emotional haltenden Beziehung hatte innerhalb
dieser Monate also einerseits zu einer deutlichen emotionalen Stabilisierung
geführt. Irina schlug sich nur noch selten, nämlich wenn ihre Nähe-Bedürf-
nisse nicht indem für sie gerade notwendigen Maß erfüllt werden konnten.
Andererseits zeigte sie in ihrem Verhalten klare Entwicklungsschritte, die sie
in den folgenden vier Monaten weiterhin ausbaute. Sie löste sich aus der ausschließlich symbiotischen Beziehung und öffnete sich, wie ein Baby in der
Differenzierungsphase, zunehmend für die sie umgebende Welt und andere
Menschen, und zwar auch den anderen Kindern ihrer Wohngruppe.

Die Betreuerin beschreibt folgende Szenen:
An allen unseren Arbeiten zeigte sie großes Interesse und wollte dabei sein. War
z. B. jemand in der Küche beschäftigt, wollte sie auf die Arbeitsoberfläche gesetzt
werden, da sie zu klein ist, um darüber zu sehen.
Während der ersten Monate ging Irina ausschließlich auf mich zu. Sie lehnte jeden

Kontakt zu den anderen Kindern ab. Lag sie auf der Spielmatte im Wohnzimmer, und ein anderes Kind kam dazu, rollte sie sofort weg. Legte ich sie zu einem anderen Kind, ließ sie meinen Arm nicht los, wollte nicht dort bleiben. Eines Tages, nach dreieinhalb Monaten ertrug sie es, zusammen mit einem Kind auf der Matte zu bleiben. Sie beachtete es zwar nicht, schien aber auch durch dessen Anwesenheit nicht mehr verunsichert.
Etwa zwei Wochen danach spielte sie auf der Matte, als Saskia sich zu ihr gesellte. Saskia spielt sonst immer mit einem Spielzeug, das über der Matte von der Decke herunter hängt. Als sie an diesem Tag keine Anstalten machte, sich ihr Spielzeug zu holen, ergriff Irina die Initiative. Sie holte sich das Spielzeug mit der Hand, rutschte zu Saskia und hielt es ihr hin. Als sie es immer noch nicht nehmen wollte, drückte sie es ihr in die Hand.

Parallel dazu ändert sich die Art und Weise ihrer Selbstbeschäftigung:
Irina war nicht mehr darauf angewiesen, ihre kontaktlose Zeit mit Stereotypien zu füllen. Sie untersuchte alles, was sie fand, räumte Kisten aus, um den Inhalt zu überprüfen. War eine Schranktür nicht ganz geschlossen, machte sie den Schrank auf und räumte darin herum.
Sie hatte gelernt zu krabbeln und bewegte sich so in die anderen Räume. Am Radio schraubte sie voller Begeisterung herum, stellte es lauter und leise, horchte dabei ganz genau, mit einem Ohr am Lautsprecher und amüsierte sich köstlich, wenn gar nichts mehr zu hören war.
All dies war ihr allerdings nur möglich, wenn ich mich im Raum befand, außer sie machte sich von alleine auf, die anderen Räume zu erforschen. Ging ich aus dem Zimmer, legte sie sich sofort auf den Rücken, um mit oder ohne Gegenstände in ihre Stereotypien zu verfallen. Zuerst fiel mir das gar nicht auf, als ich es aber dann nach gezieltem Ausprobieren genau wusste, versuchte ich, Irina immer dahin mitzunehmen, wohin ich ging.

Irina befand sich – im fünften Monat der intensiven Beziehungsarbeit – also auf der Schwelle zur Übungsphase, war folglich emotional ca. 12 Monate alt, was ihren inzwischen ebenfalls gewachsenen motorischen Fähigkeiten entsprach. Sie krabbelte sicher und hatte sogar gelernt, Türen zu öffnen. Sie begab sich auf größere Ausflüge im Haus, kehrte jedoch zwischendurch in kurzen Abständen zu ihrer Bezugsbetreuerin zurück, um in ihrer Nähe emotional aufzutanken.

Parallel zu der sozio-emotionalen Entwicklung wuchsen auch Irinas lebens-praktische Kompetenzen, und zwar im Wesentlichen aufgrund der geweckten Eigenmotivation und ihren damit zugleich erwachten Autonomiebestrebun-gen. Ein wesentlicher Entwicklungsschritt betraf die Nahrungsaufnahme.
Sie aß bereits selbständig Brei oder Suppe mit einem Kinderlöffel sowie mundgerecht zubereitete Brotstückchen. Doch das Trinken bereitete nach wie vor Probleme.

Die Bezugsbetreuerin beschreibt:
Zum Trinken war sie nur mit Mühe zu bewegen und trank sie dann, gezwun-genermaßen, schüttete sie das gefüllte Glas auf einmal hinunter. Das wollte ich ändern und ihr immer nur eine kleine Trinkmenge anbieten. Deswegen besorgte ich für sie ein Kännchen, und füllte dieses jeweils mit der notwendigen Menge. Nachdem ich einige Male aus diesem Kännchen eingegossen hatte, fasste sie es selbst am Henkel an und wollte einschenken.
Das gelang ihr aber noch nicht, weshalb ich ihr, erstaunt, wie ich war, dabei behilflich war. Nach etwa einer Woche beherrschte Irina den Vorgang so, dass sie ihr Getränk größtenteils selbst schluckweise einschenkte, wobei sie allerdings das „Stop" von mir benötigte, um das Glas nicht ganz zu füllen oder überlaufen zu lassen. Vor jedem Einschenken überprüfte sie den Inhalt des Kännchens, indem sie es leicht schüttelte. Das Einschenken an sich motivierte sie so stark, dass sie seither ihr Getränk in der Regel problemlos zu sich nimmt.

Und wenige Wochen später lernte Irina noch, selbständig vom Brot abzubei-ßen. Auch das „Töpfchen-Sitzen" war zunehmend von Erfolg gekrönt, so dass Irina nach sechs Monaten überwiegend trocken war.

Das sind viele Fortschritte für ein Kind, das als schwerst mehrfach behindert galt und dazu noch durch ausgeprägte Fremd- und Autoaggressionen auffiel.
Viele günstige Faktoren trugen zum Gelingen dieses Prozesses bei.
Doch es hätte auch anders kommen können.
Abschließend sei kurz dargestellt, woran die Beziehungsgestaltung hätte scheitern können, bevor noch einige Aspekte genannt werden, die zum Ge-lingen beitragen.
   Eine Beziehungsgestaltung ist dann erschwert, wenn der differenzierte Entwicklungsstand nicht berücksichtigt wird, konkret, wenn sich das päd-

agogische Angebot beispielsweise einseitig an der Förderung lebenspraktischer oder auch kognitiver Kompetenzen ausrichtet. Fixiert man sich – was leider nicht selten passiert – nur auf eine Dimension, so läuft man Gefahr, den Menschen nur partiell abzuholen, wo er steht, und ihn in seinem ganzen Wesen zu verfehlen. Das führt zu innerer Zerrissenheit, auf die Irina mit vermehrten Verhaltensauffälligkeiten reagierte.

Gelingt es nicht, insbesondere die herausfordernden Verhaltensweisen in einen theoretischen Kontext zu stellen, also die Botschaft des „Symptoms" zu verstehen, droht ebenfalls die Gefahr des Scheiterns. Denn schwierige Verhaltensweisen dienen nicht der Provokation der Betreuer, auch nicht der Verweigerung wohlgemeinter Förderung. Vielmehr weisen sie auf eine ungelöste Entwicklungsaufgabe und ein unbefriedigtes Beziehungsbedürfnis.

Beharrt man auf der erstgenannten Interpretation, gerät man leicht in einen für alle Teile schädlichen Teufelskreis.

Scheitern kann eine Beziehungsgestaltung auch, wenn einzelne Maximen verabsolutiert oder missverstanden werden. So führt etwa der Grundsatz, frühkindliche Bedürfnisse immer und sofort zu erfüllen, unweigerlich in die Selbstüberforderung und damit zur Frustration. Auch die Forderung nach Konsequenz kann schädliche Folgen haben, etwa die einer rigiden Umgangsweise oder des Machtkampfes.

Schädlich für eine Beziehungsgestaltung ist weiterhin, wenn die Gefahr des emotionalen Missbrauchs droht. Diese ist immer dann gegeben, wenn der Betreuer die Nähewünsche seines Gegenübers – unbewusst – nutzt, um eigene symbiotische Bedürfnisse zu befriedigen oder das Gegenüber „braucht", um die eigene Kompetenz zu betonen. Dann steht nämlich nicht der behinderte Mensch im Mittelpunkt des Bemühens, sondern das eigene Ego.

Oft geht das damit einher, dass Autonomiebestrebungen nicht wahrgenommen werden. Diese Klippe konnte Irinas Betreuerin glücklicherweise umschiffen, indem sie sich und ihr Handeln immer wieder reflektierte, und zwar sowohl auf dem Hintergrund des von ihr gewählten theoretischen Ansatzes als auch auf der persönlichen Ebene im Rahmen supervisorischer Gespräche.

Doch auch die gegenteilige Gefahr droht: Die eigene Bedeutung für das Gegenüber wird nicht gesehen, vermutlich weil man sich dann der Verantwortung für den anderen noch stärker bewusst würde und man eine solche Verantwortung nicht übernehmen will. Damit leugnet man aber auch, dass, wenn man sich auf eine Beziehung einlässt – ob man will oder nicht –

eine vorübergehende Abhängigkeit entsteht. Da man diese nicht vermeiden kann, will man ernsthaft pädagogisch arbeiten, gilt es mit dieser sorgsam und reflektiert umzugehen. Auch dies gelang der Bezugsbetreuerin von Irina, sonst wäre kein Entwicklungsprozess entstanden.

Die Scheu sich ganz auf eine Beziehung einzulassen wird oft mit der berechtigten Forderung nach professioneller Distanz begründet. Doch darf man professionelle Distanz nicht mit emotionaler Distanz gleichsetzen. Letztere führt zu kühler „Nicht-Beziehung". Professionelle Distanz hingegen lässt sich am ehesten umschreiben mit einem Satz von Thea Bauriedl:

Den anderen nicht verwenden und sich nicht verwenden lassen.

Erkennt man die eigene Bedeutung für sein Gegenüber nicht an, verweigert man sich beispielsweise als Symbiosepartner, so geht man das Risiko ein, zu hohe Erwartungen an die Selbständigkeit des Gegenübers zu haben.

Im Einklang mit der gängigen Forderung nach Selbstbestimmung, fordert man u. U. ein Ausmaß an Autonomie und Selbständigkeit, was der behinderte Mensch weder kognitiv noch emotional zu leisten imstande ist.

Diese Gefahr bestand bei Irina, als man von ihr verlangte, dass sie allein laufen und sich selbst beruhigen sollte. Wie wir gehört haben, führte das zu verstärkten Verhaltensauffälligkeiten.

Eine gelingende Beziehungsgestaltung kann auch durch äußere Faktoren beeinträchtigt werden. Hierzu gehören beispielsweise Eifersucht und Rivalität im Team. Dies kann sich darin zeigen, dass verstärkte Kritik geäußert wird, dass Maßnahmen unterlaufen oder boykottiert werden.

Und was trägt dagegen zum Gelingen eines Beziehungsprozesses bei?
- Das Bemühen um eine Grundhaltung, die von unbedingter Wertschätzung, Empathie und Kongruenz getragen ist
- Die Berücksichtigung der Tatsache, dass alle Menschen, insbesondere Menschen mit einer komplexen Behinderung in den einzelnen Lebensdimensionen unterschiedlich weit entwickelt sind
- Das Anerkennen, dass die sozio-emotionale Entwicklung in der Regel am niedrigsten ausgeprägt ist und deswegen den Ansatzpunkt für die pädagogischen Bemühungen darstellen muss
- Die Bereitschaft, Problemverhalten als Hinweis auf ungelöste Entwicklungsaufgaben und unbefriedigte Beziehungsbedürfnisse zu interpretieren

- Die Fähigkeit, Entwicklungsaufgaben und Beziehungsbedürfnisse zu erkennen und entwicklungspsychologisch einzuordnen, sprich entwicklungspsychologisches Fachwissen anzuwenden
- Die Fähigkeit, aus den Erkenntnissen die angemessenen pädagogischen Konsequenzen zu ziehen
- Die Fähigkeit, diese unter Berücksichtigung der aktuellen Gegebenheiten situationsgerecht umsetzen zu können
- Ein Rahmen (Teamkollegen, Institution), der diese Bemühungen mit trägt und unterstützt

Gelingt es diese Aspekte im Rahmen seiner Möglichkeiten zu berücksichtigen, so ist die Chance sehr groß, dass eine Beziehungsgestaltung Früchte trägt. Ein Beispiel dafür sahen wir bei Irina.

Zum Abschluss seien die wesentlichen pädagogischen Prinzipien zusammengefasst, die ein entwicklungsfreundliches Beziehungsangebot kennzeichnen:

- Die Grundhaltung wird von unbedingter Wertschätzung, Empathie und Kongruenz getragen.
- Um den Menschen angemessen zu verstehen, ist das differenzierte Einschätzen des Entwicklungsstandes in allen relevanten Dimensionen erforderlich.
- Die sozio-emotionale und kognitive Entwicklung sind die wichtigsten Entwicklungsdimensionen und in der Regel am niedrigsten entwickelt.
- Ausgangspunkt für die pädagogische Beziehungsgestaltung ist die sozio-emotionale Entwicklung, da sie für die emotionale Stabilität verantwortlich ist und sich deshalb auf alle anderen Dimensionen fördernd oder hemmend auswirkt.
- Der Umgang mit den anderen Entwicklungsdimensionen wird vor diesem Hintergrund abgewogen. Er soll dazu beitragen, die Emotionalität zu stabilisieren, den kognitiven Fähigkeiten entsprechen und das Lebensalter berücksichtigen.
- Problematische Verhaltensweisen deuten auf Lücken in der sozio-emotionalen Entwicklung. Sie fungieren als Lösungsversuche für emotional schwierige Situationen, die noch nicht sozial angemessen gemeistert werden können.

Die EfB fragt also:

- In welchem Alter taucht vergleichbares Verhalten „normalerwei-
  se" auf?
- Welches innere Erleben könnte so ausgedrückt werden?
- Auf welches Entwicklungs- und/oder Beziehungsbedürfnis könnte
  es hinweisen?

– Um Entwicklungsblockaden aufzulösen, müssen (oftmals frühkindliche)
  Beziehungsbedürfnisse phasengerecht befriedigt werden. Damit das gelingt, ist es häufig notwendig, dass die Bezugspersonen die Funktion der
  primären Bezugsperson übernehmen.
– Die Hauptmethode zur Beziehungsgestaltung ist das wertschätzende Spiegeln. Das heißt, der Betreuer spiegelt wohlwollend gestisch, mimisch und
  verbal die Wahrnehmungen, Empfindungen, Äußerungen, Erfahrungen
  und Einsichten des behinderten Menschen.
– Die Art und Weise, wie in der Beziehungsgestaltung das Erleben harmo-
  nischer emotionaler Verbundenheit hergestellt wird, richtet sich primär
  nach dem emotionalen Entwicklungsstand und berücksichtigt zugleich das
  kognitive Niveau.
– Schwankungen in der emotionalen Verfassung – kurzfristige ebenso wie
  länger andauernde – bewirken ein Absinken oder Ansteigen des sozio-
  emotionalen und kognitiven Entwicklungsniveaus. Der pädagogische Umgang sollte sich diesen Schwankungen möglichst schnell anpassen.
– Die konkreten Anforderungen werden entsprechend der emotionalen und
  kognitiven Voraussetzungen gestaltet. Hier ist die Orientierung an den
  Interessen und Kompetenzen ebenso wie dem Prinzip des Selbsttätigseins
  größte Bedeutung zuzumessen. Wichtig ist allerdings, dass hinlänglich
  emotionaler Rückhalt gewährleistet ist.
– Übergangssituationen sind besonders störanfällig und bedürfen deshalb
  der sorgfältigen Gestaltung.
– Jede Situation sollte – wenn irgend möglich – einen Freiraum zur Selbstbestimmung enthalten. Dessen Maß richtet sich einerseits nach der Verant-
  wortbarkeit, den Menschen mit geistiger Behinderung die Konsequenzen
  seines Handelns selbst tragen zu lassen, und andererseits nach der Zumut-
  barkeit für das soziale Umfeld.
– Die Begleitung orientiert sich generell an dem Grundsatz: So viel Autonomie wie möglich, so viel Schutz und Grenzsetzung wie nötig. Deshalb wird

die Frage, wie die Balance zwischen diesen gegensätzlichen Notwendigkeiten zu wahren ist, immer wieder neu gestellt und individuell beantwortet.

- Bei der Durchführung der EfB im Gruppenkontext sollte eine zweite Bezugsperson angeboten werden. Ihre Aufgabe besteht darin, die durch den Dienstplan bedingten Schwankungen in der Anwesenheit der ersten Bezugsperson auszugleichen und das Beziehungserleben zu erweitern. Beide Bezugspersonen arbeiten eng zusammen, um ein gemeinsames Vorgehen zu gewährleisten.
- Die Erkenntnisse der EfB sollten von allen Bezugspersonen respektiert und praktiziert werden.
- Es ist sinnvoll, das gesamte Umfeld nach den Kriterien der EfB zu gestalten. Das heißt, der Umgangsstil der Teammitglieder untereinander sollte genauso wie der in der Einrichtung insgesamt – ebenfalls entwicklungsfreundlichen Grundsätzen entsprechen. Dann profitieren nicht nur die betreuten Menschen, sondern auch die professionellen Mitarbeiter und die gesamte Institution von dem Konzept.

Literatur

Bowlby, J.: Bindung. Eine Analyse der Mutter-Kind-Beziehung. München 1975

Brisch, KH, Grossmann, K., Köhler. L. (Hrsg): Bindung und seelische Entwicklungswege (3. Aufl.) Stuttgart 2006

Buber, M.: Ich und Du. 11. Aufl. Heidelberg 1983

Gröner, S.: Entwicklung der Persönlichkeit im Heim. Ein Bericht. Unveröffentl. Manuskript

Mahler, M.S., Pine, F. & Bergman, A.: Die psychische Geburt des Menschen. Frankfurt 1994

Oerter, R., Montada, L.: Entwicklungspsychologie. 3. vollst. überarb. Aufl. München 1995

Piaget, J., Inhelder, B.: Die Psychologie des Kindes. Frankfurt a.M. 1977

Piaget, J.: Psychologie der Intelligenz. 3. Aufl. Stuttgart 1992

Rogers, C.R.: Die klientenzentrierte Gesprächspsychotherapie. München 1972

Rogers, C.R.: Entwicklung der Persönlichkeit. 8. Aufl. Stuttgart 1991

Senckel, B.: Mit geistig Behinderten leben und arbeiten. 7. Völlig überarb. Aufl. München 2004

Senckel, B.: Du bist ein weiter Baum. Entwicklungschancen für geistig behinderte Menschen durch Beziehung. 3. völlig bearb. Aufl. München 2006

Senckel, B., Luxen, U.: Der entwicklungsfreundliche Blick. Entwicklungsdiagnostik bei normal begabten Kindern und Menschen mit Intelligenzminderung. Weinheim 2017

Adelheid Schulz
Motivorientierte Beziehungsgestaltung mit Menschen mit geistiger Behinderung

Wenn die Symptome im Vordergrund stehen….
Martin, 36, Bewohner in einer Einrichtung der Behindertenhilfe, hortet alles, was er in die Finger bekommt. Immer wieder wird ihm seitens des Fachpersonals versucht zu erklären, dass z. B. das Sammeln von Lebensmitteln aus hygienischen Gründen nicht erlaubt ist. Als die Erklärungen keinen Erfolg haben, wird schließlich sein Zimmer gegen seinen Willen aufgeräumt.

Der Bewohner reagiert darauf mit auto- und fremdaggressivem Verhalten, was daraufhin im Fokus des pädagogischen Handelns steht.

Einleitung

Menschen mit geistiger Behinderung, die in Einrichtungen der Behindertenhilfe leben, zeigen häufig Verhaltensweisen, deren Funktionalität aufgrund der eingeschränkten kognitiven und verbalen Ausdrucksfähigkeit primär auf der Symptomebene erklärt wird (z. B. ZEIDES 2003).

Die Motive, die hinter den Symptomen stecken, werden oft nicht erkannt. Dies führt bei den Betroffenen häufig zu Frustration. Motivorientierte Beziehungsgestaltung hat das Ziel, Menschen mit geistiger Behinderung bedürfnisbefriedigende Erfahrungen zu ermöglichen, indem die Bezugspersonen ihre Reaktionen auf die motivationalen Ziele der Menschen mit geistiger Behinderung anpassen.

Dieses o. g. kurze Beispiel zeigt, dass das ausschließliche Arbeiten auf der Symptomebene i. d. R. zu kurz greift. Schaut man nur auf die Symptome, d. h. auf das offen gezeigte Verhalten, wird nicht geklärt, warum es z. B. dem o. g. Bewohner wichtig ist, Sachen zu horten.

Welche Motive stecken hinter seinem Verhalten? Reagiert er auto- und fremdaggressiv, weil ihm seine gesammelten Dinge abgenommen wurden? Oder wurden Motive bei ihm frustriert, die jedoch bei ausschließlicher Berücksichtigung der Symptome nicht zu erkennen sind?

Ohne die grundlegenden Motive und Bedürfnisse zu kennen, bleibt das Verstehen und Erklären von Verhalten von Menschen mit geistiger Behinderung oft spekulativ-interpretatorisch. Eine motivorientierte Sichtweise (STUCKI, GRAWE 2007) kann deutlich zu einer gelingenderen Beziehungsgestaltung beitragen und das pädagogische Handeln erweitern und bereichern.

Im vorliegenden Artikel wird dargestellt, wie motivationale Ziele erfasst werden können und wie diese Informationen dazu verwendet werden können, eine gelingendere Beziehung zu ermöglichen.

Die vier Grundbedürfnisse nach Grawe (1998)

Nach Caspar (2007) lässt sich menschliches Handeln [...] verstehen als Versuch des Individuums, in einer gegebenen, aber auch veränderbaren Umwelt die wichtigsten Grundbedürfnisse (s. Abbildung 1) zu realisieren.

Selbstwerterhöhung	Bindung
Das Bedürfnis, sich selbst als gut, kompetent, wertvoll und von anderen geliebt zu fühlen. Zur Bindung eines guten Selbstwertgefühls braucht es eine entsprechende Umgebung, die wertschätzend ist und dem anderen etwas zutraut, ihn unterstützt.	Das Angewiesen-Sein des Menschen auf Mitmenschen; das Bedürfnis nach Nähe zu einer Bezugsperson.
Lustbedürfnis/Unlustvermeidung	**Orientierung und Kontrolle**
Das Bestreben, erfreuliche, lustvolle Erfahrungen herbeizuführen und schmerzhafte, unangenehme Erfahrungen zu vermeiden (positive Lust-/Unlustbilanz).	Je nach individueller Erfahrung (v.a. in der frühen Kindheit) entwickelt der Mensch Grundüberzeugungen darüber, inwieweit das Leben Sinn ergibt, ob Voraussehbarkeit und Kontrollmöglichkeiten bestehen, ob es sich lohnt, sich einzusetzen, zu engagieren u. Ä.. Das Kontrollbedürfnis wird befriedigt durch möglichst viele Handlungsalternativen (großer Handlungsspielraum).

Abb.1: Grundbedürfnisse nach Grawe (1998)

Annäherungs- und Vermeidungsziele

Für die Befriedigung dieser Bedürfnisse entwickelt das Individuum Annäherungsziele, für den Schutz Vermeidungsziele und Mittel zur Realisierung dieser Ziele. Annäherungsziele sind nach GROSSE HOLFORTH (2002) z. B.:

- Intimität/Bindung, Geselligkeit, Anerkennung/Wertschätzung, Überlegen sein/Imponieren, Autonomie, Leistung, Kontrolle haben, Selbstvertrauen/Selbstwert und Selbstbelohnung.

Vermeidungsziele hingegen beziehen sich auf z. B.:

- Alleinsein/Trennung, Geringschätzung, Erniedrigung/Blamage, Vorwürfe/Kritik, Abhängigkeit/Autonomieverlust, Spannungen mit anderen, Sich verletzbar-Machen, Hilflosigkeit/Ohnmacht, Versagen

Vermeidung bedeutet jedoch nicht das Gegenteil von Annäherung! Zum Beispiel bedeutet es nicht zwangsläufig, dass, wenn jemand Geringschätzung vermeidet, er nach Anerkennung sucht.

Bei dem Verfolgen eines Annäherungsziels besteht eine „hin-zu-Motivation". Die Befriedigung ist mit positiven Emotionen verbunden, z. B. für das Erreichen des Ziels Bildung erlangen ist eine Ausbildung oder ein Studium zu absolvieren ein sinnvolles Mittel und führt bei einem erfolgreichen Abschluss zu Zufriedenheit und Freude, also positiven Emotionen. Bei einem Vermeidungsziel handelt es sich hingegen um eine „weg-von-Motivation". Eine Verletzung ist meistens mit negativen Emotionen verbunden, z. B. wenn jemand es nicht schafft, Geringschätzung zu vermeiden.

Vermeidungsziele behindern die Befriedigung der Grundbedürfnisse, z. B. wenn jemand Abhängigkeit von seinem Partner vermeiden möchte und sich von ihm distanziert, hemmt er damit seinen Wunsch nach Bindung. Annäherungsziele sind meist bewusst, Vermeidungsziele häufig zumindest teilweise unbewusst.

Im Rahmen der pädagogischen/therapeutischen Beziehung sollte zunächst erfasst werden, ob der einzelne Mensch mit geistiger Behinderung eher Annäherungs- oder eher Vermeidungsziele verfolgt oder ob es einen Konflikt zwischen diesen beiden Zielen gibt. Ein Konflikt ist vorhanden, wenn Annäherungs- und Vermeidungsziele gleichzeitig aktiviert sind.

Ein Beispiel für einen solchen Konflikt ist: Das Annäherungsziel lautet: Gehe eine enge, vertrauensvolle Beziehung ein. Das Vermeidungsziel lautet: Vermeide Frustrationen in Beziehungen durch Verlassen werden.

Das Bedürfnis Bindung wird in einer solchen Konstellation nicht befriedigt, was bis hin zu psychischen Störungen wie Depressionen führen kann, da es weiterhin nach Befriedigung drängt.

Motivorientierte Beziehungsgestaltung

Das pädagogische/therapeutische Fachpersonal verhält sich idealerweise komplementär (= motivorientiert) zu den wichtigsten Annäherungszielen ihrer Betreuten. Z. B., wenn es einem Menschen mit geistiger Behinderung wichtig ist, Kontrolle über seinen Lebensbereich zu haben, sollten ihm seine Betreuer(innen) die Erfahrung ermöglichen, Kontrolle zu haben, indem er z. B. auswählen darf, wen er zu seinem Geburtstag einlädt oder welche Mahlzeiten er einnehmen möchte.

Eine motivorientierte Beziehungsgestaltung bedeutet, dass das Verhalten der Fachkräfte auf die individuellen Bedürfnisse, Ziele und Motive der Menschen mit geistiger Behinderung zugeschnitten wird. Sie ermöglicht unmittelbar bedürfnisbefriedigende Erfahrungen und damit mehr Wohlbefinden und sie dient einem besseren Umgang mit problematischen Situationen (FLÜCKINGER; GROSSE HOLFORTH 2011). In Abbildung 2 sind diese Zusammenhänge dargestellt.

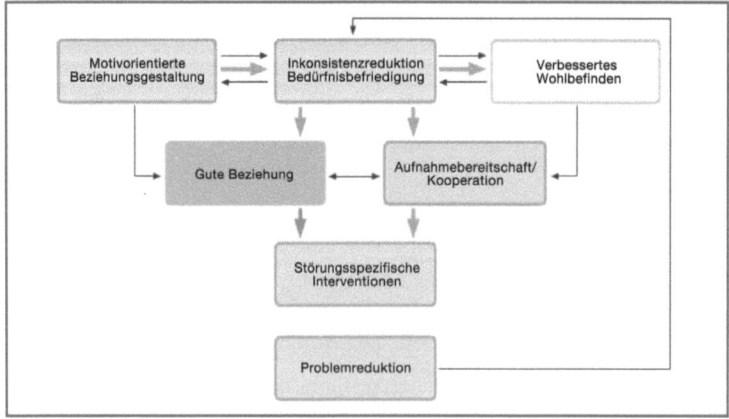

Abb.2: Die Auswirkungen einer motivorientierten Beziehungsgestaltung (Stucki, 2011)

Mittel-Ziel-Relation

Menschen unterscheiden sich darin, welche Mittel sie erlernen und einsetzen, um wichtige Bedürfnisse zu befriedigen (Caspar, 1996).

Im Lauf der persönlichen Lebensgeschichte entwickeln Menschen in Transaktion mit der jeweiligen Umwelt Mittel, die letztendlich der Befriedigung der Bedürfnisse dienen (Grawe, 1998). Auch Menschen mit geistiger Behinderung wenden häufig Strategien an, die kurzfristig durchaus hilfreich, mittelfristig aber dysfunktional sind, hohe Kosten verursachen und eine gute Befriedigung von Grundbedürfnissen verhindern.

Z. B. bringt der Plan „Zeige wie hilflos du bist" mit z. B. anhänglichem Verhalten kurzfristig häufig Mitleid und Zuwendung (Bindung), mittelfristig können sich aber andere von einem abwenden; insbesondere wenn die Strategie im Übermaß angewandt wird.

Die plananalytische Erfassung der Motive

Die Wege und Mittel, wie die Grundbedürfnisse und motivationalen Ziele erreicht werden können, sind in Planstrukturen darstellbar.

• In der Planstruktur wird das motivationale Funktionieren einer Person individuell dargestellt.

• Eine Planstruktur ermöglicht es, Verhalten einer Person besser zu verstehen und individuell maßgeschneidert therapeutisch/pädagogisch zu intervenieren.

D. h., die Grundbedürfnisse können mit Hilfe einer sog. Plananalyse ermittelt werden. Die Plananalyse ist ein Hilfsmittel

• um z. B. den Menschen mit geistiger Behinderung, seine Beziehungen und Probleme besser zu verstehen

• um aus diesem individuellen Verständnis eine maßgeschneiderte Beziehungsgestaltung ableiten zu können.

Pläne kann man als Zielkomponenten motivationaler Schemata verstehen. Es lassen sich intentionale Schemata (Annäherungsziele), Konfliktschemata (gemeinsam aktivierte Annäherungs- und Vermeidungsziele) sowie reine Vermeidungsschemata unterscheiden. Den Schemata übergeordnet sind die

Grundbedürfnisse, welche bei jedem Menschen vorhanden sind (vgl. GRA-
WE 1998, 2004).

Der Begriff der „Planstruktur" bezieht sich darauf, dass Personen eine hie-
rarchische Struktur von Zielen aufweisen, wobei die Ziele auf einer unteren
Planebene auf die Ziele auf einer höheren Ebene ausgerichtet sind und
eine Konkretisierung oder „Operationalisierung" höherer Ziele darstellen.

Dabei können Ziele auf einer unteren Planebene gleichzeitig mehreren
Zielen auf einer höheren Ebene dienen: Auf diese Weise ergibt sich ein
Netzwerk von Zielen (Stucki, 2013).

Folgende Abbildung (Schulz, 2016) zeigt ein Beispiel für eine Planstruktur einer 56jährigen Frau mit geistiger Behinderung:

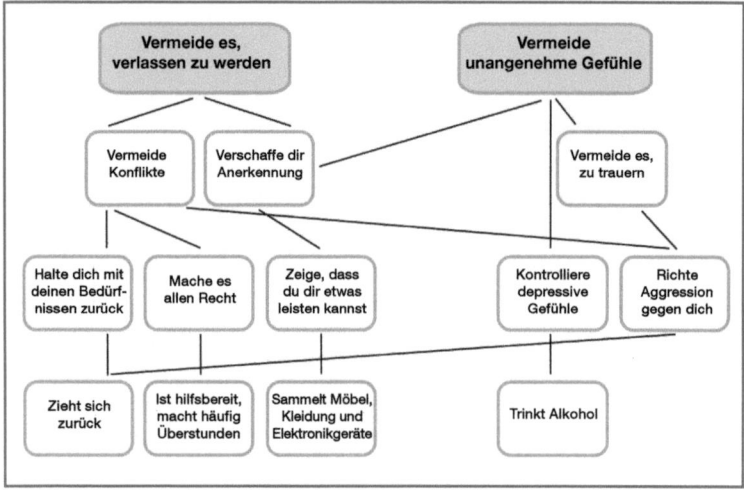

Abb.3: Planstruktur einer Bewohnerin einer Einrichtung der Behindertenhilfe

Bei diesem Fallbespiel wird deutlich, dass die Bewohnerin die Bedürfnisse
nach Bindung und Lustgewinn/Unlustvermeidung durch Vermeidungsziele schützen wollte, sie alles versuchte, damit diese Bedürfnisse nicht verletzt
wurden. Gleichzeitig war es ihr nicht möglich eine „Hin-zu-Motivation"
zu entwickeln, sodass sie in ihrem Verhalten stagnierte und sich nicht wei-
terentwickelte. Problematisch war auch die gleichzeitige Aktivierung von
Vermeidungs- und Annäherungszielen („Verschaffe dir Anerkennung"

und „Vermeide Konflikte"), die eine zufriedenstellende Befriedigung des Grundbedürfnisses nach Bindung behinderte.

Die motivorientierte Beziehungsgestaltung sah hier so aus, dass der Bewohnerin Bindungsangebote gemacht wurden, indem sie eine verlässliche psychotherapeutische Betreuung erhielt und indem ihr Erlebnisse ermöglicht wurden, die ihr Spaß machten, ihr Lustmotiv bedienten, wie z. B. gemeinsame Unternehmungen.

Der Nutzen eines plananalytischen Vorgehens

Bei der Plananalyse wird versucht, aus den vom Gegenüber gegebenen Informationen, insbesondere aber aus dem konkreten Interaktionsverhalten, die interaktionellen Ziele zu erschließen.

Ist dies gelungen, sollte sich gemäß einer motivorientierten Beziehungsgestaltung nach den höchsten Plänen des Menschen mit geistiger Behinderung komplementär verhalten werden, also die Beziehung so gestaltet werden, dass z. B. der Mensch mit geistiger Behinderung seine Pläne in der Interaktion mit dem Fachpersonal möglichst realisieren kann.

Durch die „interaktionelle Sättigung" der Pläne in der pädagogischen Interaktion werden die Pläne für den Menschen mit geistiger Behinderung weniger relevant und das durch diese Pläne gesteuerte Interaktionsverhalten lässt nach.

Das heißt, **sind die Bedürfnisse oder Pläne des Menschen mit geistiger Behinderung gesättigt, dann fehlt dem Problemverhalten die motivationale Basis.**

Außerdem: Je höher in der Planstruktur das Motiv ist, das dem Problemverhalten zugrunde liegt, desto „akzeptabler" wird das Motiv, weil es leichter ist, nachzuvollziehen, dass jemand z. B. seinen Selbstwert schützen möchte, indem er eine Blamage vermeidet und dies meint zu erreichen, indem er z. B. die Übernahme von Aufgaben ablehnt.

Die Erstellung einer Plananalyse ist ein hoch komplexer Vorgang, der vom pädagogischen/therapeutischen Fachpersonal viel Zeit, viel Einfühlungsvermögen und viel kreative Rekonstruktionsarbeit erfordert; dafür enthalten die angefertigten Plananalysen aber auch sehr viele Informationen über die Betreuten. Das Ergebnis einer Plananalyse ist die grafische Darstellung der wichtigsten Annäherungs- und Vermeidungsziele der Menschen mit geistiger Behinderung, zusammen mit den individuellen Mitteln (Pläne und Verhaltensweisen) zur Erreichung dieser Ziele (s. Abbildung 3).

Erstellen einer Plananalyse

Das praktische Vorgehen beginnt mit der Frage: Was beobachte ich? Welches Verhalten?

Leitfragen für das Erschließen von Plänen sind z. B.:

- „Warum tut er/sie das?" Wozu dient sein/ihr Verhalten? (resp. sein/ihr Plan)
- Welche Motive könnten hinter dem Verhalten stecken?
- Welche Gefühle und Eindrücke löst der/die Betreute bei mir und anderen aus?
- Was will er/sie bei mir und anderen erreichen, wozu will er/sie mich und andere bringen, welche Verhaltenstendenzen auslösen?
- Welches Bild von sich versucht er/sie mir und anderen zu vermitteln?
- Welches Bild von sich versucht er/sie für sich aufrechtzuerhalten?
- Was würde ihm/ihr gut tun, was wäre schlimm für ihn/sie?
- Welches Verhalten von mir und anderen würde gar nicht in die Situation passen, würde er/sie versuchen zu verhindern?

Bei dem Erstellen einer Plananalyse werden folgende Formulierungen verwendet:

- Verhaltensaspekte im Indikativ: „lächelt entschuldigend"
- Pläne im an sich selbst gerichteten Imperativ: „reduziere Spannungen"

Es gibt zwei Möglichkeiten Pläne zu erschließen:

1. **Top Down – Erschließung**
   Pläne werden „von oben" erschlossen: Frage:
   „Wie befriedigt der Bewohner sein Bedürfnis nach xy?"
2. **Bottom up – Erschließung**
   Vom beobachteten Verhalten „von unten" wird direkt auf den Plan geschlossen und geprüft, ob sich andere Verhaltensweisen finden, die den Plan bestätigen.

Mögliche Probleme bei der Erstellung von Plananalysen

Wichtig ist es kein ungünstiges Verhalten, keine ungünstigen Pläne zu verstärken, da damit das dysfunktionale Verhalten verstärkt und damit aufrechterhalten wird (Stucki, 2013).

Um dieses zu vermeiden, sind folgende Fragen hilfreich:

• Sind das Verhalten und die Pläne, zu denen ich mich bedürfnisbefriedigend komplementär verhalte, günstig?
• Wenn das Verhalten ungünstig/dysfunktional ist, kann ich die dem Verhalten zugrundeliegenden Pläne unterstützen?
• Wenn die Pläne ungünstig/dysfunktional sind, kann ich hierarchisch „höher liegende" Pläne unterstützen?

Wichtig ist auch immer wieder, z. B. im Team, eine Hypothesenprüfung vorzunehmen, da die erschlossenen Pläne Hypothesen sind und fortlaufend anhand weiterer Beobachtungen überprüft werden müssen. Zudem können Betreuereigenschaften die Wahrnehmung beeinflussen, was auch immer mitberücksichtigt werden muss. Wenn diese Faktoren berücksichtigt werden, ist die Plananalyse ein vielversprechendes Instrument, um eine motivorientierte Beziehungsgestaltung umzusetzen.

Fazit

Eine motivorientierte Beziehungsgestaltung erfordert viel Vorarbeit, nämlich das Erstellen einer Plananalyse. Wofür lohnt sich dieser Aufwand?

Anhand der Plananalyse kann das pädagogische Fachpersonal die Annäherungs- und die Vermeidungsziele der von ihm betreuten Menschen mit geistiger Behinderung erfassen. Annäherungsziele beschreiben das, was man erreichen möchte, z. B. Anerkennung. Vermeidungsziele beschreiben das, was man nicht will, z. B. Ablehnung, Kontrollverlust.

Mit dieser Kenntnis können Menschen mit geistiger Behinderung bei ihren Annäherungszielen unterstützt werden und gleichzeitig kann verhindert werden, dass die Vermeidungsziele aktiviert werden.

Denn die Aktivierung der Vermeidungsziele und damit die Nichtbefriedigung der Grundbedürfnisse führen zu den Symptomen des als herausfordernd erlebten Verhaltens, da die Grundbedürfnisse befriedigt werden wollen. Erleben die Menschen mit geistiger Behinderung, dass ihre psychologischen Bedürfnisse befriedigt werden, wird sich das positiv auf ihr Befinden und damit auch auf ihr Verhalten auswirken.

Literatur

Caspar, F. (1996): Beziehungen und Probleme verstehen. Eine Einführung in die psychotherapeutische Plananalyse. Bern: Huber.

Caspar, F. (2007): Beziehungen und Probleme verstehen: Eine Einführung in die psychotherapeutische Plananalyse. 3. überarb. Auflage. Bern: Huber.

Flückinger, C.; Grosse Holtforth, M. (2011): Ressourcenaktivierung und motivorientierte Beziehungsgestaltung: Bedürfnisbefriedigung in der Psychotherapie. In: Renate Frank (Hg.): Therapieziel Wohlbefinden. Berlin; Heidelberg: Springer.

Grawe, K. (1998): Psychologische Therapie. Göttingen: Hogrefe.

Grawe, K. (2004): Neuropsychotherapie. Göttingen: Hogrefe.

Grosse Holtforth, M. (2002): Fragebogen zur Analyse Motivationaler Schemata (FAMOS) [Inventory of Approach and Avoidance Motivation (IAAM)]. In: Brähler, Elmar; Schumacher, Jörg; Strauß, Bernhard (Hrsg.): Diagnostische Verfahren in der Psychotherapie. Göttingen: Hogrefe.

Schulz, A. (2016): Motivorientierte Beziehungsgestaltung mit Menschen mit geistiger Behinderung am Beispiel einer Einzelfallbeschreibung. In: Teilhabe, 1, Jg. 55, 31-36.

Stucki, C. (2011): Motivorientierte Beziehungsgestaltung – Mein rechter rechter Platz ist frei, ich wünsch' mir meinen Therapeuten herbei!. Vortrag im Rahmen des Psychiatrischen Kolloquiums ZGPP und PUK am 27.05.2011.

Stucki, C. (2013): Einführung in die Fallkonzeption II. PLANANALYSE. Vortrag im Rahmen eines Aufbaukursus an den Universitären Psychiatrischen Diensten Bern (UPD) am 21.11.2013.

Stucki, C.; Grawe, K. (2007): Bedürfnis- und Motivorientierte Beziehungsgestaltung. In: Psychotherapeut 52 (1), 16–23.

Zeides, U. (2003): Herausforderndes Verhalten von Menschen mit geistiger Behinderung. Eine Herausforderung für Psychiatrie und Heilpädagogik. Diplomarbeit an der Hochschule Niederrhein in Mönchengladbach (Fachbereich Sozialwesen, Studiengang Sozialarbeit.

Ellen Vahl-Seyfarth

Für immer Geschwister – Unsere Rolle in der Familie prägt unser Leben

In meinem Beitrag möchte ich über die Bedeutung von Geschwistern sprechen. Erwarten Sie im Folgenden keine wissenschaftliche Abhandlung, sondern eine Darstellung meiner Erfahrungen, verbunden mit Untersuchungsergebnissen und Ausführungen der am Schluss genannten Literatur.

Im Laufe meines Berufslebens als Psychologin ist mir der Einfluss der Geschwisterposition auf die Entwicklung der Persönlichkeit sehr deutlich geworden. In Beratungsgesprächen von Eltern oder in Therapiegesprächen habe ich daher immer regelmäßiger nach der Geschwisterposition gefragt.

Es fiel mir leichter, die Situation des jeweiligen Kindes zu verstehen, wenn ich wusste, wie es sich mit den Geschwistern verhielt. Lange Zeit hat man die Bedeutung von Geschwistern in der psychologischen Forschung wenig berücksichtigt (zwischen 1977 und 1998 gab es 17.399 Publikationen über Kinder und Jugendliche, aber nur 189 zum Thema Geschwister), aber in den letzten Jahren gab es im Hinblick auf Geschwister deutlich mehr Untersuchungen. Untersuchungsergebnisse machen natürlich nur darüber Aussagen, mit welchen Persönlichkeitsmerkmalen man bei einer bestimmten Geschwisterposition eher rechnen kann, sie sagen nichts über einzelne Personen aus. Bei jedem Menschen kommen sehr viele ganz unterschiedliche Variablen ins Spiel, die die Auswirkungen der jeweiligen Geschwistersituation überlagern können und die Beziehung zwischen den Geschwistern beeinflussen (z. B. persönliche Stärken und Schwächen, Bedeutung weiterer Bezugspersonen neben den Eltern, wichtige Lebensereignisse, Krankheiten, die besondere Situation von Pachtwork-Familien usw.). Und trotzdem: Es gibt bestimmte Grundmuster, die wir häufig vorfinden.

Ich würde gern zum Einstieg in die Thematik eine kleine Geschichte erzählen: *Einen Sonntagnachmittag meiner Kindheit habe ich klar vor Augen. Es ist ein heißer Tag mitten im Juli. Wir, mein Vater und meine Mutter, mein Bruder Robert und ich, sind auf dem Rückweg von einem Ausflug zum Strand (etwa eine Autostunde von unserer Wohnung in Brooklyn entfernt).*

Ich bin ungefähr sechs; mein Bruder ungefähr zehn Jahre alt.

Wir stecken im Stau und schieben uns meterweise vorwärts. Die von Sonnen-
brand, Salz- und Sandresten gereizte Haut juckt, im Wagen ist es unerträglich
heiß, und Robert und ich streiten uns ununterbrochen. Schließlich hält mein
Vater genervt an und holt mich nach vorne, und meine Mutter setzt sich zu Ro-
bert nach hinten. Um uns zu beruhigen, kauft er jedem von uns ein Eis – kleine
runde Pappbecher mit Vanille- und Schokoladeneis.

Während ich langsam und mit Genuss mein Eis von dem flachen Holzspatel
lutsche, reift ein wunderbarer Plan in mir. Ich werde ganz langsam essen, damit
ich zuletzt fertig werde. Dann habe ich noch ein Eis, wenn Robert sein Eis schon
aufgegessen hat. „Hier“ werde ich sagen, „Ich habe noch Eis.“ Ich werde etwas
haben, was er nicht hat. Einmal wenigstens, dieses eine Mal werde ich ihn schla-
gen, meinen großen Bruder, den ich anbete und verehre, der mich aber immer
reinlegt. Also esse ich mein Eis ganz langsam, und es fängt an zu schmelzen.
„Hast du noch was?“ frage ich alle paar Minuten.

„Ja.“

Wir fahren weiter, es wird immer heißer und das Eis immer flüssiger, bis das
Schokoladeneis im Vanilleeis zerfließt und der Becher warm und klebrig wird.

„Hast du noch was?“ Ich drehe mich um, um zu sehen, wieviel Eis er noch
übrig hat, aber er hält seinen Becher ganz nah vor der Brust verdeckt.

„Ja.“ Mein Eis ist nur noch eine warme, hellbraune Flüssigkeit.

Aber endlich, endlich kommt mein Triumph.

„Aufgegessen“, sagte er.

„Haha“, brülle ich voller Entzücken, genau, wie ich es mir ausgemalt habe.

„Ich habe mein Eis noch.“ Ich halte ihm den zerdrückten und mittlerweile
undicht gewordenen Becher vor die Nase. „Eiskrem, Eiskrem“, singe ich und
trinke den klebrigen Brei schnell aus. Er hat wenig Ähnlichkeit mit der kühlen
Leckerei von vorhin, aber er ist köstlicher als alles, was ich jemals probiert habe.
Sieg!

Während ich den letzten Tropfen schlucke, kommt es plötzlich glucksend vor
Lachen von hinten: „Selber haha! Ich hab dich reingelegt. Ich hab meins noch.“ Er
lehnt sich vor und hält mir seinen Becher mit den Eisresten vor die Nase. Dann
schlürft er ihn genussvoll aus und behält mich dabei genau im Auge, damit ihm
von meiner vollkommenen Niederlage auch nur ja nichts entgeht.

Reingelegt. Aber noch viel schlimmer ist, dass er wieder einmal gewonnen
hat. Ich habe es nicht geschafft. Ich bin ihm nicht gewachsen, nicht mal, wenn

es um einen Becher mit zerlaufenem Eis geht. Ich heule los, mit dem ganzen Schmerz eines Kindes, das blind in eine Falle gelaufen ist.

„Das ist ungerecht", schreie ich. „Warum kann ich nicht auch mal gewinnen? Nie habe ich was für mich. "

Mein Bruder brüllt vor Schadenfreude und singt spöttisch „Eiskrem, Eiskrem", während ich schluchze. Auch meine Eltern lachen und schimpfen, ich sei doch viel zu groß für so ein Theater. Es sei doch nur ein Eis gewesen und doch wirklich egal, wer zuerst fertig war. Aber es war nicht egal, das wusste ich, und es stand viel mehr auf dem Spiel als ein Eis. Es ging darum, einmal die Nase vorn zu haben. Es ging darum, sich durchzusetzen und zu behaupten. Es ging darum, respektiert zu werden.

Allgemein gilt: Geschwisterbindungen sind die dauerhaftesten aller Bindungen. Eltern sterben, Freunde verschwinden, Ehen lösen sich auf. Geschwister können sich nicht scheiden lassen. Auch wenn man 20 Jahre nicht mehr miteinander spricht, bleibt man Geschwister. Die Geschwisterbindung lässt sich nicht lösen, auch dann nicht, wenn sie nicht funktioniert. Geschwister bleiben immer Bestandteil unserer eigenen Identität. In der Forschung wird diese Beziehung heute als die „in der Regel am längsten währende, unaufkündbare, annähernd egalitäre menschliche Beziehung" bezeichnet.

Zusammen mit Bruder oder Schwester erfahren wir fast alle Gefühle zum ersten und intensivsten Mal: Eifersucht, Liebe, Zorn, Vermissen, Geborgenheit, Wut, Zusammengehörigkeit, Freude, Ausgelassenheit, Vertrautheit, Angst.

In der Beziehung zu unseren Geschwistern gehen wir von Anfang an aufs Ganze und halten keinen höflichen Abstand. Nichts schützt uns davor, in extremen Situationen wieder ganz von selbst der ältere Bruder zu sein, der alle Schläge abfängt, oder die jüngere Schwester, der niemand etwas zutraut oder das mittlere Kind, das eigentlich niemand braucht. Und wenn die Kindheit schon lange vorbei ist, beeinflussen die Kindheitserfahrungen immer noch die Beziehungen zu späteren Partnern, Freunden, Kollegen und zu den eigenen Kindern.

Im Durchschnitt sind Geschwister zu 50% genetisch miteinander verwandt (d. h., dass sie ungefähr die Hälfte ihrer Erbanlagen gemeinsam haben). Im Einzelfall variiert die genetische Ähnlichkeit aber zwischen 25%

und 75%. So erklärt es sich, warum einige Geschwister fast wie Zwillinge aussehen und andere nur wenig äußere Ähnlichkeit haben.

Geschwister gehören derselben Altersgruppe an und leben mehr oder weniger gleichberechtigt auf einer Ebene. Es gibt keine Verhaltensvorschriften für diese Beziehung und kein viertes Gebot. Der Umgang ist daher meist freier, offener und im Allgemeinen auch ehrlicher als mit den Eltern. Geschwister sein heißt, dass man zusammen gehört ohne sich lieben zu müssen. Später sind Geschwister einander die wichtigsten Zeugen der Kindheit. Das intuitive Wissen umeinander spielt das ganze Leben hindurch eine wichtige Rolle. Selbst nach jahrelanger Trennung können erwachsene Geschwister oft ganz schnell erkennen, was Bruder oder Schwester denken und ihre Bedürfnisse erfassen. Sie können einen tiefer und gezielter verletzen als alle anderen Menschen. Der Bruder oder die Schwester können sich vielleicht der Außenwelt als Bürgermeister oder Schulrätin präsentieren, aber doch nicht der eigenen Schwester, die den Bruder schon am Küchentisch über ein vermasseltes Fußballspiel hat weinen sehen oder die Schwester wegen dem Streit mit einer Freundin um eine Haarspange.

Auf die Oberfläche einer Geschwisterbeziehung kann man ein Leben lang neue Muster aufsticken, aber der Stoff, aus dem sie besteht, ist in den ersten Lebensjahren entstanden, mit all seinen Schönheiten und all seinen Fehlern. Die Verwobenheit mit Bruder oder Schwester kann alle Liebesbeziehungen überdauern und in seelischer Hinsicht viel wichtiger sein und ihr Scheitern nicht weniger schmerzhaft.

Mit der engen Bindung verknüpft, sind eigentlich auch immer Rivalitätsgefühle, die aber selten thematisiert werden.

Unsere Nachbarskinder haben vor einiger Zeit beide einen eigenen Hamster geschenkt bekommen. Als ich ein paar Wochen später das kleine Mädchen vor dem Haus traf und fragte, was ihr Hamster mache, sagte sie „Ich gebe ihm ganz viel zu essen, dann wird er vielleicht größer als der Hamster von meinem Bruder."

Bei der Rivalität geht es zum einen meist um die Liebe und die Aufmerksamkeit der Eltern, zum anderen geht es um das Machtverhältnis zwischen den Kindern. Dieses Machtverhältnis findet bei Kindern oft Ausdruck durch Drohungen, Spott, Schikanen oder sogar Schläge. Im Erwachsenenalter findet es oft Ausdruck in unerwünschten Ratschlägen, dauernder Kritik oder Verweigerung von Anerkennung. Untersuchungsergebnisse zeigen Ambivalenz als wesentliches Merkmal der Geschwisterbeziehung. Rivalität einerseits und Liebe und Loyalität andererseits sind untrennbar verflochten. Wobei sich unter Brüdern mehr Konflikte um Dominanz und Rivalität zeigen als unter Schwestern. Die lebenslang engsten Beziehungen findet man zwischen Schwestern.

Es gilt: Mit Geschwistern lernt man nicht das Teilen – wie immer gesagt wird –, sondern man lernt das Verhandeln. Wir bieten ein Bonbon an, weil wir wissen, dass man dann das nächste Mal auch eins fordern kann. Man lernt, den anderen in die Bringschuld zu setzen, ohne ihm ernsthaft zu schaden. Dutzende Mal am Tag finden Kinder heraus wie Lösungen aussehen, die möglichst wenig kosten und möglichst viel einbringen können. Mit Geschwistern üben wir auch das Lügen, um Vorteile zu erlangen. Aber wir lernen auch die Grenzen unseres Handels kennen. Wenn der kleine Bruder plötzlich weint, weil er die Sache durchschaut hat, können wir das Spiel sofort abbrechen und ihn trösten. Wir lernen die Grenzen unserer Macht kennen ohne großen Schaden anzurichten.

Mit Geschwistern erfahren wir auch, was Gerechtigkeit bedeutet. Wir fühlen es, wenn wir wütend sind, weil der andere ein besseres Geschenk bekommen hat. Mit Geschwistern lernen wir, dass auch negative Gefühle wieder vergehen. Geschwister kann man stärker hassen als Freunde oder Eltern und man kann auch wieder damit aufhören. Um sich mit Geschwistern zu versöhnen, braucht man keinen Grund. Man gibt sich fast immer Vertrauen auf Kredit, auch wenn die Beziehung sonst nicht freundschaftlich ist. Vielleicht ist der Grund für die höhere Scheidungsrate bei Einzelkindern, dass sie weder Verhandeln noch Aussitzen gelernt haben.

Viele Untersuchungen kommen zu dem Ergebnis, dass der Platz, den man in der eigenen Geschwisterreihenfolge eingenommen hat, die größte Bedeutung für unser Leben hat. Der Platz legt fest, welche Verhaltensweisen uns besonders vertraut sind und entscheidet, wie wir uns in einer Beziehung mit einer Frau oder einem Mann verhalten. Statistisch gesehen entstehen die wenigsten Konflikte, wenn ein Mann mit einer jüngeren Schwester eine Frau heiratet, die einen älteren Bruder hat.

Besonders häufig beschäftigen sich Untersuchungen mit ältesten Geschwistern, die ja immer eine Zeit lang auch Einzelkinder waren. Man fand leicht erhöhte Intelligenzwerte bei Erstgeborenen. Sie gelten als übervorsichtig, perfektionistisch, stark motiviert, ihr Verhalten ist eher konformistisch, gewissenhaft, konservativ. Höhere Werte fand man im Bereich „Macht–Interaktion", dazu gehören Dominanzstreben, Aggressivität, aber auch die Bereitschaft, den Standpunkt der Geschwister zu vertreten. Sie wollen die Erwartungen der Eltern erfüllen und identifizieren sich stärker mit ihnen und überhaupt mit allen Formen von Autorität. Sie neigen weniger zur Rebellion als zur Anpassung.

Eltern sind in ihrem Verhalten Erstgeborenen gegenüber unsicherer und ängstlicher. Bei den Babys tritt ein hoher Anteil an Still- und Fütterungsproblemen auf, auch Infektionen sind häufiger. Die ungeteilte Aufmerksamkeit der Eltern bringt eben auch negative Folgen mit sich. Die Eltern sind kontrollierender und überprotektiv. Im Kindesalter ist bei den Erstgeborenen daher oft die Fähigkeit zur Selbstregulation schwächer ausgeprägt. Da sich die Ältesten besonders stark an den Eltern orientieren, sind die Eltern für sie auch Modell für den Umgang mit den Geschwistern. Sie übernehmen oft hohe Verantwortung für sie und dieses Verantwortungsgefühl kann zum Bestandteil ihres Selbstbildes werden. Älteste lassen sich leichter durch elterlichen Druck umstimmen, sie neigen eher zum Nachgeben und zu Entschuldigungen, wenn Eltern kritisieren, während sich Jüngere eher verteidigen oder wütend werden. Wahrscheinlich auch, um es den Eltern recht zu machen, zeigen die Ältesten ihre Wut oder ihr Konkurrenzstreben vorsichtiger und subtiler als die Jüngeren. Sie hänseln, lachen aus und kritisieren eher als dass sie offen feindselig sind. Sie geben auch Eifersucht auf Geschwister weniger zu und bagatellisieren sie eher.

In einer Untersuchung von Familien, die alle vier Kinder hatten, sollten alle Geschwister aufschreiben, wem sie sich mit einem Problem am ehesten anvertrauen würden. Die Jüngeren nannten mit großer Mehrheit das älteste Geschwister, die Ältesten gaben am häufigsten gar keinen Namen an. Älteste sind oft lebenslang in der Rolle des Ratgebers, erwarten aber auch, respektiert zu werden.

Wenn man die Forschungsergebnisse zu jüngeren Geschwistern anschaut, dann findet man zum Teil die andere Seite der Medaille. Jüngere Geschwister erzielen gehäuft hohe Werte bei Eigenschaften wie freundlich, diplomatisch, manipulativ, pragmatisch. Das sind Fähigkeiten, die helfen, mit dominanten älteren Geschwistern zurechtzukommen. Ein Ergebnis, das sich immer wieder findet, ist, dass sich jüngere Geschwister leichter auf Probleme und Veränderungen einlassen können als Älteste. Allerdings haben sie eher ein geringeres Selbstwertgefühl als die Ältesten.

Eine Analyse der wichtigsten naturwissenschaftlichen Kontroversen der letzten 400 Jahre hat ergeben: Jüngere stellen etablierte wissenschaftliche Theorien eher in Frage und lösen Veränderungen aus als Älteste und Einzelkinder, die eher den Status quo verteidigen. (Das liegt vermutlich auch daran, dass Jüngere Erfahrung sammeln im Widerstand gegen die Autorität der Ältesten).

Auffallend ist die starke Bindung der jüngeren Geschwister an die älteren. Die Älteren bieten den Jüngeren Schutz und Sicherheit und fordern dafür Respekt. Kompliziert wird es dadurch, dass die Jüngeren häufig die Autorität der Ältesten suchen und gleichzeitig mit ihnen rivalisieren, sie suchen Rat und wehren sich dann dagegen. Und: sie rivalisieren nicht so subtil wie die Älteren, sondern direkt, lautstark, streitlustig und schmollend. Oft ist die Abhängigkeit der Jüngeren von den Älteren extrem und lebenslang. Allerdings wissen Jüngere oft auch, dass die Ältesten ihre Anerkennung brauchen und „spielen" deshalb die Rolle des Jüngeren weiter. Häufig haben Jüngere auch eine Hemmung die Ältesten in irgendeiner Weise zu übertreffen. Ein Beispiel, das mir in Erinnerung ist: Der Ältere von zwei Brüdern war ein erfolgreicher Springreiter, aber er hatte einen Reitunfall und erlitt eine bleibende Behinderung. Der jüngere Bruder war ein sehr guter Fußballspieler gewesen, aber nach dem Unfall seines Bruders wurde er ein immer schlechterer Spieler. Als ich ihn kennenlernte, hatte er eine Depression entwickelt. In der therapeutischen Situation erkannte er, dass er eine Hemmung hatte, den Bruder durch gute Leistungen im Fußball sportlich zu übertreffen. Als er verstand, dass für den mittlerweile behinderten Bruder seine sportliche Leistung wichtig war, weil er sich mit ihm identifizieren konnte, gelang es ihm, seine Leistung in kurzer Zeit wieder zu steigern.

Ich habe jetzt pauschal von Jüngeren geredet, dabei ist es ein großer Unterschied, ob man ein mittleres oder jüngstes Kind ist. Die landläufige Meinung stimmt, dass es „Sandwichkinder" oft schwer haben. Die Zwischenposition gibt keine feste Rolle vor. Statistisch haben diese Kinder am häufigsten das Gefühl, „Außenseiter" zu sein. Mittlere Kinder sind auch seltener das Lieblingskind von Mutter oder Vater. Sie zeigen häufiger psychische Probleme als ihre Geschwister und erleben am häufigsten einen emotionalen Mangel. Erstaunlicherweise halten trotzdem mittlere Kinder ihre Position oft für die beste. Sie fühlen sich eingebettet zwischen den Ältesten, die zu viel Verantwortung tragen und den Jüngsten, denen zu wenig zugetraut wird. Ihre Doppelrolle als älteres und jüngeres Kind führt oft zu besonders hoher Kompromissfähigkeit und diplomatischem Verhalten. Am günstigsten ist die mittlere Position, wenn das mittlere Geschwister ein anderes Geschlecht hat als das erste Kind. Gibt es nur Brüder oder nur Schwestern, dann haben es die Mittleren am schwersten.

Jüngste Kinder gelten als charmant, extravertiert, verwöhnt und verantwortungslos. Man glaubt, sie erhielten oft viel Zuwendung von Eltern und Geschwistern und manchmal ist es tatsächlich so. Aber die Jüngsten selbst sagen: „Ich habe immer abgelegte Kleider und Spielsachen gehabt, für mich wurde selten etwas neues gekauft."

Oft zeigen Fotoalben sehr viele Bilder von den Ältesten, die Mittleren sind auch noch gut vertreten, von den Jüngsten gibt es deutlich weniger Bilder. Jüngste berichten später oft, dass sie sich zum Beispiel bei Tischgesprächen überflüssig und abgeschoben fühlten, weil immer die Themen der Älteren im Mittelpunkt waren. Was das Jüngste zu erzählen hatte, kannte immer schon jeder. Schwierig ist, dass die Jüngsten immer mit den älteren Geschwistern verglichen werden, häufig vergleichen sie sich selbst ein Leben lang mit allen Leuten.

In der Familie bleiben sie oft für immer „die Kleinen" und es fällt ihnen schwerer, sich von den Eltern zu lösen und unabhängig zu werden. Oft bleiben sie am längsten daheim und opfern sich für Eltern auf. Allerdings beschreiben jüngste Kinder die Eltern häufiger als liebevoll und akzeptierend, während die Ältesten die Eltern als strenger beschreiben. Oft fühlen sich die Jüngsten wie Einzelkinder als „erwählt" und das gibt ihnen Stärke.

Einzelkinder waren lange Zeit in Untersuchungen zum Thema „Geschwister" gar nicht einbezogen, aber da es immer mehr Einzelkinder gibt, ändert sich das allmählich. Häufig berichten Einzelkinder, dass die Aussage „Er/Sie ist ein Einzelkind" sich für sie so anhörte wie „Er/Sie ist ein schwieriger Fall". Es fühlte sich an wie ein Makel, den sie verstecken mussten. Im Unterschied zur landläufigen Meinung finden sie oft leicht Kontakt zu anderen, man sollte Einzelkinder nicht mit Einzelgängern verwechseln.

Aber es gibt Merkmale, die gehäuft bei Einzelkindern auftreten.

Häufig müssen ehemalige Einzelkinder später im Leben tatsächlich nicht immer – wie oft angenommen – im Mittelpunkt stehen, davon hatten sie als Kind genug. Aber sie können häufiger als andere nicht gut ihre Wünsche und Forderungen durchsetzen. Sie haben zu wenig gelernt zu streiten und sich zu wehren. Geschwisterkinder streiten x-mal am Tag und versöhnen sich wieder, da haben Einzelkinder ein echtes Defizit. Einzelkinder sind häufig auch keine guten Teamarbeiter. Kniffige Aufgaben lösen sie lieber allein oder gar nicht. Auf Einzelkinder lastet, dass sie alle Wünsche und Erwartungen der Eltern allein erfüllen sollen. Das schwierigste ist aber die emotionale Überlastung, denen Einzelkinder ausgesetzt sind. Dieses Zu-viel an Emotionen der Eltern kann man regelmäßig bei ihnen beobachten. Es nimmt ihnen oft förmlich die Luft zum Atmen. Emotionalen Mangel gibt es nur selten. Einzelkinder können ihren Eltern nicht entkommen, „sie müssen die ganze Erziehung allein aushalten".

Sie sind von Interaktionen mit Eltern abhängig und sie stehen elterlichen Erwartungen allein gegenüber. Einzelkinder sind oft das Lieblingsprojekt der Eltern und das Zopfgummi passt farblich zu den Schuhen. Stellt man Eltern die Frage, was ihr Kind am Nachmittag zuvor getan hat, fangen Eltern mehrerer Kinder zu überlegen an, Eltern von Einzelkindern wissen es auf Anhieb. Diese Nähe kann Kinder erdrücken. Einzelkinder identifizieren sich stärker als Geschwisterkinder mit den Eltern, vor allem weibliche Einzelkinder. Positiv stellt man fest, dass sie deutlich weniger Selbstwert-konflikte haben. Sie leiden wenig unter Rivalitäts- und Neidgefühlen und neigen weniger zu Eifersucht, einem Gefühl das in ihrer Kindheit kaum geweckt wurde. Dafür erleben sie oft Überforderung und ein Gefühl von „nicht-Kind-sein-dürfen", sondern Partner der Erwachsenen zu sein.

Bestimmt genauso einflussreich wie die Geschwisterposition ist die Rol-lenzuschreibung, die meist schon in früher Kindheit erfolgt. Die Seele eines Kindes passt sich fast von alleine an die Anforderungen der Umwelt an. Sei es als zusätzliche Arbeitskraft, als verwöhnte Prinzessin, als Renomier-objekt, als Partnerersatz oder als Eherettungskind. Kinder fühlen, was von ihnen erwartet wird und sie versuchen, diese Anforderungen zu erfüllen.

Obwohl die genetische Ähnlichkeit von Geschwistern sehr hoch ist, be-haupten doppelt so viele Menschen, keine Ähnlichkeit mit ihren Geschwistern zu haben. Gleichgeschlechtliche Geschwister betonen die Unterschiede besonders stark. Ein ganz erstaunliches Untersuchungsergebnis ist, dass die gemeinsame häusliche Umwelt Geschwisterkinder im Hinblick auf ihre Persönlichkeit tendenziell verschiedener macht. Grund dafür ist, dass es leichter für Geschwister ist, ihre Identität zu finden, wenn sie die gegenseitigen Unterschiede in den Vordergrund rücken, auch die Rivalität wird dadurch begrenzt, nach dem Motto: „Ich bin hier und du bist dort und so kommen wir uns nicht in die Quere". Es geht darum, Unverwechselbarkeit und Individualität zu entwickeln und Räume zu besetzen, die noch nicht von Geschwistern eingenommen wurden. Dass Geschwisterkinder Nischen brauchen, gilt in der Psychologie heute als gesichert. Die sogenannte „Nischenbildung" führt dazu, dass Geschwister eine von den Geschwistern unabhängige Identität entwickeln. Außerdem: Geschwister haben nie dieselben Eltern oder die gleiche häusliche Umwelt (z. B. Großeltern, Wohnort, finanzielle Situation, Beziehung und Alter der Eltern) und Eltern reagieren auf verschiedene Kinder auch verschieden.

Lange bevor sich Geschwister selber vergleichen tun es die Eltern. Dabei wird das erste Kind zum Maßstab der Beurteilung weiterer Kinder (schwieriger, ruhiger, aktiver, sportlicher, empfindlicher, hübscher, begabter, aufsässiger). Oft werden Festlegungen aus der frühen Kindheit Teil des inneren Bildes, das Menschen von sich entwickeln. Diese Festlegung geschieht meist in bester Absicht: Sie soll die Stärke des Kindes unterstreichen und Rivalität in Grenzen halten. Da gibt es dann „die Verantwortliche", „den Fröhlichen", „die Sportlerin", „den Künstler" – auf diese Weise braucht sich keines zurückgesetzt fühlen. Wenn die Rolle sich gut mit den Eigenarten des Kindes vereinbaren lässt (die Sportlerin einen geeigneten Körperbau und der Künstler Talent hat), dann fühlt sich das Kind in dieser Zuschreibung wohl, aber was ist, wenn die Rolle eigentlich gar nicht recht passt? Außerdem: Durch frühe Rollenzuschreibungen werden andere Entfaltungsmöglichkeiten zu früh unterdrückt. In manchen Fällen legen innere Skripte der Eltern schon von Anfang an fest, mit welchen Augen sie ihr Kind sehen und wie sie es behandeln werden. Eltern machen sich oft schon vor der Geburt ein Bild von ihrem Kind und von der Art, wie sie mit ihm umgehen wollen. Ein Beispiel: Ein Superstar der Leichtathletik ist davon überzeugt, dass seine Weltrekorde im Sprint in der Familie bleiben. Er sagte: „Das wird bestimmt sehr hart. Aber einer wird es schaffen. Und zwar mein Sohn." Sein Sohn war aber zu diesem Zeitpunkt noch gar nicht geboren.

Man muss sich bewusst machen, Rollen sind Garanten der eigenständigen Identität, aber sie schränken auch ungeheuer ein. Bei Geschwistern werden oft die Ähnlichkeiten durch die Betonung der Unterschiede verdeckt, sobald Geschwister das Elternhaus verlassen, wird es meistens leichter, Ähnlichkeiten zuzulassen. Natürlich werden Rollen nicht nur zugeschrieben, sondern von Kindern aufgrund unterschiedlichen Temperaments und persönlicher Eigenschaften auch selber gewählt. Soziologische Untersuchungen belegen, sobald eine Rolle besetzt ist, sucht sich das nächste Kind den Platz, der noch frei ist. Z. B. wird eins der Kinder das Verantwortungsbewusste, eins das Sensible, eins das Schwierige, eins das Strebsame. Eine junge Frau hat mir einmal gesagt: „In meiner Familie sind alle sportlich und immer gut drauf. Deshalb musste ich mir etwas anderes suchen. So wurde ich magersüchtig." Die Rollen in Familien sind oft so selbstverständlich geworden, dass sie nicht mehr als Einschränkung wahrgenommen werden. Kinder neigen dabei dazu, die Sichtweise der Eltern auf die Geschwister zu übernehmen. Wenn beispielsweise die Eltern ein Kind für unzuverlässig halten, übernehmen die Geschwister diese Ansicht. Wenn Geschwister allerdings sieben und mehr Jahre auseinander sind, werden Leistungen und Verhaltensweisen weniger miteinander verglichen und sie haben die Tendenz, wie Einzelkinder aufzuwachsen.

Söhne galten zu allen Zeiten und in fast allen Kulturen mehr als Töchter. Vor allem Väter legen oft großen Wert auf die Geburt eines Sohnes. Aber eine Untersuchung zeigte, 66% der Männer und nur 27% der Frauen hielten sich in einer Untersuchung für den Liebling der Mutter, 62% der Frauen und 37% der Männer für den Liebling des Vaters. Väter wollen einen Sohn und dann ist die Tochter das Lieblingskind.

Bei einer Umfrage sagten 84% der Teilnehmer, dass ihre Eltern eins der Kinder vorgezogen hätten. Wird ein Kind besonders stark bevorzugt, so führt das oft zu erbitterten Konkurrenzkämpfen und kann die Beziehung zwischen den Geschwistern zerstören. Typischerweise reden Geschwister durchaus über solche Bevorzugungen, während es für Eltern ein absolutes Tabu ist. Ich habe eigentlich noch nie gehört, dass Eltern ganz unumwunden sagen: „Ich mag Michael lieber als Markus". Eine Vorliebe zu haben, bedeutet für Eltern ein Versagen. Dabei handelt es sich zum Glück oft nicht um lebenslange Bevorzugung eines bestimmten Kindes, sondern um Bevorzugung in bestimmten Phasen. Ein Kind in den besten Jahren ist zugänglicher als ein aufsässiges Mädchen in der Pubertät. Wenn man das im Gespräch transparent macht, fällt es den Eltern oft leichter, sich damit auseinanderzusetzen, dass sie zeitweise Lieblingskinder haben.

Oft werden aber auch Kinder zu Lieblingen, die von ihren Persönlichkeitsmerkmalen her gut zu einem Elternteil passen. Was da „passt" ist aber wirklich ein weites Feld. Es gibt ruhige, reservierte Eltern für die das fröhliche spontane Kind Lieblingskind ist, und andere ruhige Eltern bevorzugen auch das ruhige Kind. Oft wird auch die eigene Kindheit neu inszeniert. Beispiel: „Ich war ein vernachlässigtes mittleres Kind und bevorzuge jetzt mein eigenes mittleres Kind". Es findet also eine Neuinszenierung statt. Häufig identifiziert man sich mit dem Kind, das einem selbst am ähnlichsten ist. Untersuchungen belegen, dass die Rolle des Lieblingskindes von Geschwistern übereinstimmend richtig wahrgenommen wird (analysiert wurden: Selbsteinschätzung, Geschwistereinschätzung, Elterneinschätzung, Fotoalben, verschiedene Datenerhebungen).

Allerdings erleben sich oft mehrere Kinder als Lieblingskind. Zum einen entspricht das vielleicht ihrem Wunschdenken, zum anderen waren sie es vielleicht in einer bestimmten Phase und vielleicht spiegelt das auch eine besondere Leistung der Eltern. Wenn man sich nicht ausreichend geliebt fühlt ist es schwierig, Selbstvertrauen zu entwickeln, denn das Selbstbild entsteht als Spiegelbild der elterlichen Haltung. Es ist schwer zu bewältigen, wenn man erkennt, dass man sich als Aschenputtel und nicht als Prinzessin in der Familie gefühlt hat. Eine Untersuchung zeigte, wenn Mütter dauerhaft ein Kind bevorzugen und ein Kind benachteiligen, dann hat das negative Auswirkungen auf die seelische Gesundheit aller Kinder. „Pflegeleichte" Geschwister entwickeln sogar manchmal negative Verhaltensweisen aus Mitgefühl mit dem benachteiligten Geschwister.

Eine besondere Situation für die Geschwisterbeziehung stellt es dar, wenn eines der Geschwister eine Behinderung hat. In jeder dritten bis vierten Familie in Deutschland lebt ein Kind mit besonderen gesundheitlichen Problemen, in jeder fünften Familie eines mit einer chronischen Krankheit oder einer Behinderung. Kinder mit Behinderung erhalten in ihrer Familie meistens ein riesiges Ausmaß an Aufmerksamkeit. Für das behinderte Kind ist das erstmal ein Segen, richtig schlimm sind die Fälle, in denen das Kind zu wenig Aufmerksamkeit erhält.

Aber dieses übergroße Ausmaß an Aufmerksamkeit und Zuwendung ist ein Problem für die Geschwisterbeziehung, die dadurch sehr belastet wird. Häufig entwickeln gesunde Geschwister auffällige Symptome, um die elterliche Aufmerksamkeit zu bekommen oder sie versuchen, besonders unauffällig und folgsam zu sein, um so Zuwendung zu erhalten. Die meisten Kinder mit einem behinderten Geschwister leben trotzdem ohne bleibende Beeinträchtigungen, aber 10% – 20% sind gefährdet durch drohende Depression bzw. haben sie ein erhöhtes Risiko psychisch zu erkranken. Auch die Geschwister haben ja oft eine ganz besonders große Zuneigung zu dem behinderten Geschwister (und nichts ist für das behinderte Kind kostbarer), aber es besteht auch große Eifersucht und Rivalität um die Eltern, die so viel Zeit für das Geschwister mit Behinderung haben. Und das schlimme ist, dass diese negativen Gefühle nicht gezeigt werden dürfen, sie sind tabuisiert. Besonders schwierig ist es, wenn das behinderte Geschwister das Älteste ist und diese Rolle nicht ausfüllen kann. Es wird vom zweiten Kind überholt und das zweite Kind nimmt die Position des Ältesten ein. Wenn das Kind mit Behinderung das Jüngste ist, dann ist es mit der Geschwisterrolle viel einfacher. Zum Jüngsten gehört es dazu, dass es alles schlechter kann als die Älteren und mehr Hilfe braucht. Ein Zustand, der sich im Laufe der Zeit in anderen Familien verändert, bleibt eben bestehen.

Ein wichtiger Aspekt dieser Geschwisterbeziehung ist auch die Identifikation. Geschwister identifizieren sich miteinander (besonders stark, wenn sie das gleiche Geschlecht haben und altersnah sind). Wenn ein Geschwister behindert ist, dann ist das nichtbehinderte Geschwister ständig in der Zerrissenheit zwischen dem Wunsch nach Identifikation und der Ablehnung dieser Identifikation, dem Gefühl „so will ich aber nicht sein" und der Angst, von anderen mit dem Geschwister gleichgesetzt zu werden. Kinder schämen sich oft für ihr Geschwister mit Behinderung und wollen es verleugnen – und fühlen sich dann deshalb schuldig. Das Aussehen, das Verhalten und die Laute des behinderten Geschwisters sind ihnen peinlich und gleichzeitig lieben sie es und wollen es vor neugierigen Blicken oder Hänseleien schützen und vor den Eltern wollen sie verbergen, dass es ihnen peinlich ist.

Es lassen sich keine allgemein gültigen Aussagen darüber machen, wie das Kind mit Behinderung seine Geschwister erlebt, da Behinderungen sehr unterschiedlicher Art sind und die sich ergebenden Situationen entsprechend vielfältig. Hier kann immer nur der Einzelfall betrachtet werden.

Die Erwartungen der Eltern an das nichtbehinderte Geschwister sind oft zu hoch. Es fühlt die Hoffnungen und die Wünsche der Eltern auf sich lasten. Eine junge Frau sagte mir einmal, sie habe immer den unausgesprochenen Satz im Ohr gehabt: „Sei still, sei brav, sei glücklich, sei gesund, sei erfolgreich". Das führt zur Überforderung und es wird schwer, das eigene Ich zu finden. Trotz allem sollte man Eltern – wenn die Lebensumstände es zulassen – immer raten, neben dem Kind mit Behinderung weitere Kinder zu haben. Die lebenslange Verbundenheit der Geschwister ist auch für das Kind mit Behinderung durch nichts zu ersetzen.

Am Schluss ist es mir wichtig, nochmal zu betonen, dass alle Ergebnisse der Geschwisterforschung immer nur Tendenzen aufzeigen, aber nie eine feste Aussage zu einer einzelnen Familie machen können. Dazu sind in jeder Familie zu viele unterschiedliche Variablen im Spiel. Trotzdem kann es für Erwachsene sinnvoll sein, sich in der Kindheit übernommene Rollen bewusst zu machen und einen möglichen Einfluss der Geschwisterposition zu erkennen.

Manchmal fällt es dann auch leichter, zu akzeptieren, warum man so ist wie man ist. Man kommt mit manchen Festlegungen besser zurecht oder kann vorsichtig versuchen, sie zu verändern.

Literatur

Adam-Lauterbach, D. (2013): Geschwisterbeziehung und seelische Erkrankung. Klett-Cotta, Stuttgart

Jimenez, S. (2014): Geschwister von Kindern mit Behinderung oder schwerer chronischer Erkrankung in der Familie. Diplomica, Hamburg

Kasten, H. (2003): Geschwister: Vorbilder, Rivalen, Vertraute. Ernst Reinhardt, München Basel.

Sitzler, S. (2014): Geschwister, die längste Beziehung des Lebens. Klett-Cotta, Stuttgart

Sohni, H. (2011): Geschwisterdynamik. Psychosozialverlag, Gießen.

Mone Welsche
Beziehung erlebt und gestaltet – die Bedeutung von (bewegter) Beziehungserfahrung für die kindliche Entwicklung

1. Einleitung

In der Vorbereitung zu diesem Beitrag habe ich lange überlegt, welchen Weg ich einschlage, um die Bedeutung von unterstützenden Beziehungserfahrungen für die Entwicklung von Kindern aufzuzeigen. Der Bezug zur Bewegung als Medium und einem bewegungsorientierten Konzept als Möglichkeit der Förderung von Beziehungserfahrung ergibt sich aus meiner Vita. In meiner langjährigen Tätigkeit als Bewegungstherapeutin im kinder- und jugendpsychiatrischen Kontext arbeitete ich auf der Bewegungsebene. Ich nutzte den dabei entstehenden Kontakt und Dialog, um meinen PatientInnen korrigierende Beziehungserfahrungen zu ermöglichen, die sich positiv auf die Selbstwahrnehmung und auf den Kontakt mit anderen Menschen auswirken können. Positive Beziehungserfahrungen sind allerdings nicht nur Voraussetzung für die Entwicklung emotional-sozialer Kompetenzen, auch für die Entstehung und Aufrechterhaltung von Lernmotivation und Leistungsbereitschaft sind sie von grundlegender Bedeutung. Beides sind zentrale Entwicklungsbereiche in der pädagogischen Arbeit mit Kindern und Jugendlichen.

Entlang dieser Gedankengänge habe ich meinen Beitrag in vier Teile gegliedert. Ich werde mit eher allgemein gehaltenen Annahmen und Erkenntnissen aus der Entwicklungspsychologie und Anthropologie beginnen. Diese eigen sich als Ausgangspunkte, da sie zeigen, dass Beziehung als elementare Erfahrung, Bedürfnis und auch als Kompetenz, die es zu entwickeln und zu zeigen gilt, ein lebensbestimmendes Thema ist. Anschließend habe ich eine Auswahl getroffen, um theoriegeleitet abzubilden, warum positive Beziehungserfahrungen so relevant für die kindliche Entwicklung sind und welche Art von Beziehung Entwicklung im positiven Sinne unterstützt. In einem dritten Schritt befasse ich mich mit dem Zusammenhang von Beziehungserfahrungen und Bewegung und den Möglichkeiten, die sich daraus für pädagogische Fachkräfte ergeben.

2. Anthropologisch-entwicklungspsychologische Perspektive

Als Ausgangspunkte für meine Überlegungen habe ich die philosophisch-anthropologische Perspektive Bubers zur Beziehungserfahrung und die Entwicklungsaufgaben oder – themen, wie sie von dem Pädagogen Harvighurst und dem Psychoanalytiker Erikson beschrieben wurden, gewählt.

In Martin Bubers Überlegungen zum personalistischen Menschenbild bildet sich die Annahme der besonderen Bedeutung von Beziehungserfahrungen für die Entwicklung des Menschen eindrücklich ab. Der Grundgedanke seines dialogischen Prinzips wird in der Aussage „Der Mensch wird am Du zum Ich" [Buber 1979, 37] deutlich. Flosdorf [2009, 18], der Begründer des Konzeptes der „Heilpädagogischen Beziehungsgestaltung", die in weiten Teilen auf Buber basiert, formuliert: „Das in seinem Wesen begründete Aufeinanderbezogensein von Ich und Du ist die existentielle Basis für die seelische Entfaltung und Differenzierung." Der Mensch braucht und sucht somit die Begegnung mit anderen, um Verbundenheit zu erfahren. Nur im sozialen Austausch, in einem Dialog, der von Anteilnahme und Gegenseitigkeit geprägt sein soll und in welchem beide Partner aufeinander einwirken, wird dem Mensch ermöglicht, sich als personales Wesen selbstzuverwirklichen und als eigene Einheit zu finden. Eine Beziehung kann nur dann zu einer fördernden heilpädagogischen Beziehung werden, wenn es zum Aufbau einer echten Beziehung kommt [Flosdorf 2009].

Die Bedeutung von Beziehungserfahrungen und der Entwicklung von Beziehungskompetenz findet sich auch mit Blick in die Entwicklungsaufgaben und –themen. Als soziales Wesen lebt der Mensch im Kontakt zu und in der Abhängigkeit von anderen Menschen. Dabei entwickelt sich die Fähigkeit Beziehung zu gestalten von der Frühen Kindheit bis zum Schulalter.

Kinder sind mit zunehmendem Alter gefordert, auf die Anforderungen der personalen Umwelt angemessen reagieren zu können, z. B. im Kindergarten, vor allem in der Schule, aber auch im Kontakt mit Gleichaltrigen, und die Balance zwischen dem Einsatz für eigene Bedürfnisse und Wünsche wie den Anforderungen der Umwelt zu halten. Dazu müssen sie emotional-soziale Kompetenzen entwickeln, die ihnen helfen, in ihrer sozialen Umwelt zurechtzukommen.

Die Entwicklungsaufgaben nach Havighurst [Oerter & Montada 1995] zeigen, dass die erfolgreiche Gestaltung sozialer Kontakte und Beziehungen eine immer wieder neu zu bewältigende Aufgabe darstellt, die sich in verschiedenen Altersstufen durch biologische, sozio-kulturelle und psychische Einflüsse ergibt. Auch aus der Theorie zur psychosozialen Entwicklung des Psychoanalytikers Erikson [1973] ist herauszulesen, dass der Mensch Fähigkeiten entwickeln muss, Beziehung zu anderen herzustellen, um die Anforderungen sozialer Situationen, die sich über die Lebensspanne in Familie, Partnerschaft, im Beruf und zu Freunden ergeben, meistern zu können.

Im Kleinstkindalter stellt die Bindung an eine Bezugsperson die zentrale Aufgabe in der Entwicklung dar. Der Säugling ist auf die Zuwendung der Bezugsperson angewiesen und übernimmt im Aufbau der Beziehung eine aktive Rolle. Er initiiert Interaktion und gestaltet sie aktiv. Im 1. Lebensjahr sollte das Kind durch die fürsorgliche Zuwendung der Bezugsperson lernen, Vertrauen aufzubauen und anderen entgegenzubringen. Dies stellt eine bedeutende Entwicklungsaufgabe dar, deren Bewältigung Einfluss auf die Beziehungskompetenz über die Lebensspanne hat.

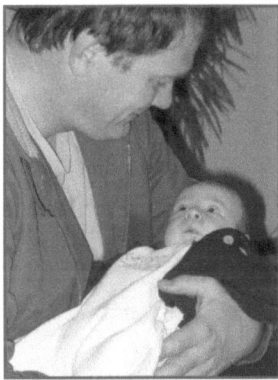

Bild 1: Bindung an eine Bezugsperson: Vater und Sohn

Im Kleinkindalter beginnt das Kind, Autonomie aufzubauen und sich gleichzeitig den Anforderungen des sozialen Umfeldes zu stellen. Dabei steht es im Spannungsfeld zwischen dem Bedürfnis nach Individualisierung und Gemeinschaft. Mit der Entwicklung des Selbst und den zunehmenden Fähig- und Fertigkeiten beginnt das Kind, seine Wünsche durchsetzen zu wollen. Selbstbehauptung und Autonomiebestrebungen führen zu Grenzerfahrungen, aber auch zur Vergewisserung der eigenen Person und der eigenen Kompetenzen.

Bild 2: Selbstbehauptung und Autonomiebestreben im Kindesalter

Im Vorschul- und Schulkindalter müssen Kinder in der Lage sein, sich in die Gleichaltrigengruppe zu integrieren, zu kooperieren und Freundschaften zu gestalten. Spätestens mit Eintritt in den Kindergarten werden sie aufgefordert, sich mit anderen auseinanderzusetzen. Sie wollen in der Regel miteinander spielen und lernen in dieser Zeit, sich für ihre Bedürfnisse und Themen einzusetzen, aber auch diese zugunsten des Kontaktes zu Gleichaltrigen und des gemeinsamen Spieles zurückzustellen und Kompromisse einzugehen. Im Schulkindalter entwickeln Kinder die Fähigkeit, nicht nur „Füreinander" und „Gegeneinander", sondern auch „Miteinander" zu agieren.

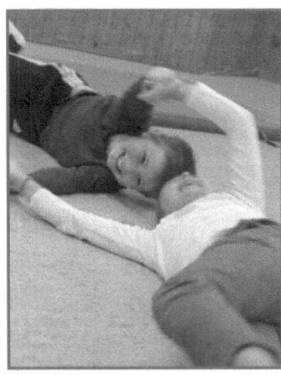

Bild 3: Kooperation mit Gleichaltrigen

3. Theoretische Zugänge

Es gibt eine Vielzahl von Möglichkeiten, theoriegeleitet aufzuzeigen, warum Beziehungserfahrung relevant für die kindliche Entwicklung ist und welche Art der Beziehung Entwicklung im positiven Sinne unterstützt. Für diesen Beitrag beschränke ich mich auf vier Zugänge:

- die Bindungstheorie [Grossmann & Grossmann 2015],
- das Konzept der Emotionsregulation [Kullik & Petermann 2012] und
- lerntheoretische Ansätze, wie das Lernen am Modell [Bandura 1991]
- und die sozio-kulturelle Theorie [Wygotski 1987].

Diese stehen teilweise in einem engen Zusammenhang zueinander, wie die Bindungstheorie und das Konzept der Emotionsregulation, vor allem haben sie aber eines gemeinsam: sie zeigen die zentrale Bedeutung der Bezugsperson für die Entwicklung von Kindern.

3.1 Bindungstheorie

Die Bedeutung einer fürsorglichen und unterstützenden Zuwendung – oder Beziehungsgestaltung – im frühen Kindesalter wird in der von Bowlby und Ainsworth entwickelten Bindungstheorie [Grossmann & Grossmann 2015] aufgezeigt. Die Entwicklung guter Bindungsmuster hängt von der Fähigkeit der Bezugsperson ab, die kindlichen Signale wahrzunehmen, sie richtig zu interpretieren und prompt und angemessen zu beantworten.

Aus den Interaktionserfahrungen mit den primären Bezugspersonen entsteht beim Kleinkind ein inneres Bild, eine mentale Repräsentation von Bindung. Auf Basis dieses Arbeitsmodells werden Erwartungen über zukünftige Interaktionen ausgebildet. Diese determinieren inwieweit Nähe und Sicherheit erwartet wird und ob Nähe zugelassen werden kann.

Das Vertrauen in andere Personen kann sich allerdings nur entwickeln, wenn das Kleinkind die Erfahrung macht, dass andere Menschen auch vertrauenswürdig sind, dass sie ihre Bedürfnisse wahrnehmen und befriedigen oder, wenn eine Befriedigung nicht möglich oder sinnvoll ist, anderweitig unterstützend reagieren, z. B. mit Trost oder Vermittlung von Bewältigungsstrategien bei Frustration. Die mit den früheren Beziehungserfahrungen einhergehenden Bindungsqualitäten beeinflussen die Entwicklung des Selbstwertgefühles, der Empathie- und Beziehungsfähigkeit, sozialen Kompetenz und kognitiven Fähigkeiten.

Im pädagogischen Alltag ist der Aufbau einer vertrauensvollen Beziehung zwischen Kind und pädagogischer Fachkraft, die das Kind unterstützt mit den täglich anstehenden Herausforderungen zurecht zu kommen, von zentraler Bedeutung.

3.2 Emotionsregulation

Der Begriff der Emotionsregulation bezieht sich auf den Prozess der aktiven Einflussnahme auf Emotionen durch verschiedene Strategien, die zur ziel- und wertorientierten Gestaltung des eigenen Lebens beitragen. In der Entwicklung einer guten Emotionsregulation und damit einhergehenden emotionalen Kompetenzen sind Kinder zu großen Teilen auf die Unterstützung ihrer Bezugspersonen angewiesen. In den ersten beiden Lebensjahren kann die Bezugsperson das Kind unterstützen, indem es die noch ungerichteten kindlichen Reaktionen feinfühlig erkennt, auf diese reagiert, sie angemessen deutet, spiegelt und passende Bewältigungsstrategien anbietet. So kann das kindliche Emotionssystem im Laufe des ersten und zweiten Lebensjahres vervollständigt werden. Die Emotionsregulation wird durch die interpersonale Regulation, d. h. die Regulation durch die Bezugsperson, unterstützt. Zwischen dem dritten und sechsten Lebensjahr entwickelt sich zunehmend eine intrapersonale Handlungs- und Emotionsregulation. Eine schrittweise Reduzierung der Unterstützung der Bezugsperson und die Entwicklungsschritte des Kindes (kognitiv, sprachlich, motorisch) gibt dem Kind die Möglichkeit, seine Emotionen zunehmend selbst durch Strategien der Emotionsregulation zu beeinflussen.

Reagieren Bezugspersonen wenig empfindsam oder responsiv auf die Bedürfnisse der Kinder, reagieren Eltern häufig selbst mit negativen Emotionen oder wird in der Familie wenig über Gefühle gesprochen, können Störungen in der Emotionsregulation entstehen. Diese führen zu einer geringen Ausbildung sozialer Kompetenzen, zu Anpassungsproblemen und erhöhen das Risiko der Entwicklung von Verhaltensstörungen.

Auch im späteren Verlauf der kindlichen Entwicklung profitieren Kinder immer dann von Unterstützung, wenn sie mit der Selbstregulation überfordert sind oder das Erlernen der Strategien, z. B. durch kognitive Einschränkungen, erschwert ist.

3.3 Lerntheoretische Ansätze

Im Kontext von Lernprozessen wird die Wichtigkeit einer guten Beziehung im Konzept der sozial-kognitiven Theorie nach Bandura – auch Lernen am Modell genannt –, wie in der sozio-kulturellen Theorie nach Wygotski besonders deutlich.

Im Lernen am Modell wird der Lernprozess durch Beobachtung und Nachahmung dann erleichtert, wenn der lernende Mensch eine positive Beziehung zum Modell hat. Das Kind hat subjektiv gefühlt eine Beziehung zum Modell, es bewundert oder respektiert das Modell und sieht es als Vorbild. Der pädagogische Alltag zeigt, dass die Wahl der Modelle nicht immer beeinflusst werden kann. Möglicherweise wählt ein Kind ein Vorbild, z. B. den Klassenclown, dessen Verhaltensweisen in seinen Augen interessant und nachahmenswert sind, da sie positive Aufmerksamkeit bei den anderen SchülerInnen hervorrufen. Aus Sicht der pädagogischen Fachkräfte wird dieses Modelllernen möglicherweise eher als hemmend denn als förderlich für die als wichtig erachteten Lernprozesse angesehen.

Um Lernprozesse im Sinne des pädagogischen Auftrages zu fördern, sollten PädagogInnen sich um eine von Respekt und Vertrauen geprägte Beziehung zum Kind bemühen und sich selbst als Modell und Vorbild zur Verfügung stellen. Besteht eine gute Beziehung zwischen Kind und Pädagogin, ist es wahrscheinlich, dass das Kind die pädagogische Fachkraft als Modell wählt und die als wichtig erachteten Lernprozesse durch das Lernen am Modell gefördert werden können.

Einen anderen Zugang zur Bedeutung von Beziehungserfahrungen für die Entwicklung junger Menschen zeigt der Psychologe Wygotski mit der sozio-kulturellen Theorie. Er vertritt die Auffassung, dass es für die Entwicklung psychischer Strukturen und kognitiver Fähigkeiten Interaktionen mit erfahrenen und kompetenteren Personen braucht. Die kompetentere Person, die pädagogische Fachkraft, nimmt in diesen Interaktionsprozessen eine aktive und führende Rolle ein und begleitet die Kinder im Wissenserwerb in der Zone der proximalen Entwicklung, d. h. zu dem durch Unterstützung zu erreichenden Entwicklungsstand, der zwischen dem tatsächlichen und dem potentiellen Entwicklungsstand liegt. Durch die Hilfestellung der kompetenteren Person werden anstehende Entwicklungsschritte und Lernprozesse angestoßen und begleitet. Nach Wygotski braucht es nicht nur ein entwicklungs- und lernförderliches Umfeld an Raum und Ma-

terial, sondern auch Begleitung und Anleitung. In Abgrenzung zu Piaget bezeichnet Wygotski „Kinder als soziale Wesen, deren Schicksal aufs Engste
verwoben ist mit dem anderer Menschen, die sich darum bemühen, ihnen
beim Erwerb von Fähigkeiten und Kenntnissen zu helfen." [Siegler et al.,
2016, 227]. Diese Form der Interaktion ist nach Wygotski Voraussetzung
für die Internalisierung der Lerngegenstände.

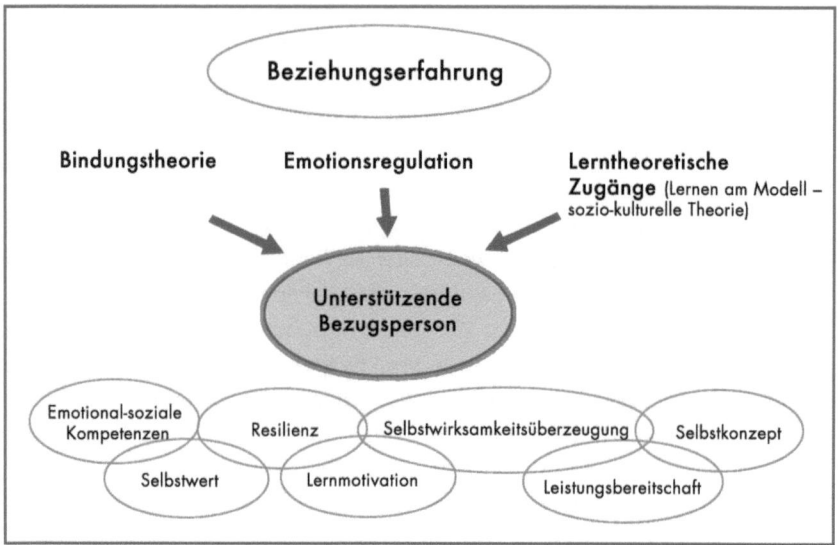

Abb.1: Theoretische Zugänge zur Bedeutung von positiven Beziehungserfahrungen durch
Bezugspersonen

Wie in Abbildung 1 dargestellt, verbindet die ausgewählten Zugänge die
Bedeutung einer unterstützenden Bezugsperson. Zudem zeigt sie, welche
Auswirkungen die Beziehungserfahrungen auf die Entwicklung der jungen
Menschen in verschiedenen Bereichen hat.

4. Kleiner Exkurs: Beziehung als unspezifischer Wirkfaktor

Methodenübergreifend gilt die Beziehungsgestaltung als bedeutsamer unspezifischer Wirkfaktor [Hölter 2011]. Dabei scheinen die Persönlichkeit des Fachpersonals, ihre Beziehungs- und Reflexionsfähigkeit, Phantasie, Kreativität und professionelle Kompetenz als auch die „Erfahrung der Gegenseite" für den Prozess entscheidend zu sein [Hölter 2002, 2001]. Wenn die Qualität der Beziehungsgestaltung zwischen Kind und Fachkraft als ein zentraler Wirkfaktor gesehen wird, sollte der Beziehung eine besondere Beachtung in der pädagogischen oder therapeutischen Intervention geschenkt werden.

5. Beziehungserfahrung in Bewegung

In meinem Beitragstitel habe ich bereits angedeutet, dass sich der Zugang über Bewegung besonders eignet, um mit Kindern Beziehung zu gestalten und entwicklungsförderliche Erfahrungen zu vermitteln. Drei meines Erachtens grundlegende Argumente für eine bewegungsorientierte Beziehungsgestaltung liegen in den folgenden kurz skizzierten Punkten:

Das gemeinsame Bewegen bietet einen kindgerechten und ressourcenorientierten Zugang zum Kind. Kinder bewegen sich viel und gerne. Spielerische Bewegungen stellen gerade im Kindesalter ein elementares Betätigungsfeld dar. Bis ins Grundschulalter werden Bedürfnisse, Emotionen und der Wunsch nach Kontakt zu anderen Kindern, oft aber auch zu Erwachsenen, wenn diese es anbieten oder zulassen, primär über und in Bewegung ausgedrückt. Indem pädagogische Fachkräfte die Begegnung auf der Bewegungsebene anbieten, kann der Zugang und die Beziehungsgestaltung zum Kind erleichtert werden [vgl. Fischer 2009].

In und durch gemeinsames Bewegen im Körperkontakt kann ein tonischer Dialog, ein Zustand der Zwischenleiblichkeit, entstehen, in welchem implizite leiblich-affektive Abstimmungsprozesse zwischen Kind und pädagogischer Fachkraft stattfinden [zusammenfassend bei Hölter 2011, 22f]. Informationen über die Körperebene, z. B. zur Angespanntheit, werden weitergegeben. Gleichzeitig können beide Partner durch diesen Dialog am

Erleben ihres Gegenübers teilhaben und aufeinander wirken, z. B. indem durch eine Berührung Sicherheit oder Unsicherheit vermittelt werden kann. In dieser sehr basalen, vorsprachlich angelegten Art des Dialoges kann Beziehung ohne Worte aufgenommen und gestaltet werden.

Bewegung kann Sprache als Kommunikationsform ergänzen und auch ersetzen, wenn Kinder sich aufgrund ihres Entwicklungsalters oder von Entwicklungseinschränkungen nicht verbal mitteilen können oder wollen.

Aus diesen drei Punkten ergibt sich nicht nur das besondere Potential gemeinsamer Erfahrungen in Bewegung für die pädagogische Arbeit mit Kindern. Sie verdeutlichen auch, dass das Wissen der pädagogischen Fachkraft um dieses Potential sowie die Reflexion des eigenen Zuganges zu Bewegung (Bewegungsfreude? Umgang mit Körperkontakt? unterschiedliche Bewegungserfahrungen in sozialen Situationen? etc.) eine wichtige Voraussetzung darstellt, damit eine entwicklungsförderliche bewegungsorientierte Beziehungsgestaltung gelingen kann.

6. Fazit

Positive Beziehungserfahrungen sind für die kindliche Entwicklung von grundlegender Bedeutung. Auch im späteren Verlauf der Entwicklung können pädagogische Fachkräfte durch die Art und Weise der Beziehungsgestaltung zu Kindern und Jugendlichen wertvolle und entwicklungsrelevante Unterstützungen bieten. Bewegungsorientierte Konzepte, wie z. B. die Beziehungsorientierte Bewegungspädagogik nach Sherborne [Welsche 2018, Welsche & Werthmann in diesem Band], sind besonders geeignet, um kindgerecht entwicklungsförderliche Beziehungserfahrungen zu vermitteln.

Literatur

Bandura, A. [1991]. Die sozial-kognitive Lerntheorie. Klett-Kotta, Stuttgart.

Buber, M. [1979]. Ich und Du. 10. Auflage. Lambert Schneider Verlag, Heidelberg.

Erikson, E.H. [1973]. Identität und Lebenszyklus. Drei Aufsätze. 28. Auflage. Suhrkamp, Frankfurt am Main.

Fischer, K. [2009]. Einführung in die Psychomotorik. Reinhardt, München.

Flosdorf, P. [2009]. Heilpädagogische Beziehungsgestaltung. 2. Auflage. Lambertus, Freiburg.

Grossmann, K., Grossmann, K..E. (Hrsg.) [2015]. Bindung und Menschliche Entwicklung. John Bowlby, Mary Ainsworth und die Grundlagen der Bindungstheorie. 5. Auflage. Klett- Kotta, Stuttgart.

Hölter, G. [2011]. Bewegungstherapie bei klinischen Erkrankungen. Deutscher Ärzte Verlag, Köln.

Hölter, G. [2002]. Beziehungsgestaltung in der Psychomotorik. In: Mertens, K. (Hrsg.). Psychomotorik – Grundlagen und Wege der Förderung. modernes lernen, Dortmund: 77–86.

Hölter, G. [2001]. Rastlosigkeit bei Kindern. Phänomen und Intervention aus pädagogisch- psychologischer Sicht. Praxis der Psychomotorik 26 (2): 84–93.

Kullik, A., Petermann, F. [2012]. Emotionsregulation im Kindesalter. Hogrefe, Göttingen.

Oerter, R. & Montada, L. (Hrsg.) [1998]. Entwicklungspsychologie. 4. Auflage. PVU, Weinheim.

Siegler, R., Eisenberg, N., DeLoache, J., Saffran, J. [2016] Entwicklungspsychologie im Kindes- und Jugendalter. 4. Auflage. Springer, Berlin.

Welsche, M. [2018]. Beziehungsorientierte Bewegungspädagogik. Reinhardt, München.

Welsche, M., Werthmann, R. [2018]. Beziehungsorientierte Bewegungspädagogik nach V. Sherborne - Sherborne Bewegungspädagogik. In diesem Band.

Wygotski, L.S. [1987]. Ausgewählte Schriften. Bd. 2. Arbeiten zur psychischen Entwicklung der Persönlichkeit. Pahl-Rugenstein, Köln.

Martin Feuling

„Systemsprenger": Sprengen oder Gesprengtwerden – Wie und warum werden Beziehungen explosiv?

Um die eher simplifizierend und zuspitzend klingende Alternative: Sprengen oder Gesprengtwerden? aufzulösen und auszudifferenzieren, skizziere ich im ersten Teil meines Textes einige theoretische Überlegungen. "Dabei werde ich einen ziemlich weiten Bogen schlagen: Vom Trauma und dem Wiederholungszwang komme ich über die Theorie der "Gesprengten Institution" zum Wesen von Machtkämpfen am Beispiel von Hegels Dialektik von Herr und Knecht bis hin zu einigen Überlegungen über psychotische Tendenzen in Institutionen und Gruppen."

Im zweiten Teil versuche ich dann am Beispiel einer kurzen Fallgeschichte zu zeigen, wie wir mit einem jugendlichen Systemsprenger mit aggressiv-psychotischen Tendenzen auf der Grundlage dieser Theorien arbeiten.

Zu Trauma und Wiederholungszwang

Wahrscheinlich ist es so, dass viele der "Systemsprenger", mit denen wir in sozialen Einrichtungen zu tun haben, früher selbst einmal passiv ein Gesprengtwerden in dieser oder jener Form erleiden mussten, bevor sie versuchen, dieses unverarbeitbare Trauma durch Umkehrung in eine aktive Form zu bewältigen. Anders gesagt: indem sie vom Opfer zum Täter werden.

Um ein Trauma handelt es sich per Definition immer da, wo irgendetwas, ein inneres oder äußeres Ereignis, nicht verarbeitet, d. h., nicht in das Seelenleben eines Menschen integriert werden kann, sondern nur in passiver oder aktiver Form ohne Möglichkeit des Lernens und der Entwicklung wiederholt werden muss.

Die früheren Opfer werden zu Tätern. Zu Tätern an wem? Zu Tätern an den Menschen, die Ihnen das ursprüngliche Leid zugefügt haben, bzw. deren Stellvertretern und Ersatzpersonen? Also auch zum Täter an den Helfern in den Einrichtungen, die die Systemsprenger angreifen und zerstören? Sicherlich ist dies die eine, für uns Helfer sehr unangenehme Seite.

Vor allem aber fügen sich Menschen das zuerst passiv Erlittene selbst noch einmal und noch einmal zu, werden also an sich selbst zu Tätern. Alles ist besser, als das bloß passive Erleiden.

Diesen Mechanismus, das nur passiv Erlittene durch aktives Handeln, also durch Passiv-Aktiv-Umkehr bemeistern und verarbeiten zu können hat Sigmund Freud 1920 in seinem Text: "Jenseits des Lustprinzips" beschrieben und als "Wiederholungszwang" bezeichnet. Und weil dieser Mechanismus so befremdlich ist und der Tatsache widerspricht, dass das menschliche Streben primär durch Suche nach Lust bzw. – wenn das schon nicht geht – durch Vermeidung von Unlust gesteuert ist, hat Freud diesen Mechanismus auch als "dämonisch" bezeichnet und aus ihm den "Todestrieb" abgeleitet, der im Gegensatz zum Lebenstrieb steht.

Wenn Sie gehofft haben, dass ich Ihnen heute mit der Alternative "Sprengen oder Gesprengtwerden"? ein Modell vortrage, wie man die äußerst unangenehme und schmerzhafte Erfahrung des passiven Gesprengtwerdens durch Systemsprenger in den pädagogischen und psychiatrischen Institutionen in aktives Sprengen umwenden kann, muß ich Sie leider enttäuschen.

Was immer man sich unter Sprengung des Systemsprengers vorstellen könnte, hätte wohl eher mit Rache zu tun. Rache ist allerdings eine der ursprünglichsten menschlichen Regungen, die als Impuls, den man hoffentlich nicht in die Tat umsetzen muß, keinem Menschen vollkommen fremd ist.

Über totale und gesprengte Institutionen

Mein Vorschlag des Sprengens um nicht vom Systemsprenger gesprengt zu werden ist also, dass sich die Institution selbst aktiv sprengen muß in einer nicht-zerstörerischen Form, in einer konstruktiven, weiterführenden, verarbeitungsfördernden Form, damit sie nicht vom System-Sprenger gesprengt werden kann.[1]

Was heißt das?
Haben Sie schon einmal von dem Begriff der "gesprengten Institution" gehört? Dieser Begriff war in den 70er Jahren des letzten Jahrhunderts in einschlägigen Kreisen recht bekannt. Das Konzept stammt von Maud Mannoni, einer französischen Psychoanalytikerin, die Ende der 60er Jahre in der

Nähe von Paris eine Einrichtung für autistische, psychotische und schwer neurotische Kinder und Jugendliche gründete: die ecole experimentale von Bonneuil, eine Einrichtung in der etwa 40 anderswo nicht integrierbare Jugendliche – also ein ganz bestimmter Typus von Systemsprengern – eine Möglichkeit zum Wohnen, zum Lernen in einer angeschlossenen, kleinen Schule und zum Arbeiten an Orten außerhalb bekommen.

Nur ein Buch von Maud Mannoni will ich nennen: Das Buch "Education impossible", also wörtlich: "unmögliche Erziehung" von 1973: was in eigentümlicher Form ins Deutsche übersetzt wurde als: "Scheißerziehung. Von der Antipsychiatrie zur Antipädagogik".

Mannoni spricht übrigens von der "institution éclatée", was ebenfalls nicht ganz korrekt mit "gesprengt" übersetzt worden ist. Éclatée bedeutet eigentlich eher aufklaffen, aufreissen, aufbrechen, durchaus auch explodieren, hat aber keine transitive Bedeutung im Sinne von "jemand sprengt etwas", das würde im französischen wohl heißen: faire eclater, etwas zum Explodieren bringen.

Das Konzept der "Gesprengten Institution" steht im Gegensatz zu Tendenzen vieler Institutionen, zu einer "Totalen Institution" zu werden, wie sie Erving Goffman 1961 in seinem Buch: "Asyle. Über die soziale Situation psychiatrischer Patienten und anderer Insassen" beschrieben und kritisiert hat. Eine totale oder geschlossene Institution nach Goffman versucht das ganze Leben ihrer Insassen zu umfassen, es zu regeln durch explizite Regeln, deren Erfüllung durch Funktionäre kontrolliert und bei Verstößen sanktioniert wird. Der Kontakt der Insassen zum sozialen Außen wird versucht zu unterbinden oder zu kontrollieren. Gottseidank gelingt die Totalisierung, also die vollständige Ausrichtung einer Institution unter ein Ziel nie vollständig und führt eher zum Nebeneinander-Stehen einer institutionellen Hauptwelt und nicht integrierbarer Parallelwelten und Unterwelten in der Insassen-Subkultur.

Es ist Ihnen sicher einleuchtend, dass Systemsprenger in Institutionen oftmals deren Tendenzen befördern, zu totalen Institutionen zu werden. Und wenn das passiert, bleibt den Insassen manchmal entweder nur ein Kampf, der so geführt wird, als gehe es entweder um Leben oder Tod, oder um bedingungslose Unterwerfung.

Der Kampf auf Leben und Tod

Worum geht es aber beim Kampf um Leben und Tod zwischen Institution und dem Insassen, der durch diesen Kampf zum Systemsprenger wird? Um Macht, um Besitz, um Liebe?

Ich möchte in dieser Frage einen kleinen Umweg über Georg Friedrich Wilhelm Hegel nehmen, der in seinem Buch Phänomenologie des Geistes über den Kampf zwischen Herr und Knecht geschrieben hat. Der russisch-französische Philosoph Alexandre Kojève hat die Gedanken Hegels in einer sehr eigensinnigen Form aufgegriffen, die jedoch in der französischen Philosophie, Soziologie und Psychoanalyse und auch speziell für Maud Mannonis Konzept der gesprengten Institution eine sehr wichtige Rolle spielt.

Bei dem Kampf auf Leben und Tod geht es um Macht, genauer: um Anerkennung der Macht. Das ist vielleicht spontan einleuchtend, aber bei genauerem Nachdenken ist es schwer fassbar, was mit Anerkennung gemeint sein kann. Anerkennung ist das, was man, was jeder Mensch unbedingt vom anderen braucht und will. Wenn zwei (und nur zwei) Menschen sich gegenüberstehen, will jeder der beiden die Anerkennung als Herr vom anderen erzwingen. Dafür müssen beide Subjekte ihr Leben einsetzen, ihren Tod riskieren, sagt Hegel. Aber das gelingt nicht so ohne weiteres, weil:

- Wird einer der beiden Kämpfenden getötet, hat der übrig bleibende vielleicht Befriedigung über seinen Sieg, er hat aber nicht die Anerkennung durch den anderen. Dann wird der Herr auch nicht zum Herrn; denn dies wird er nur dadurch, dass es einen Knecht gibt.
- Nur wenn einer von beiden das Risiko des Todes im Kampf vermeidet und sich als Knecht dem unterwirft, der dadurch Herr wird, überleben beide. Durch einen Knecht kann sich der Herr aber nicht anerkennen lassen, denn der Knecht wird vom Herrn nicht als Gleichgestellter, als Mensch anerkannt.

Das heißt aber, und das ist wichtig, dass die unmittelbare Anerkennung durch den Macht-Kampf zwischen zwei und nur zwei Parteien logisch und praktisch unmöglich ist. Der vermeintliche Sieg führt den Herrn nicht zur gewünschten Anerkennung, sondern in eine Sackgasse der Einsamkeit, Beschränktheit und Abhängigkeit vom Knecht. Denn der Herr kennt nur Kämpfen und Genießen, er kennt nicht die Arbeit.

In dieser Beschreibung des Herrn als herrsch- und genussüchtig aber nicht zu Bedürfnisaufschub fähig erkennen Sie vielleicht die Beschreibung manch eines jugendlichen Systemsprengers wieder.

Nach Hegel schafft der Knecht hingegen durch seine Arbeit und durch den Verzicht auf ein unmittelbares Genießen etwas Bleibendes außer sich: Er schafft nicht nur Objekte des Genießens für den Herrn, sondern auch Wissen, Technik und Kunst. Er schafft etwas, was andere begehren.

Das Begehren des anderen nach den Dingen, die der Knecht geschaffen hat, spiegelt dem Knecht den Wert dessen, was er geschaffen hat. Nur auf diesem sehr mittelbaren und symbolischen Weg ist Anerkennung möglich. Das Begehren nach Anerkennung kann sich niemals abschließend erfüllen.

Ein Mangel an Anerkennung bleibt immer bestehen, im besten Fall als Antrieb für weiteres Arbeiten. Weil das Begehren nach Anerkennung niemals abschließend erfüllt werden kann, kann es nur als Anerkennung des immer vorantreibenden, unstillbaren Begehrens Bestand haben.

Wenn nun ein Insasse einer Institution es schafft, und das ist gar nicht so selten, die Institution in die Position des dualen Kampfes um Anerkennung im Sinne eines Machtkampfes: entweder Leben und Unterwerfung oder Tod zu bringen, kann – so hat es Hegel gezeigt – keiner von beiden gewinnen im Sinne der erstrebten Anerkennung.

Einen Machtkampf kann eine Institution niemals gewinnen, aber auch für den Systemsprenger ist das natürlich immer ein Pyrrhussieg.

Auch Institutionen wie Gefängnisse oder Psychiatrie können bei Anwendung aller Zwangs- und Machtmittel (wie z. B. Freiheitsentzug, körperliche Fixierung, Zwangsmedikation) allenfalls Unterwerfung niemals aber Anerkennung erzwingen. Den nicht totalen pädagogischen Institutionen bleibt nur die resignative Macht des Abbruchs der Beziehung, also des Liebesentzugs, und des Ausstoßen des Systemsprengers aus der Institution. Hoffentlich ist auf dem Weg dahin niemand zu ernsthaftem Schaden oder gar zu Tode gekommen. Aus Sicht der Institution heißt es dann: "XY ist nicht mehr tragbar" Oder: "Sein weiterer Verbleib ist nicht mehr verantwortbar..."

Die Einrichtung hat dann die schwere Aufgabe, das Manko des Nicht-Gelingens für sich zu verarbeiten. Nicht selten führt das Ausstoßen des Systemsprengers zu einem Trauma bei der Einrichtung, das gar nicht oder lange nicht verarbeitet werden kann und unterschwellig wirksam bleibt.

Oft führen solche Traumata in Institutionen zu Wiederholungszwängen und anderen Formen selbstschädigenden Agierens.

Eine relativ häufige Folge solcher Traumata bei Einrichtungen sind Spaltungen auf der Ebene des Mitarbeiter-Teams oder zwischen Team und Leitung. Im Prozess des Kampfes entstehen z. B. im Team oder zwischen Team und Leitung diametral entgegengesetzte Ansichten über den Systemsprenger: "der ist untragbar" sagen dann z. B. die einen – "mit dem kann man doch gut arbeiten" sagen die anderen...; Eine Spaltung zwischen Team und Leitung nimmt manchmal die Form an: "entweder der geht oder ich...."

Wenn solche Entweder-Oder-Tendenzen sich fixieren, sich ohne massive und einschneidende Maßnahmen nicht mehr auflösen lassen, interpretiere ich das als Auftauchen von psychotischen genauer: von paranoischen Tendenzen in der Institution. Meist muss dann jemand gehen, sei es der Systemsprenger, ein Mitarbeiter oder auch die Leitung... In der Psychoanalyse nennen wir das auch: eine Gegenübertragungspsychose als Reaktion auf psychotische Übertragungen eines Klienten.

Psychotische Prozesse in Gruppen

Um diesen Mechanismus von Gegenübertragungspsychosen besser verstehen zu können, will ich Ihnen noch einmal einen kleinen theoretischen Exkurs über Gruppen und Institutionen zumuten:
Die Entstehung von Institutionen hat anthropologisch und soziologisch gesehen die Funktion, unabhängig von der aktuellen, sich permanent ändernden Zusammensetzung einer Menschen-Gruppe, seien es Leitung, Mitarbeiter oder Insassen, eine bestimmte gesellschaftliche Arbeitsaufgabe zu erfüllen, in der Jugendhilfe zum Beispiel Kinder und Jugendliche mit

Lebensschwierigkeiten zu fördern und zu erziehen.

Manche Schwierigkeiten des Lebens und Arbeitens in Institutionen rühren daher, dass sich innerhalb von Institutionen drei Ebenen von Wirkkräften überlagern und in Konflikte kommen, nämlich die drei Ebenen:

1. der einzelnen Mitarbeiter-Individuen,
2. die Eigenlogik der Gruppe der Mitarbeiter
3. die unabhängig von bestimmten Individuen und Gruppen existierende Institution, die zur Vermeidung von unlösbaren Konflikten einen dauerhaften Katalog von Regeln und Bewältigungsmechansimen entwickelt, die oftmals eine gewisse Starrheit bewirken.

Um die psychotischen Tendenzen in Institutionen und Gruppen zu begreifen sind mir die Gedanken des englischen Psychoanalytikers Wilfred R. Bion in seinem Büchlein: "Erfahrungen in Gruppen" sehr hilfreich. Bion sagt, dass Menschen, die eine Gruppe bilden, als Gruppe eher nach psychotischen als nach neurotischen Mechanismen funktionieren, auch wenn jedes einzelne Gruppenmitglied eher neurotisch strukturiert ist, was im Sprachgebrauch der Psychoanalyse ungefähr heißt, dass jemand einigermaßen "normal" ist.

Bion unterscheidet:

- einerseits "Arbeitsgruppen", die sich in ernsthafter und fruchtbarer Form auf die Bewältigung einer Arbeitsaufgabe zentrieren, z. B. der Arbeit mit schwierigen Jugendlichen oder auch mit behinderten Menschen
- und andererseits „basic assumption-groups", Grundannahmen-Gruppen. Diese beschäftigen sich mehr mit sich selbst als mit ihrer Arbeitsaufgabe.

Bion unterscheidet drei Formen:

- die Führer-Gefolgschaft-Gruppe,
- die Kampf-Flucht-Gruppe und
- die Paarbildungsgruppe

Bion sagt außerdem, dass keine Arbeitsgruppe einmal und für immer eine Arbeitsgruppe wird und bleibt. Zwischen der Position der Arbeitsgruppe und den drei Typen der Grundannahmen-Gruppen findet ein ständiges Oszillieren statt. Das ist nach Bion unvermeidlich und nicht unbedingt schädlich. Destruktiv wird es nur dann, wenn der Modus Arbeitsgruppe keine Chance mehr hat....

Fallbeispiel

Der Tübinger Verein für psychoanalytische Sozialarbeit arbeitet seit bald 40 Jahren außerhalb der Psychiatrie auch mit psychotischen jungen Menschen. Auf diesem Hintergrund haben wir einige Erfahrungen damit, wie psychotische Menschen psychotische Mechanismen in Mitarbeiter-Gruppen und in ganzen Institutionen provozieren.[2]

Was kann das Konzept der "gesprengten Institution" gegen diese gar nicht so seltenen Effekte von Machtkämpfen mit Insassen und gegen die beschriebenen psychotischen Effekte in Mitarbeitergruppen und ganzen Institutionen bewirken?

Der 1976 geborene Michael, Sohn eines Lehrer-Ehepaars, von früh an auffällig und aggressiv kommt nach ambulanter Psychotherapie und anderen Hilfsversuchen schon mit 10 Jahren in ein therapeutisches Jungendheim. Von dort wird er schließlich nach fast 3 Jahren wegen sehr gefährlichen aggressiven Übergriffen auf andere Jugendliche in eine geschlossene Einrichtung für jugendliche Straftäter verlegt.
 Schon nach wenigen Monaten eskaliert dort die Spirale, Opfer der anderen zu werden und sich als Täter dagegen zu wehren. Es erfolgt eine erste Einweisung in die Jugendpsychiatrie, von da aus eine Vermittlung in eine professionelle Erziehungsstelle. Nach 4 Monaten eskaliert es auch hier und Michael kommt zurück in die Psychiatrie.

Mit 15 Jahren, 1991, wird er erstmals von der Jugendpsychiatrie bei uns vorgestellt mit der Frage nach einer Anschlussbetreuung. Er sagt uns damals, dass er "Sozialrentner" werden wolle. Er hatte den Anspruch, dass wir für ihn eine lebbare Umwelt erbauen sollen, ohne eigene Aktivität und Arbeit. Wegen seiner unbeherrschbaren aggressiven Impulse, sagt er, müssen wir ihm jederzeit zur Verfügung stehen und wenn es ihm zu viel würde, müssen wir uns wegschicken lassen. Mit anderen Worten: Michael formulierte seinen Wunsch, ein Herr sein zu wollen. Wir sagten ihm, dass wir ihm diese umfassenden Wünsche nicht erfüllen können und wollen. Dazu reichen unsere Möglichkeiten nicht aus...

Daraufhin bleibt Michael noch einige Wochen weiter in der Klinik, bis er diese so sehr attackiert und zerstört hat, dass sie ihn nach etwa einem $^3/_4$ Jahr in ihrer Ratlosigkeit in ein Gasthaus entläßt.

Schließlich hat eine andere Jugendhilfeeinrichtung die Infrastruktur verfügbar, um ihm mit 15 Jahren wegen seiner Gruppenunfähigkeit eine ambulante Einzelbetreuung in eigener Wohnung anzubieten. Nach 5 Monaten gerät er hier in Zustände depressiver Einsamkeit, die er nur durch Aggressionen abwehren kann. Nacheinander geben drei Betreuer psychisch und körperlich resigniert und verletzt auf.

Michael flüchtet sich in eine selbst gefundene, religiös motivierte Pflegefamilie mit eigenen Kindern. Wegen eines Schlages mit einer Sprudelflasche auf den Kopf des Aupair-Mädchens kommt er erst in eine, dann in eine zweite Erwachsenen-Psychiatrie. Von dort aus wird er – zwei Jahre nach dem ersten Kennenlernen – nunmehr 16,5 Jahre alt im Jahr 1993 wieder bei uns angefragt.

Michael hatte also zwischen dem Alter von 10 und 16 schon 8 Abbrüche und alle denkbaren und greifbaren Formen von Betreuungssettings durchlaufen.

Von der Erwachsenenpsychiatrie wird er jetzt mit der Diagnose: "neurotische Struktur mit psychotischen Ängsten (Borderline-Syndrom)" zu uns vermittelt. Neben autistoiden und paranoischen Tendenzen hat und hatte Michael gravierende psychotische Ängste z. B. dahingehend, dass sich keinerlei Ausscheidung seines Körpers – von den Exkrementen über das Waschwasser für Körper und Kleidung bis hin zu seinem Müll – mit den Ausscheidungen anderer Menschen vermischen durfte, z. B. in Kläranlagen oder auf dem Müllberg. Das strukturell bestimmende, psychotische Phantasma hinter diesen Ängsten ist wohl, dass es eine unendlich gute Mutter geben könnte, die ihm allen Schmerz und alle Mühe der Trennung abnimmt. Das hatte er ja in der ersten Vorstellung bei uns selbst so formuliert.

Seit 1993, wird Michael von drei bis fünf, Kolleginnen, Kollegen und mir später auch in Kooperation mit Erwachsenen-Institutionen, beim Alleine-Wohnen sehr intensiv und komplex begleitet. In diesem Zeitraum war kein weiterer Klinikaufenthalt mehr nötig und eine forensische Unterbringung konnte bis heute vermieden werden.

Mit der Konstruktion unseres Hilfe-Settings haben wir auf verschiedene Weisen versucht, in individuell angemessener Form eine "Gesprengte Institution" einzurichten. Gesprengt ist das Hilfe-Setting, weil es in einem nicht willkürlichen:

- Wechsel von Präsenz und Absenz,
- von Befriedigung und Versagung,
- von mehreren Personen, von denen aber
  nicht eine alle Bedürfnisse befriedigt,

versucht, eine psychotische Eskalation zu vermeiden, die vor allem durch ein Zuviel an dualer Nähe entsteht: der duale andere wird bei Michael sehr schnell vom Gewährer von Zuwendung und Befriedigung zum willkürlichen verfolgenden Verweigerer. Wenn Michael bei seinem Gegenüber eine pädagogische Absicht spürt oder das Gefühl hat, der andere verweigere ihm willkürlich etwas, worauf er Anspruch zu haben meint, tritt u. U. in Sekundenschnelle der Modus des Kampfes auf Leben und Tod, um Herrschaft und Knechtschaft ein. Dieser Modus kann nur vermieden oder – wenn er doch aufkommt – wieder aufgelöst werden durch die Intervention eines Dritten.

Gegen die Gefahr exklusiver Dualität den Platz des Dritten einzurichten und ihn gegen alle Attacken immer wieder ins Spiel zu bringen, war deshalb das Hauptbemühen unserers "gesprengten" Betreuungssettings für Michael in unserer Einrichtung. Das Dritte interveniert in dem konstruierten Betreuungs-Setting für Michael immer wieder, ganz konkret innerhalb und außerhalb unseres Settings, vor allem aber in symbolischer Form:

1. innerhalb unseres Mehrpersonensettings ist das Dritte repräsentiert:

- in einem sehr dichten Supervisionsnetz, über lange Jahre hatten wir einmal wöchentlich mit allen involvierten Mitarbeitern Supervision!
- In größeren Abständen stellten wir unsere Arbeit auch immer wieder dem gesamten Team unserer Institution vor, um gemeinsam die Verantwortung zu tragen und aufkommenden Spaltungstendenzen zu begegnen.
- Wir haben die Zuständigkeitsbereiche der 5 Betreuerinnen und Betreuer gegen die Tendenzen Michaels, von allen Betreuern alles haben zu wollen, weitgehend differenziert: die versorgenden, managenden und sprechenden Termine und Funktionen wurden, so gut es geht, getrennt gehalten.
- Ein wesentliches Strukturelement war auch ein regelmäßiger Termin

pro Woche zu Dritt, mit zwei Betreuern in unterschiedlichen Funktionen, z. B. mit einem versorgenden und einem eher nachdenkend und sprechend wirksamen Betreuer

- Wir haben weitgehend daran festgehalten, dass wir ihm nur an 5 Wochentagen zur Verfügung stehen, dass darüber hinausgehende Ansprüche von Michael unsere Möglichkeiten überschreiten.

2. Außerhalb unseres Mehrpersonensettings ist das Dritte:
- durch die konkrete Einbeziehung von Mitarbeitern einer anderen Einrichtung in das Betreuungssetting und teilweise auch in die Supervision
- im konkreten sprechenden oder handelnden Bezug auf Institutionen wie Psychiatrie, Justiz, Jugendamt usw.;

3. in symbolischer Form interveniert das Dritte:
- als verarbeitbare Versagung, als Zumutung eines Mangels, der einen Aufschub der Befriedigung erfordert, und dadurch ein Denken ermöglicht.

Der Mangel als solcher kann jedoch nur wahrgenommen, ertragen und verarbeitet werden, wenn er auf der Grundlage einer partiellen Befriedigung errichtet, wenn er als Riss in der Fülle und nicht als absoluter Mangel erlebt wird. Denn der Gedanke eines Abgrunds des totalen Mangels ist der eigentliche Kern der Psychose. Anders herum gesagt: die phantastische Illusion, es könnte eine unendlich gute und grenzenlos verfügbare Mutter geben, die dem Kind jeden Schmerz, jeden Mangel, jede Trennung abnimmt. Dieser Kern der Psychose ruft dann als Selbstheilungsversuch autistoide, schizophrene oder paranoide Bewältigungsstrategien hervor.

Dass dem psychotischen Festhalten an der Phantasie einer unendlich guten Mutter die Erfahrung traumatischer, d. h. unverarbeitbarer innerer oder äußerer Verlust-Ereignisse in früher Kindheit zugrunde liegt, erscheint mir eine zulässige und sinnvolle Annahme, auch wenn das Trauma oft nicht rekonstruierbar ist.

Angesichts von Michaels immensen Ansprüchen nach unserer Verfügbarkeit, und Vermeidung jeden Schmerzes der Trennung ist alles, was er von uns fordert, aber nicht von uns bekommt, ein wesentliches Moment der Einführung des Dritten in symbolischer Form. Das Mehrpersonensetting schien uns einerseits sinnvoll, um Michaels Spaltungstendenzen besser ertragen und mit ihnen umgehen zu können, ohne dass jeweils der gesamte Beziehungszusammenhang im Wiederholungszwang zerstört werden muß.

Trotz allem hat Michael in den letzten 24 Jahren einige Mitarbeiter gehen und neue kommen sehen. Zum anderen haben wir dieses "gesprengte" Setting auch mit der zweiten involvierten Institution deshalb konstruiert, weil er dadurch von keiner Institution und von keiner Person alles bekommt, was er beansprucht.

Dies scheint mir nicht etwa aus einer pädagogischen Absicht als wesentlich, um seine Bedürfnisse und Ansprüche auf ein realistisches Maß zu korrigieren, sondern vor allem deshalb, weil erfahrungsgemäß die Anerkennung der Beschränkung der eigenen Macht nur über den Umweg der Wahrnehmung und Anerkennung der Nicht-Omnipotenz und Nicht-Willkürlichkeit des anderen, also von uns Betreuern und der Institution führen kann. Der Herr als solcher ist und bleibt einsam und zugleich abhängig vom Knecht.

Literatur:

Bion, W. R., (i.O. 1961): Erfahrungen in Gruppen und andere Schriften. Frankfurt/M. 1990 (fischer)

Freud, S., (i.O. 1920): Jenseits des Lustprinzips, Studienausgabe Bd. 3, S. 213 – 272, Frankfurt/M. 1975 (fischer)

Goffman, E., (i.O. 1961): Asyle. Über die soziale Situation psychiatrischer Patienten und anderer Insassen, Frankfurt/M. 1973, (suhrkamp)

Hegel, G. F. W., Phänomenologie des Geistes, Frankfurt/M. 1973 (suhrkamp)

Kojève, A., (iO. 1947): Hegel – Kommentar zur Phänomenologie des Geistes, Frankfurt/M. 1975 (suhrkamp)

Mannoni, M., (i.O. 1973): Scheißerziehung. Von der Antipsychiatrie zur Antipädagogik, Frankfurt/M. 1977 (syndikat)

Anmerkungen

1 Ich beziehe den Begriff des Sprengens also dezidiert nicht auf lebendige Menschen, auf Individuen, weder auf die Person von Helfern noch auf die Person von Systemsprengern, sondern auf Institutionen. Der aktive Systemsprenger droht zwar gelegentlich auch durch seine manifeste Aggressivität Personen zu zerstören. Aber das ist noch einmal ein anderes Thema. Ich habe übrigens den Eindruck, dass der Anteil eher passiver Systemsprenger, also z.B. Jugendlicher, die sich allen Anforderungen der Gesellschaft und der Pädagogen passiv verweigern, deren Sinn-, Planungs- und Zielsysteme angreifen und zerstören, ohne manifest aggressiv zu werden, immer mehr zunimmt. Das greift Pädagogen und Institutionen manchmal heftig an, so dass umgekehrt diese selbst aggressiv werden möchten. Wenn ein passiver Systemsprenger die Sinn-Systeme der Institutionen und der Gesellschaft zerlegt, die Institutionen also ohnmächtig und hilflos macht, ist das manchmal noch schwieriger zu bearbeiten als wenn ein Jugendlicher sein Zimmer zerlegt.

2 Für das Erkennen und Analysieren von psychotischen Tendenzen der Institution scheint es mir sehr hilfreich, in Anlehnung an Freud zwischen drei zentralen Formen psychotischer Strukturen und Mechanismen zu unterscheiden: autistische, schizophrene und paranoide.
Um diese holzschnittartige Typisierung noch etwas weiter zu treiben, weise ich darauf hin, dass diese drei zentralen psychotischen Mechanismen sich unter anderem durch ein Zuviel oder ein Zuwenig an Wissen und Gewissheit auszeichnen: Autismus und Paranoia sind Formen des Zuviel an Wissen und Gewißheit, die nichts Neues und Überraschendes mehr zulassen. Den schizophrenen Zerfall interpretiere ich als eine Form des Zuwenig an Integration, Zusammenhalt und Wissen.
Auf die Formen des Zuviel – oder Zuwenig Wissen lassen sich manche Schwierigkeiten von Institutionen zurückführen.
Die Gefahr des Abgleitens einer Institution in psychotische Mechanismen könnte man beispielweise auch an Geschichte und Struktur psychiatrischer Institutionen aufzeigen, die ja ebenfalls mit psychotischen Menschen umgehen. Das psychiatrische Wissen hat – wie jedes Wissen – zweifellos auch die Funktion einer Abwehr gegen die Angst, die ein zu großes Nicht-Wissen angesichts des Befremdlichen der Psychose auslöst. In dieser Abwehrfunktion läuft ein Wissen aber auch Gefahr, selbst zu einem tendenziell paranoischen Wissen zu werden, zu einem Wissen, das zuviel zu wissen meint.

Gerd Hölter
„Psychohygiene" als professionelle Unterstützung im Umgang mit herausforderndem Verhalten – zur Aktualität von Fritz Redl[1]

Einführung

Die bis zum Jahr 2016 reichende Schriftenreihe der KBF mit mittlerweile 12 Sammelbänden spiegelt in beeindruckender Weise Kernthemen des Umgangs mit *Menschen, die nicht passen'* (Zapke 2018) wieder: Interdisziplinarität in den Konzepten und Interventionen, Partizipation und Selbstbestimmung, Bewältigung von krisenhaften Lebensübergängen und Entwicklungssprüngen, Sexualität, Erwerb von kognitiven und sozialen Kompetenzen, Umgang mit ‚herausforderndem Verhalten' und 2017 als Tagungsthema die ‚professionelle Beziehungsgestaltung'.
Ist diese Themenwahl Zufall?

Wahrscheinlich nicht, denn nach einer Facheuphorie bezüglich der Plan- und Kontrollierbarkeit von pädagogischen und therapeutischen Prozessen, scheint es, als würde der 'Beziehungsgestaltung' als einem unverzichtbaren Element wirksamer pädagogischer und therapeutischer Interventionen wieder mehr Beachtung geschenkt. Es klingt fast paradox, aber das Interesse an dem Thema ist auch das Resultat eines wissenschaftlichen Kontroll-und Evaluationseifers, der ausgehend von der sog. *'evidence based medicine resp. practice'* ab Mitte der 90er Jahre ebenfalls die Erziehungswissenschaft und die Psychotherapieforschung erfasste: In Pädagogik und Therapie galt (und z .T. gilt es noch), die Ziele und ihre Erreichbarkeit in Form von sog. Kompetenzen möglichst passgenau zu formulieren und zu überprüfen.
In mehreren weltweit beachteten Metaanalysen und systematischen Reviews von empirischen Untersuchungen (u. a. Wampold 2001 für die Psychotherapie und Hattie 2009 für schulische Lernprozesse) ließ sich schlüssig

---

1   Dieser Beitrag ist Dr. P. Flosdorf und posthum Prof. Dr. H. Rieder gewidmet. Beide haben bei mir vor fast 50 Jahren das Interesse an der Erziehungshilfe insbesondere mit Unterstützung des Mediums Bewegung, Spiel und Sport geweckt.

nachweisen, dass Erfolg und Misserfolg von Interventionen nur teilweise auf spezifische, empirisch überprüfbare Techniken und Methoden zurückzuführen ist. Bedeutender sind sog. 'unspezifische' Faktoren und hier an prominenter Stelle die Beziehungsgestaltung (vgl. Hölter 2011,126ff).

Das verweist auf die unverzichtbare Bedeutung von personalen Beziehungen in Pädagogik und Therapie. Das gewählte Tagungsthema ist daher sehr aktuell und für die Aktualität gibt es noch weitere Gründe.

Als Zuhörer der Begrüßungsrede des langjährigen Leiters der Einrichtung und jetzigen Stiftungsratsvorsitzenden T. Seyfahrt sowie des ersten Fachvortrags von Prof. H.J. Luderer wurde mir klar, wie stark das von Carl Rogers geprägte Persönlichkeitsbild das Konzept und die Interventionen einer großen Fördereinrichtung wie der KBF prägen kann. Die Themenwahl kann daher auch aus dieser Perspektive kein Zufall sein, und es ist sicherlich auch kein Zufall, dass einer der Nestoren der Heimerziehung und Erziehungshilfe nach dem Krieg, Peter Flosdorf aus Würzburg, in seinem Buch ‚Heilpädagogische Beziehungsgestaltung' (2004) zentral auf Carl Rogers Bezug nimmt.

Mein Beitrag widmet sich mit Fritz Redl einem anderen 'Klassiker' der Beziehungsgestaltung, der etwa 10 Jahre vor Rogers, ebenfalls in den USA, seine umfassenden Forschungsarbeiten zu zahlreichen Fragen der Gesundheitsfürsorge und hier insbesondere zum Umgang mit schwer verhaltensgestörten Kindern und Jugendlichen veröffentlichte.

Fritz Redl wurde in einem deutschsprachigen, analytisch geprägten Umfeld (Wien) sozialisiert, publizierte dann aber nach seiner Übersiedlung in die USA 1938 überwiegend in Englisch. Seine Werke wurden ab Anfang der70er Jahre nach und nach u. a. von Reinhard Fatke, damals Assistent in Tübingen später dann Ordinarius in Zürich, ins Deutsche übersetzt.

Als ehemaliger Lehrer von Schülern mit Verhaltensauffälligkeiten und später dann als Kindertherapeut und Hochschullehrer haben mich vor allem Redls, der pädagogischen Realität sehr nahekommenden, Interventionstechniken beeindruckt, aber auch seine Art der theoretischen Begründungen auf dem Hintergrund der psychoanalytischen Theorie.

Um Denkrichtungen und Konzeptentwicklungen besser verstehen zu können, lohnt es sich m. E. immer wieder im Sinne der Devise ‚Moving forward *by looking back'* (Tremblay 2017), sich näher mit den historischen Hintergründen von heute als modern erscheinenden Entwicklungen zu befassen.

Prägend für Fritz Redl war zunächst die sog. Lebensreformbewegung ab 1910 und später das Konzept der *‚Mental Hygiene'*, bzw. der *‚Psychohygiene'*.
   Hierzu mehr im ersten Teil meines Beitrags. In dem zweiten Teil befasse ich mich näher mit dem besonderen Beitrag von Fritz Redl (zusammen mit seinem Kollegen David Wineman) zu den Techniken zur *'Steuerung des aggressiven Verhaltens beim Kind',* die ich als besonders realitäts-und anwendungsnah empfunden habe. Um die Aktualität und Zukunftsfähigkeit der vor über 70 Jahren entstandenen Überlegungen zu illustrieren, versuche ich an drei Beispielen eine Verbindung zu auch heute noch aktuellen Problemen im Umgang mit verhaltensschwierigen Kindern und Jugendlichen herzustellen.

1. Historisches und Aktuelles zum Konzept der Psychohygiene

‚Hygiene' und *‚Diätetik'* sind aus der Heilkunst der Antike stammende Begriffe, die heute weitgehend im engeren Sinne einer *‚Vorbeugung von Infektionen'* und als *‚Maßnahmen der Steuerung der Ernährung'* verstanden werden.
   Im Gesundheitsverständnis der Antike wurden diese Begriffe viel umfassender interpretiert: sowohl in den Ursachenmodellen von Krankheit und Gesundheit als auch in ihrer Prävention und Behandlung wurden damals schon Umweltfaktoren *(‚Licht und Luft')* sowie Gewohnheiten *(‚Bewegung und Ruhe'; ‚Essen und Trinken')* als gesundheitsförderlich benannt und in den Gesundheitszentren der antiken Welt wie im Äsklepeion auf Kos gelehrt (vgl. Schipperges 1971, Rieder 1988).
   Während bis Mitte des 19.Jahrhunderts Krankheiten allgemein und auch psychische Erkrankungen weitgehend auf individuelle, meist funktionelle Ursachen zurückgeführt wurden, verstärkte sich allmählich die Einsicht, dass körperliche und auch psychische Erkrankungen zumindest z. T. sozial bedingt sein können: durch ungünstige materielle Lebensverhältnisse, negative Erziehungseinflüsse, Arbeitslosigkeit, schlechte Wohnbedingungen usw.. Diese erweiterte Sichtweise führte zunächst in den USA zu einer Anwendung des Hygienebegriffs auch auf psychische Erkrankungen.

Eine herausragende Rolle spielte dabei der in den USA tätige schweizer Psychiater Adolf Meyer, der ab 1902 in New York das dortige ‚Psychiatric Institute' leitete und die Fachbegriffe *'Mental/Psychic Hygiene'* bzw. später *'Mental Health'* prägte. Beide Begriffe sind bis heute in den USA gebräuchlich. Etwa zur gleichen Zeit wurde in Deutschland mit der Bezeichnung der *'psychischen Hygiene'* – zunächst nur in Andeutungen in einer Schrift über öffentliche Ruhehallen (Sommer 1901) – die soziale Bedingtheit psychischer Erkrankungen thematisiert. Nach und nach entstanden in den USA und Europa eigene wissenschaftliche Fachgesellschaften ('Connecticut Society for Mental Hygiene' 1908 , 'Dt.Verband für Psychohygiene' 1925), Fachzeitschriften ('Zeitschrift für Psychische Hygiene' 1928), und vor allem in den USA Gesetzesinitiativen ('Mental Health Act' 1946), die u. a. die WHO-Definition von Gesundheit mit beeinflussten (vgl. Fatke 1980,729ff.).

Mit der Gründung von ‚*Community Health Centers*' 1963 hatten diese Bemühungen in den USA auch sehr praxisnahe Konsequenzen für eine gemeindenahe Betreuung von psychisch kranken Menschen.

Das Konzept der Psychohygiene wurde in Deutschland, weniger als in den USA, nicht psychiatrisch und sozialreformerisch ausgelegt, sondern eher ideologisch als die Hoffnung: *„durch angemessenes Verständnis und eine vernünftige Regelung seiner sozialen, organischen und psychologischen Angelegenheiten (zu) gesunden: ein gesunder Geist in einem gesunden Körper in einer gesunden Gemeinschaft"* (vgl. Plänkers 1996,18).

Der öffentlichkeitswirksame Ausdruck dieses Verständnisses waren die Hygieneausstellungen in Dresden (1911, 1930) und die Gründung des dortigen Hygienemuseums unter der Sponsorenschaft von Karl Lingner, dem Eigentümer des ‚*Odolwerks*'. Neben dem ‚*gläsernen Menschen*' gab es in diesem bis heute exististierenden Museum eine eigene Sektion *'psychische Hygiene'*.

Der Idee einer Zusammenarbeit unterschiedlicher Fachdisziplinen zum Zweck der Gesundheitsförderung besonders nah kam die 1926 in Düsseldorf im Stil der heutigen Bundesgartenschauen veranstaltete Ausstellung für ‚*Gesundheitspflege, Soziale Fürsorge und Leibesübungen*' (GESOLEI), die über 7,5 Millionen BesucherInnen anlockte.

Abb. 1: Werbeplakate zur Internationalen Hygieneausstellung in Dresden (1911)
und zur GESOLEI in Düsseldorf (1926)

Die mehr ideologische Ausrichtung des Hygienebegriffs mit einer Verbindung zur Rassehygiene und zum sog. *'gesunden Volkskörper'* während der Nazizeit hat dazu geführt, dass der Begriff *'Psychohygiene'* in Deutschland im Gegensatz zu *'Mental Health'* bzw. *'Mental Hygiene'* in den USA kaum noch oder nur mit Voreingenommenheiten benutzt wird.

Dabei ist hierzulande ein wichtiger Teilaspekt der Psychohygiene-Bewegung in den Hintergrund getreten bzw. weitgehend in Vergessenheit geraten: ihre inhaltliche Nähe zur Psychoanalyse insbesondere zu ihren pädagogisch und sozialreformerisch orientierten VertreterInnen wie u. a. A. Adler, A. Aichhorn, S. Bernfeld, B. Bettelheim, P. Federn A. Freud, H. Meng, V. Schmidt, E.Werner, H. Zulliger und auch F. Redl.

Auf der Basis der psychoanalytisch geprägten Kenntnis einer frühen Entstehung von psychischen Auffälligkeiten waren für sie eine *'Stärkung'* und *'Vorbeugung'* im sozialen Umfeld der Erziehung unbedingt notwendig sowie die Zusammenarbeit von allen am Erziehungsprozess beteiligten Personen und Institutionen. *'Heilung'* im engeren Sinne wurde als Aufgabe von Spezialisten (z. B. in der Therapie) angesehen, die idealerweise mit den Erziehungseinrichtungen zusammenarbeiten. Der Erziehungsprozess wird als jedoch etwas Eigenes (*'sui generis'* S. Freud 1925) angesehen, mit eigenen Zielen, Methoden und Problemen. Ein vielfältiges Zeugnis der Breite der damals neu behandelten Themen findet sich in der von 1926 bis 1937 existierenden *'Zeitschrift für Psychoanalytische Pädagogik'* u. a.mit Sonderheften zu Onanie, Selbstmord, Strafen, Hochstapler und Verwahrloste, Nacktheit und Erziehung etc., d. h. zu Themen, die zu der damaligen Zeit in der wissenschaftlichen Pädagogik und der gesellschaftlichen Diskussion weitgehend tabu waren. Etwas später (1930) erschien in den USA das bis heute existierende *'Journal of Child Development'*, das nach der Emigration der meisten AutorInnen der psychoanalytischen Pädagogik und ihren Ideen ein englischsprachiges Forum bot.

Fatke (1980) und auch Plänkers (1996) zeichnen detailliert die Nachkriegsentwicklung der psychoanalytisch inspirierten Psychohygiene in Deutschland nach. Institutionell wurde sie u. a. in der Kommission für Psychoanalytische Pädagogik in der Dt. Gesellschaft für Erziehungswissenschaft (DGfE) verortet, aber auch in dem nach H. Meng benannten Institut für Psychohygiene im Erftkreis, das 1996 sein 25-jähriges Bestehen feierte, mittlerweile aber heute unter anderem Namen als allgemeine Einrichtung der Erziehungsberatung bzw. als Sozialpädiatrisches Zentrum firmiert.

Abb.2:
Titelseite der Zeitschrift für Psychoanalytische Pädagogik 1926;

Cover des Sammelbandes zum 25–jährigen Bestehen des ‚H.Meng Instituts für Psyohygiene im Erftkreis' 1995

Der Titel des Sammelbandes *,Lebendige Psychohygiene'* mit zahlreichen bekannten AutorInnen (u.a. W. Bräutigam, H. Stierlin, W. Toman, N. Bischof, E. Federn, O. Negt, K. Rutschky, G. Biermann und anderen) beschwört zwar noch einmal ihre Aktualität herbei, aber in Deutschland sind die Konzepte und Ideen längst unter anderen Namen aufgenommen und weiterentwickelt worden.

Zusammenfassend lassen sich nach Fatke (1980) die wesentlichen Aspekte einer modernen Version der Psychohygiene unter den Stichworten *,stärkend'*, *'vorbeugend'* und *,heilend'* beschreiben. Diese Aufgaben sind in dem heutigen Fachdiskurs inhaltlich hochaktuell, sie werden jedoch unter Begriffen wie Prävention und Prophylaxe, Ressourcenstärkung und Resilienz diskutiert, ohne, dass manchmal die Verbindung mit historischen Entwicklungen erkannt oder anerkannt wird.

2. Fritz Redls Konzept des Umgangs mit „herausforderndem Verhalten"

Der 1902 in der Steiermark geborene und 1988 in den USA verstorbene Fritz Redl verlebte seine Jugend-und Studienzeit in Wien und kam dort zunächst mit der Wandervogelbewegung in Berührung, einem der Vorläufer der später viele andere Lebensbereiche umfassenden sog. Lebensreformbewegung. Bei den Wandervögeln spielte das Leben in der Gruppe und in der Natur eine wichtige Rolle; die Lebensreform bezog sich umfassend auf Architektur, Kunst, Musik, Ernährung, Gesundheitspflege und Kleidung. So hatten zu dieser Zeit auch Vegetarismus, Homöopathie und Freikörperkultur ihren Ursprung.

Nach seinem Abschluss als Gymnasiallehrer für Philosophie, Deutsch und Englisch und einer Promotion zur Ethik bei Kant arbeitete F. Redl zunächst im Schuldienst und lernte durch A. Adler die Psychoanalyse und hier besonders die psychoanalytisch orientierte Pädagogik näher kennen.
   Redl interessierte sich schon als Lehrer dafür, ob Schulklassen teilweise wie Jugendgruppen geführt werden könnten, und er entwickelte ein Interesse an der Frage wie Probleme von Kindern und Jugendlichen an der Grenze

zwischen *krankhaft* und *normal* zu handhaben seien. Hierzu nahm er in mehreren Publikationen in der 1926 gegründeten Zeitschrift für Psychoanalytische Pädagogik Stellung. Durch Kontakte zu dem amerikanischen Entwicklungspsychologen D. Havighurst *(‚Entwicklungsaufgabe‘)* wurde er 1936 zu einem Forschungsaufenthalt über das Thema *‚normale Entwicklung von Jugendlichen‘ (‚normal adolescence‘)* in die USA eingeladen. Aufgrund der politischen Verhältnisse entschied sich F. Redl 1938 dort zu bleiben.

Er veröffentlichte bis Mitte 1936 noch auf Deutsch, aber dann erschienen seine zahlreichen weiteren Publikationen ausschließlich auf Englisch. Sie wurden erst ab Beginn der 70er Jahre, vor allem aufgrund der verdienstvollen Herausgabe und z. T. auch Übersetzungen des Tübinger Erziehungswissenschaftlers R. Fatke, in Deutschland bekannt.

Aus dem umfangreichen Werk von F. Redl zu zahlreichen Fragen der Gesundheitspolitik,-Fürsorge und Therapie beziehe ich mich in meinen Beitrag hier nur auf einen kleinen Ausschnitt: dem 3. Kapitel des zusammen mit D. Wineman 1952 verfassten Buches *‚Controls from within. Techniques for the Treatment of the aggressive child‘* (dt.:*Steuerung des aggressiven Verhaltens beim Kind* 1976). Zusammen mit dem gleichen Autor hatte Redl schon ein Jahr zuvor das ebenfalls später ins Deutsche übersetzte Buch *‚Children who hate. The Disorganization and Breakdown of Behavior control. (dt.: Kinder, die hassen 1979)‘* sowie zusammen mit W. Wattenberg das Buch *‚Mental Hygiene and Teaching‘* veröffentlicht. Ich nenne die englischen Buchtitel u. a. deswegen, weil an der Titelwahl der enge Bezug zur Psycho-(bzw.Mental)-hygienebewegung wie auch zur Pädagogik sichtbar wird sowie auch das Interesse an Techniken der Verhaltenssteuerung und-kontrolle, was man zunächst bei einem psychoanalytisch inspirierten Pädagogen nicht vermuten würde. Dies entspricht aber einem Grundanliegen von F. Redl und seinen Co-Autoren: sie verstehen sich nicht als reine Übersetzer des analytischen Gedankenguts in die Pädagogik, sondern sie versuchen auf der Basis von analytischem Denken und amerikanischem Pragmatismus eine Brücke zu handhabbaren praktischen Regeln eines pädagogisch-therapeutischen Vorgehens zu schlagen.

Meine Auswahl des o. g. Ausschnitts aus seinen Arbeiten ist – z. T. biografisch bedingt – zweifach begründet: durch positive Erfahrungen mit den Techniken in meiner praktischen Tätigkeit , als Lehrer für *‚Kinder,* *die nicht passen'* („so die leicht abgewandelte Bezeichnung dieser Klientel von Zapke 2018,) und durch die ausführliche theoretische Begründung und Reflexion jeder Technik, die weit über rezeptartige Ratschläge hinausgingen sowie auch durch eindrucksvolle illustrierende Praxisbeispiele, die mir aus meiner Praxis sehr bekannt vorkamen.

Die Zusammenstellung der Techniken stammt aus den Erfahrungen mehrerer Praxisforschungsprojekt ab 1946, vor allem aus einem 19-monatigen engen Zusammenleben mit schwerstgestörten Kindern in einer Heimeinrichtung in Detroit (,Pioneer House'). In diesen Projekten ließen sich idealtypisch die aus der Psychohygiene und der analytischen Pädagogik abgeleiteten Grundprinzipien einer lebensweltorientierten pädagogisch-therapeutischen Betreuung in der Praxis erproben. Von großem Einfluss waren dabei die Anregungen von A. Aichhorn aus Wien, besonders aus dessen Buch *,Verwahrloste Jugend'* (1925) sowie der Austausch mit B. Bettelheim in Chicago sowie mit A. Freud in London.

Konstitutiv für die praktische Arbeit waren auch seine intensiven Erfahrungen mit unterschiedlichen Gruppen – Schulklassen, Jugend-und Therapiegruppen –, die differenzierte Auseinandersetzung mit dem *,Milieu'*, die besondere Form des therapeutischen Gesprächs im Lebenskontext *(,Life Space Interview')* sowie die Beschäftigung mit der Ich-Psychologie (siehe hierzu ausführlich Redl 1971, Redl/Wineman 1979).

In ihrem Vorwort zur *,Steuerung des aggressiven Verhaltens beim Kind'* begründen Redl und Wineman genauer die Notwendigkeit einer systematischen, praxisnahen Zusammenstellung von Interventionstechniken in schwierigen pädagogischen Situationen. Dazu gehört u. a. die Rückmeldung von Praktikern in der Erziehungshilfe, dass häufig ein direktes Eingreifen in Konfliktsituationen erforderlich sei, *,ohne sich langwierige Rekonstruktionen sämtlicher Entwicklungen anzuhören, die dieses Verhalten ausgelöst haben könnten'* (S.15)

An dieser Stelle wird die Kluft zwischen 'naiver pädagogischer Praxis' von Eltern, Erziehern und Lehrern und 'therapeutischer Reflexion über Kausalzusammenhänge' als eine Domäne von Therapeuten und Ärzten deutlich benannt (S.17). Mit den vorgeschlagenen ‚*Techniken*' und ihrer ausführlichen Kommentierung, versuchen die Autoren diese Kluft zu überbrücken. Gleichzeitig wird bedauert, wie wenig die Forschung über ‚*psychohygienische Techniken des Eingreifens*' und ein ‚*wissenschaftlich haltbares Instrumentarium der Intervention*' weiß (S.19), eine Kritik, die auch heute noch weitgehend ihre Gültigkeit hat.

Bevor ich beispielhaft die Aktualität einzelner Techniken illustriere, gilt es noch auf den wichtigen Punkt der ‚*therapeutischen Antisepsis*' hinzuweisen: dieser Begriff mit der Nähe zur Hygiene im medizinischen Sinne meint im Zusammenhang mit pädagogisch-therapeutischen Maßnahmen, dass die ‚*angewandte Technik hinsichtlich ihrer Nebenwirkungen für das grundlegende therapeutische Ziel zumindest nicht schädlich*' sein sollte (S.18) wie z. B., dass ‚*Physisches Eingreifen*' nicht eine vorher mühsam aufgebaute Beziehung zu einem Kind gefährden darf.

Die folgenden Interventionstechniken beziehen sich **a)** auf ‚*Physisches Eingreifen*' und '*Kontrolle durch körperliche Nähe und Berührung*' (S.27-31 u.82-91), **b)** auf die ‚*Einschränkung der räumlichen und gestalterischen Bewegungsfreiheit*' (S.60-68) im Zusammenhang mit dem Aspekt der Gruppenemotion und -ansteckung (Redl 1971 S.99-133) sowie **c)** auf ‚*Erlaubnis und autoritative Verbote*' (S.91-100)

Zu a): Physisches Eingreifen und körperliche Nähe

Im Zusammenhang mit der Heim-und Internatserziehung hat in den letzten Jahren die Diskussion um körperlichen und sexuellen Missbrauch an Aktualität gewonnen; davon war leider u. a. auch die Orthogenic School von B. Bettelheim in Chicago betroffen.

Dieses Thema ist heutzutage so delikat, daß es z. B. in den Kindergärten von Dänemark verboten ist, Kinder überhaupt zu berühren. Bei den von Redl/Wineman beschriebenen Techniken werden die Gefahren nicht in dieser Zuspitzung benannt, aber auch nicht ignoriert. Es wird hingegen differenziert herausgearbeitet, dass die körperliche Nähe eines Erwachsenen und auch Berührung zur Beruhigung und Impulskontrolle beitragen, aber auch die Gefahr einer libidinösen Stimulierung oder die Entwicklung von Eifersucht bei anderen Kindern bewirken können.

Im Hinblick auf unmittelbares physisches Eingreifen differenzieren sie deutlich zwischen dem Eingreifen als Schutzmaßnahme zur Verhinderung von Gefahren für das Kind selbst, für Erwachsene oder für die Gruppe und dem Eingreifen als körperliche Bestrafung. Die letztere lehnen sie als pädagogische Maßnahme ab, da hierfür im Sinne der therapeutischen Antisepsis der *‚enorme Preis vergiftender Nebenwirkungen'* zu hoch sei (S.84).

Bedeutsam ist für sie in diesem Zusammenhang das *Wie* und das *Nachher:* Kann das Eingreifen möglichst ohne Gegenaggression erfolgen und besteht die Möglichkeit das destruktive Verhalten nach einer Beruhigung in einem anschließenden Gespräch einzuordnen?

Das Filmbeispiel, das ich zur Illustrierung dieser Techniken gewählt habe, stammt aus den 60er Jahren und zeigt mit P. Flosdorf und H. Rieder zwei erfahrene Lehrer und Therapeuten in sportlichen Gruppensituationen mit Heimkindern. In der ersten Szene verhindert H. Rieder durch körperliches Eingreifen, dass sich ein *‚außer Rand und Band'* geratener Junge auf andere Kinder in der Gruppe stürzt. Seine Intervention, in der er den tobenden Jungen von den anderen Kindern fernhält, ähnelt einem Tanz zwischen Erzieher und Kind mit dem Ergebnis einer allmählichen Ermüdung und Beruhigung. Die zweite Szene spielt in einem Schwimmbecken: P. Flosdorf transportiert im tiefem Wasser auf seinen Schultern ein Kind, das sich ängstlich aber voller Vertrauen an ihn klammert.

Die körperliche Nähe wird hier zu einem Symbol des Vertrauens und des frühkindlichen *'Getragenwerdens'*, was sich beim Schwimmen lernen besonders gut realisieren lässt. Was Redl mehrfach in diesem Zusammenhang betont, ist als Voraussetzung vor einer Anwendung dieser Technik, der Aufbau eines längerfristigen, funktionierenden Vertrauensverhältnisses zum ErzieherIn bzw.TherapeutIn. Ausserdem ist in diesem Zusammenhang die Belastbarkeit der MitarbeiterInnen z. B. im Umgang mit Übertragungssituationen oder extremen Aggressionen zu berücksichtigen.

Zu b): Gestaltung der äusseren Bedingungen und Gruppenemotion
Um die Besonderheit dieser *‚Steuerungstechnik'* und ihre Verwobenheit mit anderen Aspekten des Konfliktmanagements in der Gruppe zu verdeutli-

chen, beschreibe ich zunächst mein illustrierendes Filmbeispiel. Es handelt
sich um die Darstellung der Vorbereitung einer Berliner Hauptschulklasse
von 30 etwa 15-jährigen SchülerInnen aus einem sog. Problemviertel für die
Mitwirkung an einem Projekt der Berliner Philharmoniker. Nach einer ein-
jährigen Projektvorbereitung mit mehreren Schülergruppen ist hieraus der
vielbeachtete Kinofilm ,Rhythm is it' (2004) entstanden. In dem von mir ausgewählten kurzen Filmausschnitt wird gezeigt, wie der bekannte englischspra-
chige Choreograf R. Maldoom versucht, den Jugendlichen einen einfachen
Tanzschritt beizubringen. Nach kurzer Zeit droht dieses Bemühen zu scheitern, da die SchülerInnen z. T. seine Anweisungen sabotieren oder lächerlich
machen. Durch seine sach-und realitätsbezogene Autorität und seine Art der
Ansprache gelingt es dem Choreografen dennoch die problematische Situation in der Gruppe zu meistern.

Wahrscheinlich ohne Redls Steuerungstechniken oder seine Überlegungen
zu Gruppenemotionen und Ansteckung in der Gruppe zu kennen, greift R.
Maldoom *"einer der vordringlichsten Aufgaben des Lehrberufs auf: die Aufgabe eine gruppenpsychologischen Beziehung zu den Klassen herzustellen und die
gruppenpsychologische Atmosphäre zu schaffen, die für den Erziehungsvorgang
am günstigsten ist"* (Redl 1971,S.127).

Eine Voraussetzung hierfür ist eine strukturgebende räumliche und zeitli-
che Umgebung sowie transparente Ziele und klare inhaltliche Anweisungen.
Das Erstere ist durch den Schulrahmen – eine den Jugendlichen bekannte Schulturnhalle und ein an Schulstunden orientierter zeitlicher Rahmen
– gegeben. Das Ziel, das Erlernen einer einfachen Schrittkombination, ist
dem motorischen Können der SchülerInnen angemessen, verlangt aber für
eine sachgerechte Ausführung ein bestimmtes Maß an Aufmerksamkeit und
Konzentration. In dieser nicht untypischen Lehrsituation verkörpert der
Choreograf eine ,realitäts –und sachgerechte Strenge', die der Klassenlehrerin
zwar manchmal fremd vorkommt, offensichtlich aber von den SchülerInnen akzeptiert wird. In dem Filmausschnitt wird auch deutlich wie hetero-
gen die Gruppenstruktur und die Rolle einzelner Individuen in der Klasse
sind. Für das Gelingen von Lehrsituationen (und anderen Situationen in der
Erziehungshilfe) ist es äusserst hilfreich, sich Redls ausführliche Analysen
z. B. zu unterschiedlichen Führungstypen in der Gruppe und zu dem Prob-

lem von Gruppenemotionen und der *,Ansteckung in der Gruppe'* vor Augen zu führen (Redl 1971,s.104-151).

Um zu dem illustrierenden Beispiel zurückzukehren: R. Maldoom gelingt es, dass sich der grösste Teil der SchülerInnen mit ihm und der Aufgabe identifizieren und ernsthaft an dem Ziel arbeiten, an einer Aufführung teilzunehmen.

Zu c): Erlaubnis und Verbote
Es ist nicht unbedingt zu erwarten, Erlaubnis und autoritative Verbote als eine Steuerungstechnik zu betrachten, aber der Grund dafür wird in der genaueren Analyse sehr schnell klar: Bei der Erlaubnis geht es nach Redl um ein strategisches Erlauben, um ein *,Entgiften durch Erlauben'* mit dem Sinn, erwartbaren Konflikten ihren Reiz zu nehmen bzw. sie zu entschärfen.

Als Beispiel dafür ist mir der ständige Konflikt um die Nutzung des Geräteraums in der Turnhalle noch lebhaft vor Augen, bis zu dem Moment, wo manche Sportstunden ausschliesslich im Geräteraum stattfanden.

Der Reiz des Verschwindens der halben Gruppe in den Geräteraum ließ danach erheblich nach. Ein weiterer Grund, mich genauer mit pädagogisch-therapeutischen Aspekten von Verboten zu beschäftigen, hat mit einem Vortrag vor PsychotherapeutInnen zu tun, den ich kurz vor der Tagung in Mössingen gehalten habe: Mein Thema war der pathologische Internetgebrauch und seine Einflüsse auf das Körpererleben (Hölter 2017); dazu habe ich die bisher seltenen empirischen Studien zu dem Thema durchgearbeitet und vor allem mit grossem Interesse das Buch des Bochumer Psychiaters und Psychotherapeuten B. te Wildt *,Digital Junkies'* (2015) gelesen.

Ohne hier näher auf die Details einzugehen – dazu empfehle ich u. a. die pädagogisch orientierten Vorschläge von te Wildt (S.250-338) – gibt es einige Verhaltensweisen, die nur durch ein entschiedenes ,Nein' von Erwachsenen zu begrenzen sind wie im Sinne von Redl *"wir meinen damit: Das muss aufhören. Wir können es nicht dulden. So ist es nun mal, und es ist uns jetzt egal, ob du das verstehst und ob es dir in den Kram passt. Schluss jetzt, und damit basta"* (Redl/Wineman S.95)

Dies scheint mir bei der Online Nutzung von Spielen bei manchen Kindern und Jugendlichen von bis zu 14 Stunden pro Tag pädagogisch gerechtfertigt zu sein. Es ist allerdings auch im Sinne von Redl, autoritative Verbote nur als kurze Übergangslösung zu betrachten, die von vielfältigen anderen Techniken begleitet werden muss (S.100).

Zusammenfassung

In Forschung und Praxis gibt es – ähnlich wie in anderen Lebensbereichen auch – Moden und Trends, über die zu bestimmten Zeiten intensiv diskutiert wird, die dann aber wieder in Vergessenheit geraten oder möglicherweise zu einem anderen Zeitpunkt wieder relevant werden.

Dies scheint bei der Frage nach einer *professionellen Beziehungsgestaltung'*, hier dargestellt im Zusammenhang mit Psychohygienebewegung und psychoanalytischer Pädagogik, auch der Fall zu sein. In der Psychohygienebewegung wurde vor allem die soziale Bedingtheit von Erkrankungen und die Notwendigkeit einer interdisziplinären Zusammenarbeit unterschiedlicher Fachdisziplinen in der Gesundheitsfürsorge als bedeutsam erkannt.

Die psychoanalytische Pädagogik erweiterte und bereicherte die Pädagogik – und hier insbesondere die Heilpädagogik – u. a. durch Erkenntnisse zur frühkindlichen Entwicklung, zu unbewussten Beweggründen des Handelns und zur interpersonellen Dynamik zwischen den am Erziehungsprozess Beteiligten.

F. Redl und seine MitarbeiterInnen entwickelten auf der Basis dieser Kenntnisse eine praxisnahe, mit fundierten Theorien belegte Form von pädagogisch-therapeutischen Interventionen, die vor allem in den USA, dann aber auch international große Beachtung fanden. Eine Rezeption in Deutschland fand ab Beginn der 70er Jahre statt.

In meinem Beitrag werden beispielhaft drei von Redl/Wineman kompakt beschriebene Interventionstechniken im Umgang mit verhaltensschwierigen Kindern und Jugendlichen skizziert und mit Filmbeispielen illustriert.

Die Aktualität der Überlegungen von Redl konnte hoffentlich in meinem Beitrag verdeutlicht werden und ich teile auch für heutzutage seine – schon vor über 50 Jahren geäußerte – Meinung, dass wir noch weit davon entfernt sind, das komplizierte Zusammenspiel unterschiedlicher personaler und sozialer Faktoren beim Zustandekommen von *,herausforderndem Verhalten'* von *,Kindern und Jugendlichen, die nicht passen'* zu verstehen und pädagogisch differenziert und angemessen darauf zu reagieren.

Literatur

Fatke, R. (1980). Psychohygiene und Pädagogik. In: Spiel,W. (Hrsg).
  Enzyklopädie der Psychologie des 20. Jahrhunderts, Bd. 12. Kindler,
  München: 729-753
Flosdorf, P. (2004). Heilpädagogische Beziehungsgestaltung. Lambertus,
  Freiburg.
Hattie, J. (2009). Visible Learning. Routledge, London. (dt.: Lernen sicht
  bar machen. Schneider, Baltmannnsweiler 2013)
Hölter, G. (2003). 'Leibhaftige' Sozialarbeit und Gesundheit.
  In: Koch, J.; Rose, L.; Schirp, J. ; Vieth, J. (Hrsg). Bewegungs-und körper-
  orientierte Ansätze in der Sozialen Arbeit. Leske/Budrich, Opladen:45-57
Hölter, G. (2011). Bewegungstherapie bei Psychischen Erkrankungen.
  Dt. Ärzte-Verlag, Köln.
Hölter, G. (2017). Computernutzung und Leiberleben.
  unvöfftl. Vortrag Jahrestagung Europ. Akademie f. Gesundheit (EAG)
  Hückeswagen 4.11.2017; Veröffentlichung 2018 i. V.
Kretz, H.(Hrsg) (1996). Lebendige Psychohygiene. Eberhard, München.
Plänkers, T. (1996). Idee und Wirklichkeit einer Psychohygiene. Biogra-
  phie und Werk Heinrich Mengs (1887-1972) In: Kretz, H. (Hrsg).
  Lebendige Psychohygiene. Eberhard,München:17-41
Redl, R. (1978). Erziehung schwieriger Kinder. 3. Auflage. Piper, München.
Redl, R. &Wineman, D. (1979). Kinder, die hassen. Piper, München
Redl, F. &Wineman, D. (1986). Steuerung des aggressiven Verhaltens
  beim Kind. 4. Auflage. Piper, München.
Rieder, H. (1988). Bewegung und Therapie aus der Sicht der Sporttthera-
  pie. In: Hölter, G. (Hrsg). Bewegung und Therapie – interdisziplinär
  betrachtet. Modernes Lernen, Dortmund: 53-66
Schipperges, H. (1971). Entwicklung moderner Medizin. 3. Auflage.
  Thieme,Stuttgart.
te Wildt, B. (2015). Digital Junkies. Internetabhängigkeit und ihre Folgen
  für uns und unsere Kinder. Droemer, München.
Wampold, B. E. (2001). The Great Psychotherapy Debate – Models, Me-
  thods, Findings. L. Erlbaum, Mahwah USA.
Zapke, B. (2018). Spielräume an den Grenzen zur Beschulbarkeit.
  Diss. Fak. Rehabilitationswissenschaften TU Dortmund

Silvia Bender-Joans

„Das WIE bestimmt das WAS" – gelingende Kommunikation mit kleinen Prinzen (und Prinzessinnen)

> *Man sieht nur mit dem Herzen gut. „Das Wesentliche ist für das Auge unsichtbar." (A. de Saint-Exupery)*

Ein Herzensmoment: Vivian, 11 J. sitzt mir in der logopädischen Therapie in ihrem Rollstuhl gegenüber. Sie wirkt entspannt, die Augen etwas geschlossen, die Hände gelöst, der Atem ruhig und gleichmäßig. Ich nähere mich ihr indem ich meinen Oberkörper etwas vorbeuge und leise: „Hallo Vivian" sage.

Ich wiederhole die Ansprache in einem leichten Singsang und streiche ihr sanft über die Hände. Vivian hält inne, der Atem stockt kurz, dann lächelt sie und begrüßt auch mich mit einem kurzen gehauchten „ah". Ich spüre wie etwas in mir warm wird und sich öffnet – zum gleichen Zeitpunkt dreht Vivian den Kopf und öffnet die Augen. Ich weiß, das war ein guter Entwicklungs- und Begegnungsmoment für Vivian. Woher weiß ich das? Darf ich mich auf mein „Gefühl" verlassen, darauf, dass ich glaube mit dem Herzen gut zu sehen?

Dieser Beitrag setzt sich damit auseinander wie emotional bedeutsam kommunikative Situationen sind, wie unmittelbar und leiblich Kommunikation auf allen Ebenen stattfindet und wie diese Prozesse sichtbar gemacht werden können. Wie gelingende kommunikative Situationen zur Entwicklungsförderung von Kindern gestaltet und deren Entwicklungsbotschaften verstanden und begleitet werden können wird anhand der Marte Methode vorgestellt.

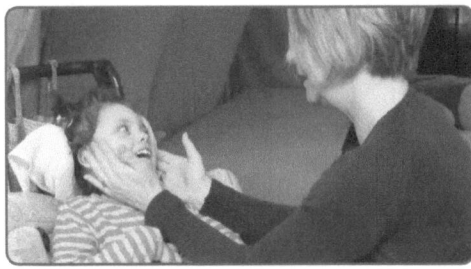

Abb.1 Vivian

Resonanz und Weltbezogenheit

Resonanz wirkt charakterisierend als eine „emotionale, neuronale und vor allem durch und durch leibliche Realität. Sie ist die primäre Form unserer Weltbeziehung" (H.Rosa, 2016).

Resonanzerfahrungen sind die ersten Kontakte eines Säuglings mit der Welt und seinen engsten Bezugspersonen, geprägt von Affizierung und Emotion. Der Säugling erfährt leiblich, wie die Mutter im besten Falle sofort und adäquat auf seine tonischen, stimmlichen und mimischen Äußerungen reagiert.

Dabei lebt der Säugling „nicht in einem subjektiven Innenraum, aus der heraus er erst die Existenz des anderen entdeckt, sondern er ist durch seine Leiblichkeit von Anfang auf sie bezogen" (Fuchs, 2000). Die Mutter ermöglicht dem Säugling durch Berührung die Erfahrung der Eigenständigkeit ebenso wie die der Bezogenheit und Nähe. Dieses Phänomen der frühen Zwischenleiblichkeit ist für sämtliche weitere Entwicklungsprozesse von grundlegender Bedeutung.

Hier werden die Grundsteine für Empathie, Affektregulation und Erfahrung von Sicherheit gelegt. Aus diesen Erfahrungen heraus kann das Kind dann über exploratives Verhalten und Erkunden weitere Entwicklungsschritte selbstwirksam mitgestalten (Jessel, 2016). „In den Erfahrungen früher Zwischenleiblichkeit entsteht demnach implizites Beziehungswissen... und prägen die Grundstrukturen des Beziehungsraumes, indem ein Mensch sein Leben lang lebt (Fuchs, 2006). Resonanz scheint also auch bei Vivian und mir eine Rolle gespielt zu haben, spürbar über den Tonus, die Mimik und den Atem. Wesentlich erscheint hierbei, durchlässig zu sein für die Empfindungen und Gefühle des Gegenübers und sich in hohem Maß auf den Kontakt zueinander einzulassen. Sprache hat bei diesem Miteinander keine große Rolle gespielt, war nur ein Begleiter der Situation.

Es war nahezu ausschließlich die „tonisch-emotionale Resonanz, das Echo, das die Haltung des Kindes in uns erzeugt und das leiblich-emotional nachhallt und uns dabei hilft, uns in die Situation des Kindes einzufühlen"(Esser, 2009).

Kommunikation als unmittelbares, körperliches Geschehen

„Die Sprache ist eine große Quelle für Missverständnisse" (A. de Saint-Exupery)

„Kommunikation ist einfach, denn sie ereignet sich ohne unsere Kontrolle, sie organisiert sich selbst" (Tschacher/Storch, 2014). Kommunikation ist ein offenes, komplexes System, das sich selbst organisiert und indem sich viele Elemente gegenseitig beeinflussen. (Abb.2)

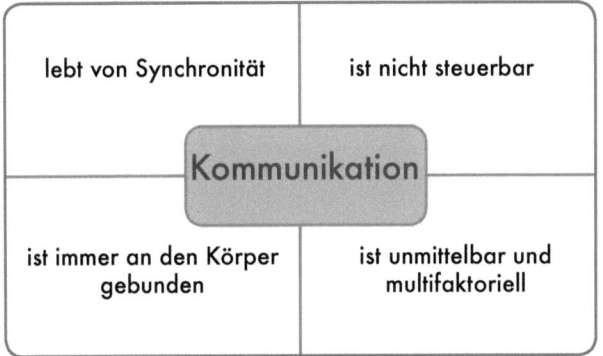

lebt von Synchronität

ist nicht steuerbar

Kommunikation

ist immer an den Körper gebunden

ist unmittelbar und multifaktoriell

Abb.2

Dabei gewinnt der Blick auf den Körper eine immer größere Bedeutung. Nicht nur die körperlich sichtbaren „großen" Signale sind prägend für gelingende oder nicht gelingende kommunikative Prozesse, sondern die kleinen, nicht sicht- und kaum spürbaren Signale, die der andere aber sofort mit sensiblen Antennen aufnimmt. Kommunikation findet stets in einem Wechselspiel von Körper und Geist statt. Dabei bedingen sich beide Faktoren wechselseitig und sind neuronal nachzuweisen. Das Gehirn verarbeitet kommunikative Situationen immer eingebettet im eigenen Körper, mit eigener Wahrnehmung und eigener Muskelbewegung. „In allen neuronalen Prozessen, die kognitiven Prozessen zur Seite gestellt sind, steckt eine körperliche, sensomotorische Basis" (Tschacher/Storch, 2014).

Ein großer Teil von kommunikativen Ausdrucksformen liegt in Signalen, die vorwiegend sensomotorisch erlebt, verstanden und beantwortet werden. Hier entsteht die Brücke vom theoretischen Verständnis von Kommunikation und der dialogischen Haltung im Kontakt. (Abb.3)

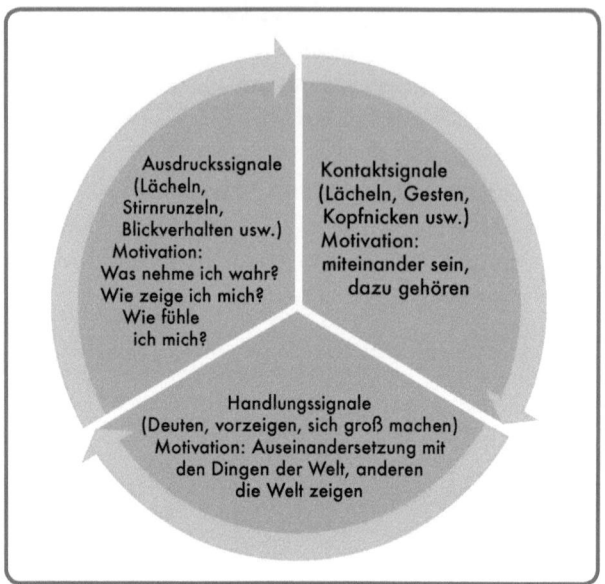

Abb.3

Dialog und Kommunikation sichtbar machen – Impulse aus der MARTE MEO Arbeit

Dialog, Resonanz und Bezogenheit sind grundsätzliche Faktoren für eine förderliche Entwicklungsbegleitung. Basale Bedürfnisse wie angenommen sein, gesehen werden, dazu zu gehören, selbst tätig werden dürfen und dabei stets Halt und Sicherheit zu erfahren können nur im dialogischen Prozess entwickelt, gestaltet und begleitet werden.

Maria Aarts (2011) begreift Entwicklung im Sinne einer Aktivierung von „natürlichen" Entwicklungsprozessen, die vorwiegend auf der Basis von Beziehung und Interaktion angelegt sind. Hierbei spielt die Annahme, dass Menschen sich aus ihren eigenen Ressourcen heraus entwickeln können, eine zentrale Rolle. Um Entwicklungsthemen und Kommunikationsprozesse besser zu erkennen, hat Maria Aarts die Marte Meo Methode entwickelt, die auf einer sehr kleinschrittigen Videoanalyse beruht. Im Rahmen dieser Analyse haben sich Elemente entwickelt, um dialogische

Prozesse sichtbar zu machen und förderlich zu im Sinne von Entwicklungsfortschritten zu verändern.

Kontakt - Atmosphäre

> *„Zähmen, das ist eine in Vergessenheit geratene Sache", sagte der Fuchs. „Es bedeutet, sich vertraut machen". ...Der Fuchs verstummte und schaute den kleinen Prinzen lange an. „Bitte...zähme mich!" sagte er. (A. de Saint-Exupery)*

Vertraut machen – kommen wir zum Beispiel von Vivian zurück. Um in den Dialog mit einem Menschen zu treten, braucht es Kontakt. Kontaktmomente über Blick, Lächeln, kleine Gesten, Stimme und Körperhaltung signalisieren dem Kind, dass es in die Beziehung vertrauen darf, dass ein offenes Gegenüber sehr präsent mit ihm in Kontakt ist. Die Herstellung von Kontaktmomenten wird in der Marte Meo Arbeit als „Atmosphäre schaffen" bezeichnet. Nur in einer sicheren, annehmenden Atmosphäre kann Entwicklung stattfinden. In der Videoanalyse wird sichtbar, WIE ein Kind unmittelbar auf Angebote reagiert, z. B. mit einem Lächeln und einer Kopfdrehung, und wie bedeutsam dies für die kindliche Entwicklung ist. Im Falle von Vivian wurde sehr sichtbar, dass sie sich mir (und dem Klang meiner Stimme) zuwenden kann indem sie den Kopf dreht, dass sie meine Anwesenheit als wohltuend empfindet indem sie im Tonus ruhig bleibt und das Lächeln erwidert.

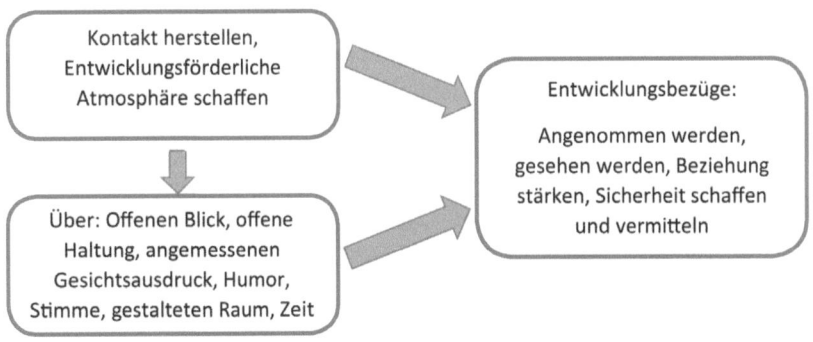

Folgen – Initiativen wahrnehmen – Initiativen benennen

> *„Wenn ihr euch mit einem neuen Freund unterhaltet, wollen sie nie das*
> *Wesentliche wissen. „Wie ist der Klang seiner Stimme? Welche Spiele liebt er?*
> *(A. de Saint-Exupery)*

Liana spielt mit dem Nilpferd. Sie lautiert in fröhlichem Singsang und beginnt das Nilpferd mit Bierdeckeln zu füttern, die auf dem Tisch liegen. Ich
schaue ihr dabei aufmerksam zu und sage: „Oh, das Nilpferd hat Hunger,
so viel Hunger." Liana lächelt und schaut mich an. Dann hält sie inne und
schaut zur Tür. Ich sage: „Was möchtest du?" Liana sagt: „Ah" und deutet zur Tür. Ich schaue auch zur Tür und Liana sagt ungeduldig: „Komm,
komm" und winkt mit dem Arm. Ich stehe auf und folge ihr in den Nebenraum, wo die Kiste mit den Bierdeckeln steht. Sie deutet auf die Kiste,
bückt sich und macht einen Laut, der mir durch den Klang signalisiert, dass
sie diese schwere Kiste heben möchte. Ich sage: „Du möchtest die Kiste
haben" und hebe die Kiste an. Ich stöhne. Liana lacht laut und stöhnt mit.
Wir tragen die Kiste in den Nebenraum wo das Spiel weitergeht.

Abb. 4

Das Wesentliche eines Menschen erfahren wir dann, wenn wir ihm zuhören. Maria Aarts beschreibt dieses Element als „Folgen".

Wenn wir einem Kind in seine Welt folgen, wenn wir wahrnehmen wofür
es sich interessiert und diesem Interesse dann Worte geben, helfen wir dem
Kind, sich die Welt begreiflich zu machen. Dies setzt eine hohe Aufmerksamkeit und Präsenz, sowie leibliche Spürfähigkeit voraus. Auf diese Weise
kann das Kind seine Wirksamkeit bewusst erleben, sein Selbstkonzept stär-

ken und sich mit seinen Gefühlen und Ideen angenommen fühlen. Dabei geht es nicht darum, selbst ein Spielangebot für das Kind bereitzustellen, sondern zu verfolgen, wohin das individuelle Interesse sich wendet und diesem Impuls zu folgen. Es geht also nicht um das WAS des Angebotes, sondern darum WIE wir auf seine dialogischen und kommunikativen Anfragen reagieren.

Im Beispiel von Liana wird sichtbar, dass sie weiß was sie spielen möchte und dass sie die Fähigkeit entwickelt hat, dies nonverbal mitzuteilen. Sie kann auf Ausdruck und Körpersprache eines Gegenüber adäquat reagieren. Das intensive Benennen von Handlung und der dazugehörigen Emotion kann Liana jetzt dabei unterstützen, verbale Sprache zu entwickeln, ihr Selbstvertrauen zu stärken und Handlungsstrukturen zu verbessern.

Leiten – Struktur geben

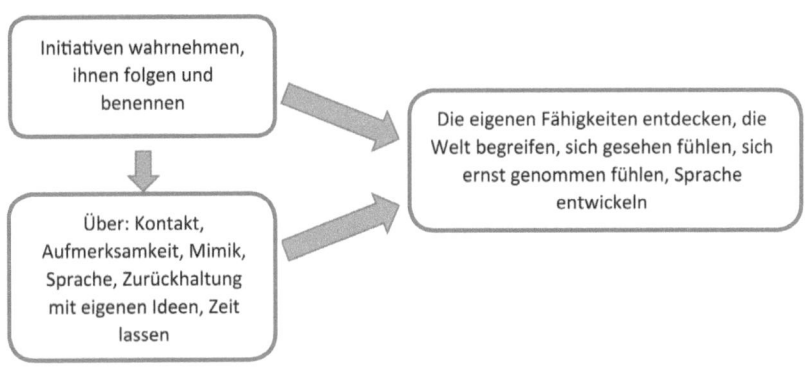

> *„Es wäre besser gewesen, du wärst zur selben Stunde wiedergekommen,"* *sagte der Fuchs. ... "Es muss feste Bräuche geben." (A. de Saint-Exupery)*

Die Psychomotorikstunde ist fast vorbei. Leon hat mit Bechern und Papprollen eine Burg gebaut, Jonas hat dabei geholfen. Ich sage: „In 5 Minuten müssen wir aufräumen. Unsere Zeit ist vorbei." Leon schaut kurz auf und holt schnell einige weitere Rollen um das Bauwerk zu vervollständigen.

Fünf Minuten später klatsche ich in die Hände und wiederhole die Ankündigung: „Die Spielzeit ist vorbei". Leon verzieht das Gesicht. „Ich weiß, das ist schade. Aber wir haben leider nur eine Stunde Zeit." Nachdem wir alle Bauwerke der Kinder angeschaut haben, sage ich: „ jetzt räumen wir noch gemeinsam auf. Leon (ich wende ihm meinen Körper zu und schaue ihn an), du stapelst die Becher und stellst sie in die große Tasche. Ich räume die Rollen weg." Leon steht auf und beginnt seine Tätigkeit. „Danach spielen wir aber noch unser Abschlussspiel" ruft er laut. Ich zwinkere ihm zu, hebe den Daumen und nicke.

Wie im Zitat aus dem kleinen Prinzen, sind Strukturen und Rituale etwas was Sicherheit vermittelt und Grenzen anbietet. Das Kind erlebt sich durch angebotene Strukturen als geschützt und beschützt, aber auch als eingebettet in soziale Kontexte, in denen es Regeln und Bräuche gibt. Soziale Modelle werden ebenso wie Werte über Strukturen vermittelt. Hierbei geht es nicht darum, dem Kind in seine Welt zu folgen, sondern ihm durch klares, strukturiertes Leiten zu helfen, sich eine eigene innere Struktur für Handlungsabläufe und Verhaltensregeln zu entwickeln. Dabei sind ein klarer Anfang und ein klares Ende hilfreich, das Kind braucht eine Anleitung Schritt für Schritt in dem Tempo, in dem es ihm möglich ist, zu handeln. Dies kann über Sprache genauso gelingen, wie über ein Handlungsmodell. Wenn das Kind getan hat, was von ihm erwartet wurde, ist eine Bestätigung des erwünschten Verhaltens wichtig. So können schon kleine Kinder lernen, dass es Regeln und Bräuche gibt, die eingehalten werden sollten, um das gemeinsame Miteinander zu erleichtern. Im dialogischen Kontakt, der nicht abreißen sollte, sind klare Signale hilfreich, wenn es darum geht, dass Erwachsene und Bezugspersonen das tun, was sie tun müssen – nämlich Leitung und Verantwortung übernehmen für die Entwicklung des Kindes. So gelingt es auch Leon zunehmend, Verhaltensweisen oder Handlungsstrategien zu verinnerlichen. Im Zusammenhang mit der Selbstwirksamkeit manifestiert sich sein Vertrauen in die eigenen Fähigkeiten und eine innere Regulationsstruktur.

Man kann nie wissen...

> *„Ich besitze drei Vulkane und jede Woche kehre ich sie. Auch den erloschenen Vulkan. Man kann ja nie wissen…" (A. de Saint-Exupery)*

Indem wir den Kindern mit einer dialogisch-zugewandten Haltung begegnen, geben wir ihnen und uns die Chance, den weiteren gemeinsamen Entwicklungsweg gelingend zu gehen. Was sich dann bei den kleinen Prinzen und Prinzessinnen entwickelt und welche Zeit sie dafür benötigen, kann man nicht wissen. Aber wie wir diese Entwicklung begünstigen können ist durchaus fassbar: Durch Aufmerksamkeit, Zugewandtheit und Hilfestellung wo sie benötigt wird. Durch Anregungen, um die Welt zu begreifen. Durch gelebte Fehlerfreundlichkeit, Aufmunterung und Bestätigung. Durch klaren Halt und Grenzen und vor allem durch unser dialogisches Modell.
Und dann kann es mit Hilfe der Marte Meo Methode doch gelingen, das WESENtliche sichtbar zu machen und neben dem Herzen auch mit dem Auge bei der kindlichen Entwicklung zu sein.

Literatur

Jessel, H., Bender, S. (2017): „Jenseits von richtig und falsch" – Perspektiven des Gelingens in der Psychomotorik. In: R. Zimmer/I. Hunger: Gut starten. Bewegung-Entwicklung-Diversität. Hofmann, Schorndorf

Tschacher, W., Storch, M. (2014): Embodied communication. Hans Huber, Bern

Aarts, M. (2011): Marte Meo Ein Handbuch. Eindhoven: Aarts Productions Antoine de Saint-Exupery: Der kleine Prinz

Fuchs, T. (2000): Leib. Raum. Person. Entwurf einer phänomenologischen Anthropologie. Klett cotta, Stuttgart

Daniela Bauer & Nina Deuschle

Die Einschätzung des emotionalen Entwicklungsstandes durch den SEO

Menschen mit geistiger Behinderung stellen Angehörige und Fachleute gelegentlich aufgrund von Verhaltensauffälligkeiten vor große Herausforderungen. Oftmals sind die Hintergründe und Ursachen für diese Verhaltensauffälligkeiten nur schwer erkennbar. Im Umgang mit diesen Menschen orientieren wir uns oft am Lebensalter, an der körperlichen Entwicklung, an ihren verbalen, lebenspraktischen und z. T. an ihren kognitiven Fähigkeiten.

Andere Aspekte wie Körpererkrankungen, psychische Störungen, Verhaltensstörungen (Intelligenzminderung, tiefgreifende Entwicklungsstörung, Verhaltensphänotypen, soziale Probleme oder emotionale Entwicklungsstörungen) werden dabei nur selten berücksichtigt.

Menschen mit geistiger Behinderung durchlaufen in ihrer sozial-emotionalen Entwicklung die gleichen Phasen wie Menschen ohne Behinderung, allerdings verläuft die Entwicklung oft verzögert und unvollständig ab. Gründe dafür können biologische Abweichungen und Störungen des zentralen Nervensystems sein, genetische Abweichungen, Einschränkungen der sensorischen, motorischen und psychischen Funktionsfähigkeit, verzögerte Entwicklungsschritte, ungünstige Umgebungsbedingungen und Fehleinschätzungen der Umgebung (im Umgang mit behinderten Personen werden basale, emotionale Bedürfnisse oft nicht richtig erkannt und nicht angemessen befriedigt).

Unterschiedliche Hirnregionen und Regelkreise sind für einzelne kognitive (Wortschatz, Abstraktionsfähigkeit, Merk- und Konzentrationsfähigkeit, Urteilsvermögen, Beobachtungsgenauigkeit, Arbeitsgeschwindigkeit, schlussfolgerndes Denken, Erkennen von Ursache-Wirkungzusammenhängen, u. a.) und emotionale Fähigkeiten (Warten können, Bedürfnisse aufschieben können, eigene Gefühle erkennen können, Impulse regulieren können, Einfühlungsvermögen, Beziehungsfähigkeit, Regeln verstehen und einhalten können, u. a.) verantwortlich.

Nach Untersuchungen entspricht etwa bei jedem 3. Menschen mit geistiger Behinderung aufgrund von verzögerten Reifungsprozessen der emotionale nicht dem kognitiven Entwicklungsstand. Diese Entwicklungsverzögerungen bzw. Diskrepanzen können zu Verhaltensauffälligkeiten und psychischen Problemen führen, wenn sie nicht verstanden und berücksichtigt werden. Das gezeigte Problemverhalten entspricht meist dem Verhaltensrepertoire der jeweiligen emotionalen Entwicklungsstufe. Um Entwicklungen zu begünstigen sollte das pädagogisch-therapeutische Handeln auf die emotionale Entwicklung und die damit verbundenen emotionalen Grundbedürfnisse abgestimmt sein. Die dem Betroffenen im Rahmen seiner emotionalen Entwicklungsstufe zur Verfügung stehenden Handlungsspielräume sind dabei zu berücksichtigen. Die Feststellung des emotionalen Entwicklungsstands kann dazu beitragen, den Menschen mit Behinderung besser zu verstehen und die Welt mit seinen Augen zu sehen.

Anton Došen, ein niederländischer Facharzt für Psychiatrie sowie Direktor und Chefarzt im Zentrum für Behandlung psychischer Störungen und Verhaltensprobleme bei Menschen mit geistiger Behinderung, entwickelte ein Phasenmodell zur Feststellung des sozial-emotionalen Entwicklungsstandes (SEO = Schaal voor Emotionele Ontwikkeling, im deutschen Sprachraum teilweise mit „Schema emotionaler Entwicklung" übersetzt). Dieses Phasenmodell der emotionalen Entwicklung; vereinigt die Grundprinzipien vorheriger entwicklungspsychologischer Modelle wie z. B. von Freud, Erikson, Bowlby und Piaget. Der SEO wurde erstmals 1997 veröffentlicht und seither mehrmals vom evangelischen Krankenhaus Königin Elisabeth Herzberge in Berlin und der Sankt Lukas Klinik auf der Liebenau überarbeitet.

Aktuell besteht das Phasenmodell des sozial-emotionalen Entwicklungsstandes (SEO) aus 6 Phasen. Da das Phasenmodell immer wieder überarbeitet wurde, werden im folgenden noch die 5 einzelnen Phasen mit den spezifischen Grundbedürfnissen beschrieben:

Phase 1: Adaption (0-6 Monate)
In dieser Phase haben die Personen noch verschwommene Körpergrenzen, kein eigenes Körper-Ich und sind eine emotionale und körperliche Einheit mit der Bezugsperson. Die Grundbedürfnisse bestehen aus der Befriedigung der eigenen körperlichen Grundbedürfnisse (warm, satt, ruhig und schmerzfrei).

Phase 2: Erste Sozialisation (Fremdelphase) (0,5-1,5 Jahre)

Hier beginnt das Entdecken des Körpers als Instrument, das Entdecken des sozialen Gegenübers, Orientierung an der nächsten Bezugsperson, Objektpermanenz wird eingeübt. Die Grundbedürfnisse dieser Phase sind Bindung und Sicherheit.

Phase 3: Erste Individuation (Trotzphase) (1,5-3 Jahre)

Der eigene Wille wird entdeckt, Grundgefühle festigen sich, sichere Objektkonstanz, beginnendes Interesse an Gleichrangigen, Symbiose Autonomie-Konflikt (starke Ambivalenz). Das Grundbedürfnis dieser Phase ist Autonomie.

Phase 4: Erste Identifikation (4-7 Jahre)

Das Erleben des eigenen Körpers als Zentrum der Welt, es besteht eine gefestigte emotionale Bindung zur Bezugsperson, wachsendes Interesse an Gleichrangigen (auch sexuell), finden der eigenen Identität und beginnende „Theory of Mind". Grundbedürfnis der Phase 4 ist die Zugehörigkeit.

Phase 5: Realitätsbewusstsein (8-12 Jahre)

Messen der eigenen Leistung mit anderen, logisches und rationales Denken festigt sich, wachsende Einsicht- und Kompromissbereitschaft, deutliche Abgrenzung zur Bezugsperson, differenzierte Gefühle, körperlich-sexuelle Scham und Peinlichkeit, Suche nach Partnerschaft. Das Grundbedürfnis in dieser Phase ist die Anerkennung.

Diese 5 Entwicklungsphasen werden im Interviewleitfaden (SEO) in 8 verschiedene Entwicklungsbereiche (Umgang mit dem eigenen Körper, Umgang mit bedeutsamen anderen, Umgang mit Umgebungsveränderungen, Objektpermanenz, Emotionsdifferenzierung, Umgang mit Gleichrangigen, Umgang mit Material/ Aktivitäten, Kommunikation, Affektregulation) eingeschätzt. Pro Entwicklungsbereich wird eine Entwicklungsphase mit vier Items beschrieben, die zutreffenden Items werden angekreuzt. Die niedrigste Phase mit den meisten Kreuzen ist die durchschnittliche Entwicklungsphase in dem entsprechenden Entwicklungsbereich. Der Interviewleitfaden wird mit Hilfe eines Experten für Entwicklungspsychologie und von Personen bearbeitet, die den betreffenden Klienten / die Klientin aus

dem Alltag gut kennen (Lebenswelt, Wohnen, Arbeit).
Anschließend werden für das entsprechende Entwicklungsalter passende milieutherapeutische Vorschläge in folgenden Bereichen erarbeitet:
• Haltung und Beziehungsgestaltung
• aktive Gestaltung von Umgebung und Tagesstruktur
• den Umgang mit negativem provokant wirkendem Verhalten
• Umgang mit umfeldschädigendem, aggressivem Verhalten

Nach Došens Ansicht ist das Erkennen und Berücksichtigen der charakteristischen emotionalen Bedürfnisse ausschlaggebend für die psychosoziale Entwicklung des Individuums. Eine angemessene, passende Reaktion der Umwelt auf die basalen emotionalen Bedürfnisse ist Voraussetzung für eine gesunde psychische Entwicklung einer Person. Es geht vor allem um Verstehen, Anerkennen und Berücksichtigen, also um eine verstehende Haltung. Die tatsächliche Befriedigung von sozial-emotionalen Bedürfnissen ist meist nur begrenzt möglich. Ausschlaggebend ist die **Haltung**, mit der der betreffenden Person begegnet wird („erst verstehen und anerkennen, dann fordern", also da abholen wo die Person steht). In Belastungs- und Stresssituationen kann es vorkommen, dass Menschen in eine niedrigere Entwicklungsstufe zurückfallen.

Jahrzehntelange gesellschaftliche Veränderungsprozesse, (die sich in den Begriffen wie Teilhabe, Selbstbestimmung, Empowerment, und nicht zuletzt in der UN-Behindertenrechtskonvention widerspiegeln) führten dazu, dass Menschen mit Behinderung auch als Erwachsene gesehen und behandelt werden. Diese Errungenschaft sollte allerdings nicht dazu führen, dass der **Mensch als Ganzheit mit körperlichen, kognitiven und emotionalen Persönlichkeitsanteilen** aus dem Auge verloren wird. Das Spannungsfeld „erwachsener Mensch mit kindlichen Bedürfnissen" ist unbedingt zu berücksichtigen.

Friedgard Blob
Das Nein in der Präsenz –
Grenzen setzen durch ganzkörperliche Anwesenheit

Ja und Nein sind die radikalen Verdichtungen mitmenschlicher Kommunikation. Dabei zeigt sich ein Ja oder Nein zur Welt selten in Rein-Form. Oft ist dem Ja anteilig ein Nein beigemischt („Ja klar, aber ...") und dem Nein ein latentes Ja, das das Nein aufweicht („Nein, eigentlich nicht ...).

Warum fällt es schwer, eineindeutig Ja oder Nein zu sagen?
Ein Ja, und vor allem ein Nein, greifen direkt in die Beziehungsebene hinein. Ein bedingungsloses Ja kann das Gefühl bewirken, sich ganz elementar verstanden zu fühlen. Die Betreffenden sind tief berührt und werden offen für Veränderungen, die vorher nicht vorstellbar waren. Alle Beziehungsverhältnisse im therapeutischen Kontext profitieren vom bedingungslosen Ja. Darum gibt es viel Literatur zur Umsetzung bejahender, uneingeschränkt wertschätzender Akzeptanz.

Nach einem Nein ist das Beziehungsfeld ebenfalls verändert. Ein Nein zu erhalten, hat für Betroffene meist die Bedeutung einer Ablehnung. Für die Akteur*innen ist das Nein mit emotionaler Abgrenzung verbunden. Trennende Distanz ist nicht so leicht zu leben, wie eine im Ja hergestellte Verbundenheit"

Auch ein mit größtem Wohlwollen gesetztes Nein haftet etwas Negatives an. Dabei ist Grenzen Setzen eine notwendige Intervention in Therapie und Pflege, auch um Entwicklungsmöglichkeiten einleiten zu können. Abgrenzung ist eine der wichtigen Verhaltensweisen für Professionelle zur Vorbeugung beruflicher Erschöpfung.

Therapeutische Grenzziehung und persönliche Abgrenzung können leichter gegenüber den zu Betreuenden vorgenommen werden als gegenüber Kolleg*innen. Im Team schützt keine Berufsrolle vor Gefühlen der Verletzung, und die Notwendigkeit eines Nein lässt sich nicht über einen therapeutischen Maßnahme-Katalog legitimieren.

Die Angst vor Zurückweisung, Ablehnung und sozialem Ausschluss ist tief in den Menschen verankert. Sie ist verwoben in die komplexen Gefühle früh erlittener Kränkungen und Erlebnisse der Demütigung (Wardetzki 2004). Allein das erklärt meiner Ansicht nach noch nicht die Scheu vor dem Aktiven Nein. Auch die emotionale Hilflosigkeit, als Adressat*in ein Nein ohne Kränkungsgefühle verarbeiten bzw. angemessen beantworten zu können, erklärt das nicht.

Um die lebensbejahende Bedeutung eines Neins kennenlernen und wertschätzen zu können, ist die Einbeziehung der körper-leiblich fundierten Wirklichkeit (Meyer-Drawe 1984) auf der unser menschliches Erleben fußt, unerlässlich.

1. Das Ur-Nein: Körperlich basierte Suchbewegung nach Passung mit der Welt

Der Schweizer Körperpsychotherapeut Peter Schellenbaum beschreibt ein Nein, das seine Wurzeln nicht – wie Sloterdijk es skizziert – in der Ablehnung von Unlust-Erfahrungen hat. Es ist nicht gegen die Welt gerichtet (Sloterdijk 1993), sondern Ausdruck einer nicht zustande kommenden Resonanz mit der Welt (Schellenbaum 1996). Die Welt, wie sich zeigt oder auf den Betreffenden einwirkt, ist unpassend zu dessen leiblich fundierten Lebens- und Entwicklungsbedürfnissen.

Das Nein als Ur-Nein markiert die mangelnde Resonanz zwischen eigenem Sein und Kultur. Es ist vorsprachlich und formt sich an der Grenzlinie von Nichtsein und Sein, der Ur-Matrix des Übergangs, heraus (Schellenbaum 1996). Das englische Wort für Sein („being") weist darauf hin, dass ein Prozess stattfindet. Vom Nichtsein ins Sein zu kommen ist prozessuale Sein-in-Entwicklung.

Die humanistische personzentrierte Terminologie drückt den o. g. Sachverhalt so aus: Die organismische Aktualisierungstendenz einer Person kann sich im Rahmen der vorhandenen Beziehungsangebote auf stimmige Weise entfalten, oder eben auch nicht (Rogers 2016).

Der frühe Mitarbeiter von Carl Rogers, Prof. Eugene Gendlin, Philosoph und Psychotherapeut, hat die von Rogers eingeführte Variable der organismischen Aktualisierungstendenz weiter exploriert. Er beschreibt in seiner Theorie und Praxis des Impliziten, dass jedem Körper ein fortwährendes Weitergehen des Lebendigen eigen ist (engl. „embodied life forward direction"). Es aktualisiert sich in Interaktion mit der Umwelt immer wieder neu.

Sind Beziehungsangebote so, dass die organismische Aktualisierungstendenz sich nicht entfalten kann, ist die körpereigene Ordnung des Lebendigen eingefroren in Stereotypen strukturgebundenen Erlebens (Stumm et al 2003).

1.1. Der Körper als Interaktion

Das Ur-Nein in seiner vorsprachlichen Organisation ist körperlich angelegt und manifestiert sich in der von Gendlin beschriebenen Einfrierung des Lebendigen. Dennoch hört der Körper als Organismus nicht auf zu leben. Er bleibt in einer Suchbewegung nach allem was seine Lebendigkeit erweitern und fortsetzen könnte.

Wie macht der Körper das?

Nach Gendlin ist der Körper in fortlaufender Interaktion, mit der Umwelt (Gendlin & Wiltschko 2004). Er ist nicht, wie es der Philosoph und Phänomenologe Merleau-Ponty beschreibt (Merleau-Ponty 1966), ein lebendiges Ding der Sinneswahrnehmung. Würden wir den lebendigen Körper auf Wahrnehmung reduzieren, so Gendlin, wäre damit nicht erfasst, auf welche Weise der Körper seine Interaktionen mit der Welt lebt und sich gemäß der ihm eigenen Ordnung (engl. „order of carrying forward") im Lebendigen organisiert (Gendlin 1992a).

Wahrnehmung beinhaltet per se immer eine Subjekt-Objekt-Spaltung, die Trennung nämlich zwischen Wahrnehmenden und Wahrgenommenen. Für den lebendigen Körper existiert diese Spaltung nicht. Er nimmt nicht nur wahr, von welcher Qualität die Luft ist, die er gerade einatmet (kalt, trocken etc.), er nimmt auch ganz real in nur einer Austauschbewegung Luft in die Lungen hinein stößt sie wieder hinaus (Gendlin 2003). Mit jedem Atemvorgang ist für den Körper situativ etwas verändert (und auch die Luft ist verändert, z. B. ist sie beim Ausatmen durch die Körpertemperatur erwärmt). Der Körper lebt sein Leben verändert weiter, also anders als es vor der vorher gegangenen Atembewegung gewesen ist.

Der lebendige Körper, so Gendlin, ist als fühlender und gefühlter Körper immer responsiv auf etwas bezogen. Von welcher Qualität diese Responsivität ist, erschließt sich dem menschlichen Bewusstsein nur über das an die Wahrnehmung gebundene Erleben (engl. „experiencing").

Wie geht das vor sich?

Körperliches Erleben ist ganzheitlich organisiert. Es ist bereits eine Symbolisierung der unmittelbaren Ausrichtung des Körpers auf alles, was eine Situation als Ganzes ausmacht. Was das ist, erschließt sich einer Person über inneres Körperspüren. Körperliche Empfindungen markieren als innerer Referenzpunkt (engl. „point of reference") präzise die Bezugnahme des Körpers (Responsivität) auf die Situation. Der „point of reference" ist wie ein „Botschafter", der über multiple Bedeutungen der einen Situation Mitteilung macht. Er wird auch „gefühlter Sinn" (engl. „felt meaning") genannt. Geläufig ist hierfür auch im Deutschen der englische Ausdruck Felt Sense (Stumm et al 203). Er äußert sich in zunächst noch vagen und unscharfen, aber deutlich lokalisierbaren Körperempfindungen.

Gendlin bezieht sich voranging auf den von innen gespürten Körper, auch wenn er den konkret sichtbaren Körper in seinen natürlichen Gegebenheiten im Alltag in seine Theorie mit einbezieht.

„Es gilt festzuhalten: wenn wir über Focusing[1] sprechen, benutzen wir das Wort 'Körper' auf besondere Art und Weise: Wir gebrauchen das Wort, um zu beschreiben, wie wir den Körper von innen spüren." (Gendlin 1993).

Die Fähigkeit des Körpers von innen her zu fühlen beinhaltet,
- sich selbst als Person in der eigenen räumlichen Lokalisation erleben zu können („wo bin ich hier?")
- sich in dieser Lokalisierung von innen her fühlend, selber mit der eigenen Befindlichkeit wahrnehmen zu können („wie fühle ich mich körperlich mit dem, wo ich hier bin?")
- die Umgebungsumwelt und ihre respondierende bzw. nicht-respondierende Qualität die an die entsprechende Lokalisierung gebunden ist, wahrnehmen zu können („wie fühlt mein Körper mit all dem, was hier ist und wie das hier ist?").

In der Körper-Umwelt-Interaktion stellt sich der Weltbezug demnach immer situativ und räumlich her.

---

1   Focusing ist die von Gendlin entwickelte Anwendungspraxis seiner Philosophie des Impliziten, die sich von einer Therapiemethode zur einer Metapraxis entwickelt hat und mit verschiedensten Ansätzen kombinierbar ist

1.2. Responsivität als Weltbezug

Der Begriff Responsivität leitet sich vom lateinischen Wort „respondere" ab. Er beschreibt das Faktum der Interaktion und meint soviel wie: auf etwas ansprechen, auf etwas antworten, im Wechsel miteinander sich aufeinander beziehen, in Schwingung zueinander reagieren und aufeinander eingehen, erwidern, begegnen. Die englische Wortbedeutung ist „to respond" oder auch „to correspond". Es geht um ein Miteinander, um Mitwelt[2].

Gendlin beschreibt in einer seiner frühen Veröffentlichungen die charakteristische Art, wie sich Menschen aufeinander beziehen (respondieren).
Aus seiner Sicht ist dieser Vorgang hochkomplex und geschieht nie nur durch Fühlen oder Denken.

"Thus, the „feeling" we respond to in another person is not usually a sharply-defined emotion, not usually separate from the situation, and not without some implicit intellectual cognition" (Gendlin 1968).

Mit dem Begriff „Resonanz" (engl. „to resonate") den Schellenbaum benutzt, ist ein etwas anderer Weltbezug beschrieben. In Resonanz zu sein mit etwas kann bedeuten, noch frei zu sein von interpersonellem Bezug. Resonieren beinhaltet: mitklingen, widerhallen, Nachhall finden, mitschwingen. So kann man z. B. mit einer atmosphärischen Stimmung mitschwingen, Kunst kann einen Nachhall finden im eigenen Erleben und ein Ton kann im eigenen Inneren widerhallen. Resonieren scheint Vorgänge zu erfassen, die ein organismisches Erleben beinhalten, welches noch vor der interaktiven Ich-Du-Beziehung angesiedelt ist.

Resonieren wird zu Respondieren, wenn der andere, der die Welt verkörpert, auch in Schwingung kommt, mitgeht und wie in einem Wechselgesang, auf stimmige Weise antwortet. Es sind im wechselseitigen Einschwingen dann unterschiedliche Bindungsprozesse möglich (Stiefel 2017).

In therapeutischen Settings ist die Beachtung der unterschiedlichen Qualitäten möglicher Bindungsprozesse von entscheidender Bedeutung für die Klient-Therapeut-Interaktion.

Geschieht ein Mit-Schwingen und Antworten durch den anderen nicht, ver-

---

2 Die Begriffsklärung zu Responsivität geht auf die Arbeit von Bundschuh-Müller zurück. Die deutschen Bedeutungen wurden in persönlicher Abstimmung mit Gendlin von ihr aus dem Englischen übersetzt.

bleibt Resonieren als Erleben innerhalb der Domäne der Eigenwelt. Es kann als Erlebens-Eindruck nicht zu einem stimmigen Du-bezogenen Ausdruck finden. Die Hin-Bewegung zur Welt „biegt sich zurück". Eine Durchmischung interaktiver Sphären ins Interpersonelle hinein findet nicht statt.

Es konstelliert sich ein Nein als das Ja zum Eigenen ohne die Beimischung mit anderem. Der Organismus kann sich nur ohne das andere, ohne personelles „Inter" leben lassen. Das Wechselspiel zwischen dir und mir – das sich situativ ja immer erst neu konstellieren muss! – fehlt. Vorherrschend ist das Gefühl, „nicht wirklich ankommen zu können" in der Welt. Das eigene Erleben bleibt auf diffuse Art unwirklich.

Die grundlegende Befähigung des Körpers zu interaktiver Responsivität, so Gendlin, schliesst ein, dass sich über innerkörperliches Spüren mehr zur komplexen Sinn-Gesamtheit einer Situation erfassen lässt, als über das Wahrnehmungssystem der fünf Sinne (Gendlin in Frie 2003).

Was bedeutet das für die Aktualisierung des Ur-Neins?
Es ist nicht die Person als Kulturmensch, die das Ur-Nein setzt. Es sind auch nicht kulturell geprägte Wahrnehmungsmuster, die das Ur-Nein aktualisieren. Es ist der interaktive Körper selber, der von sich aus ein Ur-Nein zur Wirklichkeit entstehen lässt (oder auch nicht). Das Ur-Nein wird aktuell, wenn die Körper-Umwelt-Interaktion die sich in einer Situation ereignet, nicht-responsiv, d. h. für die betreffende Person als Ganzes nicht lebensförderlich ist.

1.3. Vom Ur-Nein zur gelingenden Passung im Ich-Welt-Bezug
Ein vom Körperleben her fundiertes Ur-Nein, das sich organismisch z. B. in einer Stockung des Atems, einer Ganzkörper-Versteifung oder einem innerkörperlichen Empfinden von Druck oder Enge im Atemraum, Oberbauch, Unterbauch oder auch im Kehlraum ankündigt, ist immer auch mit einer Blockierung bzw. Verengung des persönlichen Erlebens verbunden.

Stockungen oder Blockierungen des Lebendigen werden von Gendlin als gestoppte Prozesse (engl. „stoppages") bezeichnet (Gendlin 2015). Er meint damit, dass der Körper trotz Blockierungen seinen lebendigen Lebensprozess als Organismus weiterlebt. Das Erleben ist jedoch von der Art, dass die Wirklichkeit verengt oder verzerrt abgebildet wird. Die mögliche Bedeutungsvielheit einer Situation bleibt der Person verschlossen. Der „Fluss des Erlebens" – ein Synonym für die sich selbst fortlaufend neu konstellierende Organisation des Selbst – ist auf den Ebenen des Fühlens, Denkens und Handelns eingeschränkt. Es bewegt sich innerhalb überlebenssichernder Muster. Ein sich selbst vorwärts bringender Prozess der erweiternden Entwicklung (engl. „self-propelled process of carrying further") findet nicht statt.

Individuell kann dies im Beziehungsfeld wahrgenommen werden als z. B. eine plötzliche Selbstwert bezogene Unsicherheit oder auch als ein massiver Einbruch des Selbstwertgefühls. Das Bedürfnis sich aus dem Beziehungsfeld zurückzuziehen, wird zwingend. Was äußerlich wie ein Ausweich- oder Ausstiegsmanöver aussieht, ist weniger eine Verweigerung oder eine Ausgrenzung bedeutender anderer als vielmehr die Selbstwert stützende Konstellierung eines Schutzraumes. Der organismisch bedingte Schutzraum soll der Person ermöglichen, die eigene Erlebenswelt aufrecht erhalten zu können so wie sie vor der nicht-responsiven Situation bestanden hat. Die Betroffenen haben gleichzeitig den sehnlichen Wunsch, die Welt situativ so vorzufinden, dass eine passende Responsivität stattfinden könnte.

Die Konstellierung eines organismischen Schutzraums zur Sicherung des eigenen stimmigen Selbsterlebens ist in Alltagsprache nicht kommunizierbar. Das organismische Ur-Nein löst bei Außenstehenden massive Verwirrung und Verärgerung aus. Lässt es sich doch – auch mit gutem Zureden! – einfach nicht auflösen oder verändern. Die das Selbst schützende Funktion des existentiellen Ur-Neins bleibt unerkannt.

Das Ur-Nein zieht sogar Reaktionen an, die zwischenmenschlich in extreme Polarisierungen führen. Die Betroffenen empfinden: „Es stimmt für mich nur so wie es für mich ist, und so wie du willst dass es werden soll, stimmt es für mich ganz und gar nicht!". Die fehlende Möglichkeit, im Beziehungsfeld etwas zu finden, was die eigene Wirklichkeit mit der der anderen zusammenbringt, sodass eine von allen Akteur*innen teilbare Erlebens-Wirklichkeit entsteht, bestärkt die Aktualisierung schon bestehender emotional-kognitiver und körperlich-sensorischer Schemata (Greenberg et al 2003) auf allen Seiten.

Es gibt jedoch Chancen für Nein-Sager*innen wie für Nein-Empfänger*innen, aus ihrem gestoppten Prozess der Interaktion herauszukommen und die wechselseitig bedingte Negativ-Polarisierung hinter sich zu lassen.

Dies kann zum einen über den Vorgang des „Auffüllens" (engl. „refilling") erfolgen. Dem Körper ist es möglich, imaginierte Vorstellungswelten als reale Wirklichkeit zu fühlen. Der Felt Sense (innerer Referenzpunkt des Erlebens) unterscheidet in seiner ganzkörperlichen Empfindung nicht zwischen dem was hatte sein müssen und dem was noch passiert (Gendlin 2015). In dem Ausmaß wie eine Person ihre Aufmerksamkeit auf das focusiert, was sich unter anderen Bedingungen gut oder nährend angefühlt hätte, kann sich der Organismus neu verlebendigen. Innere Blockierungen weichen auf. Ein Ja zur jetzt entstandenen Lebendigkeit wirkt energetisch wie ein Kraftschub. Der Organismus hat sein lebendiges Weitergehen neu organisiert (Stumm et al 2003). Das Spektrum dessen was bewusstseinsfähig ist, ist erweitert. Ein Perspektivenwechsel mit Anerkennung unterschiedlicher Standpunkte wird möglich.

Eine zweite Möglichkeit ist die Erkundung des Ur-Neins in einem sicheren Halte-Raum. Dies ist ein Erlebensraum, der Betroffenen konkrete Raumerfahrungen mit Grenzziehung ermöglicht. Die therapeutische Begleitung ist mit ihrem fühlenden Körper räumlich anwesend und ganzkörperlich präsent. In solch einem „Container" kann die organismische Qualität des Ur-Neins exploriert und die Bedeutung des Ur-Neins verstanden werden (Maas, 2004).

Die Betroffenen merken im Halte-Raum: Ich gewinne existenzielle Sicherheit durch mein Ur-Nein als Grundrecht. Diese Sicherheit ist wie auf eigenem Grund und Boden stehen. Das Grundgebiet meines Territoriums gehört ausschließlich mir. Damit erhalte ich die Urheberschaft und den Besitz über meine eigene Wahrheit zurück. Ich kann um diesen Grund und Boden eine Grenze ziehen – imaginativ nur für mich selbst, oder über zeigende Gesten, die andere sehen können. An dieser Grenzlinie stehend, kann ich mich der Wirklichkeit stellen: Ich kann wählen, was wirklich zu mir gehören soll und innerhalb der Grenzlinie bleiben darf, und was nicht. Ich kann wählen, was in meinen Raum hinein darf und meine Wirklichkeit erweitern soll, und was nicht.

Ein so exploriertes Ur-Nein macht eine existenzielle Wahrheit sichtbar, die angstfrei von den Betroffenen wahrgenommen werden kann. Es wird möglich, in Beziehung zu gehen mit dem, was unbedingt zur eigenen Grundausstattung gehört und nicht durch Umwelt-Überformungen (Erwartungen, Ansprüche, Normen anderer etc.) verloren gehen darf. Die eigene Existenz im Verhältnis zur Welt kann neu bestimmt werden, meist auf eine Entwicklung verheißende Weise.

Das neu gewonnene „Inter" von Sphären und Lebenswelten, die jeweils zu mir und zu dir gehören, wirkt sich direkt körperlich aus. Es zeigt sich als spontan vertieftes Atmen (engl. „shift")(Gendlin 1987). Die Betroffenen erleben: „Jetzt passt's für mich hier mit dir, mit der Situation und mit dem was ich meine und versuche dir mitzuteilen!". Tiefe Erleichterung macht sich breit.

Der Körper muss nicht länger nach der passenden Verbindung mit der Umwelt suchen, um als Organismus da sein zu können. Der Selbstausdruck der Person ist auf allen Seins-Ebenen in die Existenz gekommen. Philosophisch ausgedrückt: Eine Person braucht keine innere oder äußere Suchbewegung mehr, um mit ihrer Daseins-Befindlichkeit wirklich sein zu können.

2. Positive Grenzziehung: Wirksam präsent im Nein

Wenn Spürerfahrungen zum Ur-Nein im Übungs-Setting wiederholt und dadurch verinnerlicht werden, werden sie zu einer Haltung und wirken in den Alltag hinein. Sie stabilisieren Angstfreiheit im Umgang mit Grenzziehungen und ermöglichen eine zugewandte Präsenz auch beim Nein-Sagen im Berufsalltag.

Präsenz wird in der personzentrierten Literatur u. a. beschrieben als eine vertiefte Form von unbedingter positiver Wertschätzung (Moore 2001) und beinhaltet die Dimensionen von:
• Vorhandensein/Erreichbarkeit/Verfügbarkeit (engl. „availability")
• Offenheit für alle Aspekte des Erlebens des anderen
• Offenheit für die eigenen Erfahrungen und die eigene Erlebensfähigkeit
• Fähigkeit zu antworten, mitzuschwingen, passend zu reagieren
Für die berufliche Praxis heißt das: „gleichzeitig bei sich und beim anderen sein können und dabei nicht verwirrt zu werden oder sich verlieren" (Bundschuh-Müller 2004).

Das gelingt durch Abgrenzung sich selbst und dem anderen gegenüber. Gefragt ist der gute Abstand zum eigenen Erleben und zum Erleben des anderen: Nicht zu dicht dran sein an sich selbst oder dem anderen (Identifikation), und auch nicht zu weit weg vom eigenen Erleben bzw. dem Erleben des anderen. Die innerpsychische Repräsentanz des eigenen Raumes zu dem eine Grenzlinie gehört, ermöglicht dies (Maas 2004).

Ann Weiser Cornell, eine der bedeutendsten Praktikerinnen die den Gendlin'schen Ansatz weiterentwickelt hat, bezeichnet den gefragten Zustand als das „Selbst-in-der-Präsenz (Self-in-Presence) (Weiser Cornell 2013).

Praktisch ist der Zustand des Selbst-in-der-Präsenz herstellbar in einem Zweierschritt: Neben der wohlwollend akzeptierenden Grundhaltung sich selbst gegenüber geht es darum, 1.) sich „Raum einnehmen" zu lassen in der eigenen körperlich gegründeten Anwesenheit, und 2.) sich in gestaltender Anwesenheit „Raum schaffen" zu lassen für eine Selbstwahrnehmung, die frei ist von eigentlich fremden, aber bereits verinnerlichten Repräsentanzen. „Raum einnehmen" ist Bewusstwerdung des eigenen Daseins. Es bekräftigt einen Seins-Zustand und ist die Voraussetzung, das Recht darauf das eigene Ur-Nein überhaupt wahrnehmen zu können. „Raum schaffen" ist ordnender Umgang mit dem eigenen Dasein und aktives, gerichtetes Tun (Maas 2004). Methodisch wird beides als „Freiraum schaffen" bezeichnet.

Beschrieben wird hier ein Zwei-Phasen Modell zur Herstellung von „Selbst-in-der-Präsenz". Im Erleben werden beide Phasen nicht unbedingt als getrennt wahrgenommen. Indem sich der Körper im „Raum einnehmen" hat gründen können, ist die körperliche Wirklichkeit verändert und „Raum schaffen" für den Organismus der nächste natürliche Schritt.

Es gibt eine Vielzahl praktischer Übungen für das „Freiraum schaffen", die Prof. Eugene Gendlin und Praktiker*innen des Gendlin'schen Ansatzes in der von Gendlin begründeten Methode des Focusing entwickelt haben (Gendlin 2012). Besonders überzeugend für die positiv wirksame Grenzziehung im Nein-in-der-Präsenz sind m. E. die Übungen, die René Maas, ein niederländischer Psychotherapeut, konzipiert hat. Sie geschehen über räumliches Ganzkörper-Spüren und lassen Betroffene unmittelbar und zweifelsfrei erleben, wie sich eigener Lebensraum und äußere Grenzziehung überhaupt anfühlen.

Viel suchendes Ausprobieren, wieder Verwerfen und neu Suchen der eigenen Grenze ist nötig bei Menschen, deren lebensgeschichtlicher Hintergrund die Selbstverständlichkeit eines Neins unterbunden hat. Für diese Personen ist es oft überwältigend zu erleben, dass es ein innerkörperliches Wissen darüber gibt, dass Abgrenzung zum Dasein dazugehören darf. Über konkrete Raumerfahrungen mit Grenzziehung wird klar, dass sie ihrem impliziten

Körperwissen trauen können. Zutrauen entsteht, sich auch im Alltagskontakt auf dieses Körperwissen zu verlassen.

Die Wirkung, die die Erlaubnis zum eigenen Dasein hat, lässt sich so beschreiben (Maas 2004):

In Bezug auf körperlich anwesend sein:

Ich fühle die Spannung und die Entspannung. Ich bin mir meiner Veranlagung bewusst. Ich will Wurzeln schlagen. Ich lande. Ich mache Kontakt mit der Erde. Ich werde ruhig.

In Bezug auf interne und externe Wahrnehmungen:

Ich treffe auf meinen Selbstwert. Ich bin mir bewusst, dass ich existiere und anwesend bin (…) Ich fühle, verstehe meine eigenen Grenzen. Ich nehme sie wahr. Ich treffe auf Gefühle. (…) Ich nehme mich ernst.

In Hinblick auf sprachlichen Selbstausdruck:

Ich schirme mich ab (…) Ich habe Ausstrahlung, bin mir meiner Ausstrahlung bewusst. Ich richte meinen inneren Kompass aus. Ich verbinde mich mit meinem Anker. Ich mache mich wieder zum Eigentümer meiner eigenen Erlebnisse.

In Hinblick auf Beziehungen mit anderen:

Ich komme ins Hier und Jetzt. Ich bin ganz bei der Sache. Ich fühle mich sicher. Ich nehme einen Platz ein. Ich mache Kontakt mit meiner Umgebung. Ich werde mir des Hier und Jetzt bewusst – sowohl körperlich als auch geistig. Ich sammle mich, um mich vom anderen unterscheiden zu können.

Ich grenze mein Territorium ab. Ich nehme Abstand von meinen Problemen, ich trete etwas zurück.

„Raum einnehmen" und auch „Raum schaffen" kann allein geübt werden. Besser ist jedoch ein Üben in Begleitung. Die Begleitperson hat die Aufgabe, den Raum der wertfreien Präsenz, den der bzw. die Übende vielleicht zum ersten Mal im Leben erfahren kann, durch spürbewusste, zentrierte Aufmerksamkeit zu halten. Die Übungspraxis des Focusing lässt sich auf alle therapeutischen und pflegerischen Arbeitsfelder anwenden, die ein Dasein als Person-in-der-Präsenz einfordern.

Auf der Basis des Selbst-in-der-Präsenz ist es möglich, Bedürfnisse nach übertriebener oder rigider Abgrenzung bzw. die Angst vor zwischenmenschlicher Abgrenzung hinter sich zu lassen: Der Kontakt mit dem eigenen Dasein lässt

das eigene Kern-Selbst ins Gespür kommen und Beziehungen stimmiger gestalten. Ausgedrückt in den Worten von Peter Schellenbaum (Schellenbaum
2004): Lebensängstlichkeit weicht dem befreienden Schwingen im Selbstausdruck, spontane Entfaltungslust kommt zur natürlichen Ausstrahlung, Ver-
strickungen mit Unpassendem werden aufgehoben, Vereinnahmungen werden über Spürbewusstsein überwunden. Es kommt zu einem existentiellen
Moment des sich-selbst-Empfangens, aus dem heraus das befreiende, eindeu-
tige Ja zum zwischenmenschlichen Nein in eine körperlich ausdrückbare und
sprachlich mitteilbare Gestalt kommt.

Literatur

Bundschuh-Müller, K. (2004). „Es ist wie es ist sagt die Liebe….“ – Acht-
    samkeit und Akzeptanz in der Personzentrierten und Experientiellen
    Psychotherapie. In: Heidenreich, T. & Michalak, J. (Hrsg.). Achtsamkeit und
    Akzeptanz in der Psychotherapie. 2. Aufl. DGVT-Verlag, Tübingen: 405-456.
Gendlin, E. T. (2015). A Process Modell. dt. Geiser, C & Schoeller, D.,
    Ein Prozess-Modell. Karl Alber, Freiburg.
Gendlin, E. T. (2012). Focusing: Selbsthilfe bei der Lösung persönlicher Pro-
    bleme. 11. Aufl. Rowohlt, Reinbek.
Gendlin, E. T., Wiltschko, J. (2004). Focusing in der Praxis. Eine schulenüber-
    greifende Methode für Psychotherapie und Alltag. 2. Auflage. Klett-Cot-
    ta, Stuttgart.
Gendlin, E. T. (2003). Beyond Postmodernism: From Concepts through Ex-
    perience. In: Frie, R. (Ed.). Understanding Experience: Psychotherapy
    and Postmodernism. Routledge, London: 110-115.
    From <http://www.focusing.org/gendlin/docs/gol_2164.html>
Gendlin, E. T. (1993). Three Assertions about the Body.
    The Folio 12 (1): 341-353. dt. Müller D. Über den Körper.
    Wie ist Focusing theoretisch möglich?
    From <http//www.focusing.org/three_assertions_de.thml>
Gendlin, E. T. (1992a). The Primacy of the Body, not the Primacy of Percep-
    tion: How the Body knows the Situation and Philosophy.
    In: Man and World 25 (3-4): 341-353.
    From <http://www.focusing.org/gendlin/docs/ gol_2220.htm>

Gendlin, E. T. (1987). Experientielle Psychotherapie. In: Corsini, R. (Hrsg.). Handbuch der Psychotherapie. Psychologie Verlags Union, Weinheim.

Greenberg, L., Rice L., Elliott, R. (2003). Emotionale Veränderung fördern. Grundlagen einer prozess- und erlebensorientierten Therapie. Junferann, Paderborn.

Maas, R. (2004). Integration von Focusing in den eigenen Therapiestil. >http://www.renemaas.nl/wp-content/uploads/2014/05/Maas-Rene-2004-Die-Integration-des-Focusing.pdf<

Maas, R. (2002). Dem Zuhören lauschen. In: Focusing-Journal. Zeitschrift für Kultur der Achtsamkeit. 2002/9.

Meyer-Drawe, K. (2001). Leiblichkeit und Sozialität. Phänomenologische Beiträge zu einer pädagogischen Theorie der Inter-Subjektivität. 3. Aufl. Fink, München.

Merleau-Ponty, M. (1966). Phänomenologie der Wahrnehmung. De Grueter, Berlin.

Moore, J. (2001). Acceptance of the Truth of the Present Moment as a Trust-worthy Foundation for Unconditional Positive Regard. In: Bozarth J., Wilins E. (Eds). Rogers' therapeutic conditions: Evolution, Theory and Practise. Volume 3. Unconditional positive regard. PCCS-Books, Ross-on-Wye.

Rogers, C. (2017). Der neue Mensch. 11.Aufl. Klett-Cotra, Stuttgart.

Rogers, C. (2016). Entwicklung der Persönlichkeit: Psychotherapie aus der Sicht eines Psychotherapeuten. 20. Aufl. Klett-Cotta, Stuttgart.

Schellenbaum, P. (1996). Die Spur des verborgenen Kindes. Heilung aus dem Ursprung. Hoffmann und Campe, Hamburg.

Sloterdijk, P. (1993). Weltfremdheit. Suhrkamp, Frankfurt a. M.

Stiefel, S. (2017). Bindungsprozesse. In: Berufsverband SGfK/Ausbildungsinstitut GFK (Hrsg.). Gesprächspsychotherapie, Focusing, Körperpsychotherapie. Prozesse verstehen – Prozesse begleiten. Books on Demand, Norderstedt.

Stumm, G., Wiltschko J., Keil, W. (2003). Grundbegriffe der Personzentrierten und Focusing-orientierten Psychotherapie und Beratung. Klett-Cotta, Stuttgart.

Wardetzki, B. (2004). Ohrfeige für die Seele: Wie wir mit Kränkung und Zurückweisung besser umgehen können. dtv Verlagsgesellschaft, München.

Weiser Cornell, A. (2013). Die Kunst des Annehmens. Leben und Arbeiten mit Focusing. Books on Demand, Norderstedt.

Laura Bossong
Die Bedeutung von Kultur in der Zusammenarbeit mit Eltern

Zum Zusammenhang von Kultur und Erziehung

Die eigene Kultur ist für uns wie für den Fisch das Wasser, indem er schwimmt: eine Realität, die als selbstverständlich wahrgenommen wird und über die man so gut wie nie nachdenkt. Dabei durchdringt unsere Kultur unseren Alltag und wirkt sich darauf aus, was und wie wir denken, wie wir handeln und wie wir fühlen – ohne dass wir uns darüber bewusst sind.

Kultur kann als menschliche Anpassungsleistungen an die jeweiligen kontextuellen Bedingungen betrachtet werden. Menschen sind von Geburt an mit den biologischen Voraussetzungen ausgestattet, Kultur zu schaffen, zu erwerben und weiterzugeben (Laland, Odling-Smee, & Feldman, 2000; Tomasello, 1999). Kultur entsteht in sozialen Interaktionen und in der Auseinandersetzung des Menschen mit seiner Umgebung (Keller & Kärtner, 2013). Dabei entwickeln Menschen einer kulturellen Gruppe gemeinsame Praktiken und Wertesysteme (Greenfield & Keller, 2004; Keller, 2007).
   Diese spiegeln sich in alltäglichen Situationen und Verhaltensweisen wider (Greenfield & Keller, 2004; Keller, 2007).

Unterschiedliche Kulturen haben unterschiedliche Vorstellungen darüber, wie ein wertvolles Mitglied der Gesellschaft sein sollte (Keller et al., 2006). In der Erziehung werden für eine Kultur charakteristische und sozial adäquate Verhaltensweisen, Werte und Normen, vermittelt, die ein erfolgreiches Leben in der Gesellschaft ermöglichen (LeVine, 1977).
   Durch Erziehung können kulturelle Normen, Werte und alltägliche Praktiken über Generationen weiter gegeben werden (Harkness & Super, 1995). Erziehung ist somit ein konstituierendes Merkmal von Kultur. Vorstellungen, was gute Erziehung ist, kann sich je nach kulturellem Kontext stark voneinander unterscheiden (Keller, 2007).

Jede Gesellschaft setzt sich aus vielfältigen kulturellen Kontexten zusammen. Diese haben jeweils unterschiedliche Werte, Normen und Konventionen in Bezug auf situationsangemessenes Verhalten. Es gibt z. B. nicht „die deutsche" oder „ die türkische" Kultur. Menschen innerhalb eines Landes leben in verschiedenen Lebenswelten, in Abhängigkeit von dem Niveau der formalen Bildung, dem ökonomischen Hintergrund und der familiären Lebenswirklichkeit (Keller, 2011). Heidi Keller (2011) beschreibt verschiedene kulturelle Entwicklungspfade, die durch jeweils sehr unterschiedliche Entwicklungs- und Erziehungsvorstellungen sowie elterliche Verhaltensweisen gekennzeichnet sind. Eltern schaffen durch ihre Erziehung für ihre Kinder ein Entwicklungsumfeld, dass sie optimal auf die gesellschaftlichen Herausforderungen ihrer Lebensumstände vorbereitet.

Da sich die Lebensumstände stark voneinander unterscheiden können, unterscheiden sich auch die Entwicklungsverläufe. Es hat sich gezeigt, dass bestimmte Muster soziodemographischer Variablen besonders bedeutsam in der Beschreibung von kulturellen Kontexten sind. So ist es dabei wichtig die Art und Weise des familiären Zusammenlebens (Kern- oder Großfamilie), die ökonomische Struktur (bäuerliche Selbstversorgung oder Industriegesellschaft) und das Ausmaß formaler Schulbildung einzubeziehen.

In Familien der westlichen Mittelschicht, mit hoher formaler Schulbildung, durchschnittlich späterer Familiengründung und wenigen Kindern, ist die psychologische Autonomie ein zentrales Ziel in der Entwicklung ihrer Kinder. Um dieses Entwicklungsziel zu erreichen, werden Kinder in diesen Familien von Anfang an Auswahlmöglichkeiten geboten, sie werden nach Wünschen und Vorlieben gefragt und es werden viele Möglichkeiten geschaffen, in denen die Kinder Selbstwirksamkeit erleben können.

Dies korrespondiert mit einer Gesellschaft, in der kindliche Individualität und die Selbstverwirklichung eine große Rolle spielen. In traditionellen, nicht-westlichen, bäuerlichen Gemeinschaften mit niedriger formaler Bildung, einer hohen Kinderzahl und Großfamilienstrukturen steht hingegen eine Orientierung an der Gemeinschaft und eine Eingliederung in die jeweilige Hierarchie im Mittelpunkt und nicht die individuelle Einzigartigkeit des Kindes. Die Kinder werden eher von Erfahrenen angeleitet oder gesteuert und ihnen werden früh Fähigkeiten vermittelt, die ihnen ermöglichen im Haushalt oder bei der Kinderbetreuung mithelfen zu können. In traditionell bäuerlichen Kontexten werden engem Körperkontakt, der den Kindern viel Nähe und somit eine starke Verbundenheit mit der Familie vermittelt, sowie Körperstimulationen, die die motorische Entwicklung unterstützt, mehr Bedeutung beigemessen (Keller & Kärtner, 2013).

Neben diesen beiden sehr gegensätzlichen Kontexten lassen sich noch unendlich viele weitere kulturelle Kontexte beschreiben. Oftmals kombinieren diese die zentralen Merkmale der beiden beschriebenen Kontexte zu neuen kulturellen Mustern.

Kulturelle Vielfalt in der Frühpädagogik

Wenn Familien in einen anderen kulturellen Kontext immigrieren, bleiben ihre Werteorientierungen und ihre Vorstellungen über gute Erziehung erst mal erhalten (Rosenthal & Roer-Strier, 2001; Leyendecker & De Houwer, 2011). Zugewanderte Familien treffen oftmals in der Kita oder Schule auf Vorstellungen von Erziehung und Bildung, die sich von ihren Vorstellungen unterscheiden oder sogar im Widerspruch stehen. Besonders eher verbundenheitsorientierte Familien erleben in den autonomieorientierten westlichen Bildungsinstitutionen starke Gegensätze zu ihrer Familienkultur (Rothstein-Fisch, Greenfield, Trumbull, Keller, Quiroz, 2009).

Erziehung nach einer Migration stellt daher für die Eltern eine besondere Herausforderung dar. Sie müssen sich in diesem Zusammenhang mit vielen Fragen auseinandersetzen z. B.

- Welche Haltung nehme ich gegenüber der Herkunfts- und der Aufnahmekultur ein?
- Welche Werte und Verhaltensnormen will ich mit meiner Erziehung unterstützen?
- Wie gehe ich mit Widersprüchen in der kulturellen Orientierung um?

Aber auch von Kindern zugewanderter Familien wird in besonderem Maße Flexibilität abverlangt, denn sie wechseln täglich zwischen Kita- und Familienkultur hin und her (Tobin, Arzubiaga, Adair, 2013).

In Kindertageseinrichtungen zeigen sich unterschiedliche kulturelle Ansichten von pädagogischen Fachkräften und den Eltern oft in ganz alltäglichen Situationen. So können sich zum Beispiel die Bedeutung sowie die Gestaltung von Spiel- und Lernsituationen in unterschiedlichen Kulturen stark voneinander unterscheiden: Messen pädagogische Fachkräfte in westlichen, autonomieorientierten Gesellschaften Frei- oder Symbolspiel große Bedeutung bei, um z. B. die Selbstständigkeit, Entscheidungsfähigkeit, Kreativität und Phantasie zu fördern, bewerten Eltern aus verbundenheitsorientierten Kontexten diese Spielformen häufig als wenig bildungsförderlich oder als bloßen Zeitvertreib (Borke & Keller, 2014).

Sie befürworten hingegen stärker strukturierte, systematische Lehreinheiten, in denen akademische Vorläuferfähigkeiten gefördert werden (Tobin, Arzubiaga, Adair, 2013; Bossong, 2016). Auch zeigte sich in einer Interviewstudie (Bossong, 2016), dass Mütter mit türkischem und russischem Migrationshintergrund eine Betreuung erwarteten, bei der das physische Wohlergehen des Kindes stärkere Beachtung erfährt. Pädagogische Fachkräfte betrachteten jedoch vielmehr die Vermittlung von Selbstständigkeit als ihre vorrangige Aufgabe. Durch dieses gegensätzliche Aufgabenverständnis können Missverständnisse entstehen: Selbstständigkeitstraining im Kita-Alltag wie z. B. das eigenständige Anziehen können von den Müttern als mangelndes Bemühen um das physische Wohl des Kindes verstanden werden. Sie wünschen sich in diesem Beispiel eher, dass pädagogische Fachkräfte das Kind anziehen.

Das pädagogische Vorgehen, was die Eltern beispielsweise in der Bring- oder Abholsituation beobachten, bewerten sie auf der Grundlage dessen, wie in ihrer Herkunftskultur frühkindliche Bildung und Erziehung gestaltet wird (Tobin, Arzubiaga, Adair, 2013). Alltägliche Situationen in der KiTa können so für zugewanderte Eltern zunächst fremd und wenig nachvollziehbar erscheinen. Ihr Bild von guter frühkindlicher Bildung beeinflusst dann auch die Erwartungen, die Eltern an die Kindertageseinrichtung richten sowie ihr Rollenverständnis von Eltern und pädagogischen Fachkräften.

Auch die erwünschte Form des Kontakts zwischen Eltern und Kita kann variieren (Greenfield, Suzuki & Rothstein-Fisch, 2006; Zepeda, Gonzales-Mena, Rothstein- Fisch & Trumbull, 2006, Borke & Keller, 2014).

So beschreiben Borke und Keller (2014) beispielsweise das Ausmaß, indem Eltern und pädagogische Fachkräfte Kontakt auf Augenhöhe erwarten als kulturell unterschiedlich. Familien, die aus streng hierarchisch organisierten sozialen Gemeinschaften stammen und pädagogisches Personal als Experten und Autoritätspersonen wahrnehmen, können demnach eine gleichberechtigte Kommunikation als unsicheres oder inkompetentes Verhalten der Erzieherin einordnen. Zugleich kann der Respekt vor der Erzieherin als Autoritätsperson oder Befürchtungen ihr Wohlwollen zu riskieren Eltern hemmen, die Vorgehensweisen im Kita-Alltag zu kritisieren oder ihre Wünsche und Sorgen zu äußern (Tobin, Arzubiaga, Adair, 2013).

Durch diese kulturell bedingten unterschiedlichen Auffassungen von Pädagogik können leicht Missverständnisse entstehen: Immigrierten oder geflüchteten Eltern fällt es schwer die Vorgehensweisen oder das Verhalten der pädagogischen Fachkräfte nachzuvollziehen. Das Bildungssystem des Aufnahmelandes ist für sie fremd und nicht leicht durchschaubar.

Oft gelingt es ihnen nur eingeschränkt die Erwartungen von pädagogischen Fachkräften an sie zu erkennen, um diese dann schließlich erfüllen zu können (Tobin, Arzubiaga, Adair, 2013).

Pädagogischen Fachkräften hingegen fehlt oft der Einblick in die kulturelle Lebenswelt und in die Werteorientierung der Familien, um deren Vorbehalte und Ängste einordnen und entkräften zu können (Rothstein-Fisch, Trumbull, Garcia, 2009). Gleichzeitig ist beiden Seiten manchmal nicht ausreichend bewusst, wie stark sich die eigene Kultur auf das eigene Denken, Handeln und Fühlen auswirkt. Man bewertet das Verhalten und die Einstellungen der anderen, mit seinen eigenen kulturellen Werte- und Verhaltensmaßstäben. Dabei vergisst man oft, dass das Denken oder Handeln des anderen auf einer anderen kulturellen Weltsicht beruht.

Dadurch entstehen bei Eltern und pädagogischen Fachkräften zwangsläufig kulturelle Fehlinterpretationen. Diese Fehlinterpretationen auszuräumen erfordert die Bereitschaft zur Selbstreflexion, aber auch die Bereitschaft sich mit seinem Gegenüber intensiv auseinander zu setzen, um sich gegenseitig besser kennen zu lernen (Roer-Strier, 2001; Stamm & Edelmann, 2013).

In der täglichen pädagogischen Praxis entstehen durch das Aufeinander-treffen vielfältiger kultureller Weltbilder, Verhaltens- und Erziehungsnor-men besondere Herausforderungen für pädagogische Fachkräfte, die be-sondere Lösungsansätze erfordern: Ohne eine gemeinsame Sprache wird die Kommunikation erheblich schwieriger. Viele pädagogische Fachkräfte erleben den Austausch mit den Eltern aufgrund dieser sprachlichen Bar-riere als große Herausforderung (Bossong, 2016). Oftmals bestehen auf Seiten der Eltern Unsicherheit und Ängste, die durch Einschränkungen im Sprachverständnis und der sprachlichen Ausdrucksfähigkeit entstehen.

Eltern, deren Deutschkenntnisse eingeschränkt sind, erleben es deshalb als ermutigend und unterstützend, wenn pädagogische Fachkräfte in der Kommunikation den ersten Schritt machen und auf die Eltern zugehen. Ebenfalls hilfreich kann die Einbindung von Personen sein, die beide Sprachen beherrschen. Das können zum Beispiel mehrsprachige Fami-lienangehörige, andere Eltern aus der Einrichtung, pädagogische Fach-kräfte mit Migrationshintergrund oder professionelle Dolmetscher sein. Der Einsatz nonverbaler Hilfsmittel, wie Symbole, Visualisierungen oder Verschriftlichung von Informationen sowie die Verwendung von Gebär-den oder Gesten wird bei Kommunikationsschwierigkeiten ebenfalls als sehr nützlich empfunden.

Bestehen gegenläufige Interessen von Eltern und pädagogischen Fachkräf-ten kann die Fachkraft in ihrer professionellen Rolle leicht in einen Konflikt kommen: So erleben dies Viele als ein schwer auflösbares Spannungsfeld zwischen der eigenen Anforderung kultursensitive Frühpädagogik zu prak-tizieren und zugleich nicht von der eigenen pädagogischen Überzeugung über gute frühkindliche Bildung und Betreuung abrücken zu wollen (Tobin, Arzubiaga & Adair, 2013).

Als eine wichtige Voraussetzung für einen konstruktiven Umgang mit der kulturellen Meinungsvielfalt gilt der Aufbau einer persönlichen und emotio-nal tragfähigen Vertrauensbeziehung zu den Familien. In Konfliktsituation erleichtert eine stabile Beziehung eine fruchtbare Auseinandersetzung und die gemeinsame Suche nach Lösungen. Weiterhin spielt die Wertschätzung und das Interesse gegenüber der Herkunft, Kultur und Muttersprache im-migrierter Familien in diesem Zusammenhang eine große Rolle.

Oftmals entstehen Missverständnisse oder Konflikte dadurch, dass Eltern und Fachkräfte zu wenig übereinander und über die gegenseitigen pädagogischen Vorstellungen wissen. Hier kann es hilfreich sein in den Dialog zu gehen und Eltern mit Migrationshintergrund mehr Einblicke in die alltäglichen Kita-Praktiken zu ermöglichen oder den eigenen pädagogischen Standpunkt darzulegen. Zurückhaltenden Eltern kann hier mit wiederholten Kontaktangeboten das Interesse an einem Kontakt signalisiert werden.

Die persönliche Ansprache spielt hier eine wichtige Rolle (Bossong, 2016). In einem persönlichen Gespräch entsteht Vertrauen. Fakteninformationen, die z. B. in schriftlicher Form oft unbeachtet bleiben, erreichen die Eltern, wenn sie in einem persönlichen Gespräch überbracht werden, leichter und werden letztendlich auch eher berücksichtig.

Durch eine persönliche Mitteilung erleben sich viele Eltern als tatsächlich angesprochen, als willkommen und zur Gemeinschaft der Kindertageseinrichtung zugehörig. Informelle Treffen, wie z. B. ein gemeinsames Kaffee- oder Teetrinken, eignen sich für diese persönliche Form des Kontaktaufbaus sehr viel besser als offizielle Termine, wie Elternabende. Die Hürde, miteinander in Austausch zu treten, ist dabei niedriger (Bossong, 2016).

In einer multikulturellen Gesellschaft sind kulturell unterschiedliche Vorstellungen ganz normal. Die Frage ist, wie man mit den vielfältigen Vorstellungen umgeht. Ein erster wichtiger Schritt ist es, dass pädagogische Fachkräfte ein Bewusstsein für ihre eigene kulturelle Orientierung entwickeln und sensibel dafür werden, wann ihre pädagogische Herangehensweise den Bedürfnisse von Kindern und ihren Eltern nicht mehr gerecht wird (Rothstein-Fisch, Greenfield, Trumbull, Keller, Quiroz, 2009).

Eltern und pädagogische Fachkräfte müssen lernen die Gegenperspektive wahrzunehmen, zu verstehen und zu respektieren (Roer-Strier, 2001). Der Dialog, nicht vorrangig die Einigung sollte das Ziel sein (Gonzales-Mena, 2008).

Literatur

Borke, J., & Keller, H. (2014). Kultursensitive Frühpädagogik. Kohlhammer Verlag.

Bossong, L. (2016). Kulturell divergierende Vorstellungen von Erziehung, frühkindlicher Bildung und Betreuung in deutschen Kindertageseinrichtungen. Die Perspektiven von pädagogischen Fachkräften und von Müttern aus unterschiedlichen ökosozialen Kontexten. Dissertation, Universität Osnabrück.

Dolev-Gindelman, Z. (1989). Ethiopian Jews in Israel: Family images, multidimensional context. Jerusalem, Israel: NCJW Research Institute for Innovation in Education, Hebrew University of Jerusalem.

Gonzalez-Mena, J. (2008). Diversity in early care and education: Honoring differences. McGraw-Hill Humanities/Social Sciences/Languages.

Greenfield, P. M. & Keller, H. (2004). Cultural psychology. In C. Spielberger (Ed.), Encyclopedia of applied psychology (pp. 545-553). Oxford, UK: Elsevier.

Greenfield, P. M., Suzuki, L. K., & Rothstein Fisch, C. (2006). Cultural pathways through human development. Handbook of child psychology.

Harkness, S., & Super, C. M. (1995). Culture and parenting. In M. H. Bornstein (Ed.), Handbook of parenting (pp. 211-234). Hillsdale, NJ, England: Lawrence Erlbaum Associates.

Horowitz, T. R. (Ed.). (1986). Between two worlds: Children from the Soviet Union in Israel. University Press of Amer.

Keller, H. (2007). Cultures of infancy. Mahwah, N. J.: Erlbaum.

Keller, H. (2011). Kinderalltag. Kulturen der Kindheit und ihre Bedeutung für Bindung, Bildung und Erziehung. Berlin, Heidelberg: Springer-Verlag.

Keller, H. & Bossong, L. (2014). Einstellungen von bildungsfernen Eltern mit Migrationshintergrund zum Besuch ihrer Kinder in Kindertageseinrichtungen. Unveröffentlichter Ergebnisbericht für das Niedersächsische Ministerium für Soziales, Gesundheit und Gleichstellung, Hannover. Niedersächsisches Institut für frühkindliche Bildung und Entwicklung (nifbe), Forschungsstelle Entwicklung, Lernen und Kultur, Osnabrück.

Keller, H., Lamm, B., Abels, M., Yovsi, R., Borke, J., Jensen, H., Papaligoura, Z., Holub, C., Lo, W., Tomiyama, A. J., Su, Y., Wang, Y. & Chaudhary, N.(2006). Cultural models, socialization goals and parenting ethnotheories. A multicultural analysis. Journal of Cross-Cultural Psychology, 37(2), 155-172.

Laland, K. N., Odling-Smee, F. J. & Feldman, M. W. (2000). Niche construction, biological evolution and cultural change. Behavioral and Brain Sciences, 23, 131-146.

LeVine RA. 1977. Child rearing as cultural adaptation. In Culture and Infancy: Variations in the Human Experience, ed. PH Leiderman, SR Tulkin, A Rosenfeld (pp. 15–27). New York: Academic.

Leyendecker, B. & De Houwer, A. (2011). Frühe bilinguale und bikulturelle Erfahrungen – Kindheit in zugewanderten Familien. In H. Keller (Hrsg.), Handbuch der Kleinkindforschung (4. Auflage, S. 178-219). Bern: Huber.

Roer-Strier, D. (2001). Reducing risk for children in changing cultural contexts: Recommendations for intervention and training. Child Abuse & Neglect, 25(2), 231-248.

Rosenthal, M. K., & Roer-Strier, D. (2001). Cultural differences in mothers' developmental goals and ethnotheories. International Journal of Psychology, 36(1), 20-31. DOI: 10.1080/00207590042000029

Rothstein-Fisch, C., Trumbull, E., & Garcia, S. G. (2009). Making the implicit explicit: Supporting teachers to bridge cultures. Early Childhood Research Quarterly, 24(4), 474-486.

Rothstein-Fisch, C., Greenfield, P. M., Trumbull, E., Keller, H., & Quiroz, B. (2009). Uncovering the role of culture in learning, development, and education. Innovations in educational psychology: Perspectives on learning, teaching, and human development, 269-294.

Stamm, M., & Edelmann, D. (2013). Zur pädagogischen Qualität frühkindlicher Bildungsprogramme: Eine Kritik an ihrer ethnozentrischen Perspektive. In Handbuch frühkindliche Bildungsforschung (pp. 325-341). Springer Fachmedien Wiesbaden.

Tobin, J., Adair, J. K., & Arzubiaga, A. (2013). Children Crossing Borders: Immigrant Parent and Teacher Perspectives on Preschool for Children of Immigrants. Russell Sage Foundation.

Tomasello, M. (1999). The cultural origins of human cognition. Cambridge MA: Harvard University Press.

Zepeda, M., Gonzalez-Mena, J., Rothstein-Fisch, C., & Trumbull, E. (2012). Bridging cultures in early care and education: A training module. Routledge. Rothstein-Fisch & Trumbull, 2006

Claudia Rückert

Ergebnisse aus dem Forschungsprojekt: Selbstwirksamkeit in der beruflichen Rehabilitation – Der Einfluss der Bindungsrepräsentation auf die Entwicklung der beruflichen Handlungskompetenz[1]

1. Einführung

Das nachfolgend beschriebene Forschungsprojekt bewegt sich im Feld der Berufspädagogik, speziell der beruflichen Rehabilitation von jungen Erwachsenen im Alter zwischen 15 und 25 Jahren, die sich in der beruflichen Ersteingliederung befinden. Diese sehen sich beim Übergang von der Schule in den Beruf mit Anforderungen an ihr Lernleistungsvermögen konfrontiert, denen sie entwicklungsbedingt noch keine handlungsfähigen bzw. selbstorganisierten Strategien entgegensetzen können.

Gerade junge Erwachsene mit Behinderung und/oder sozialer Benachteiligung finden im Übergang Schule–Beruf ein umfangreiches Unterstützungsangebot durch Leistungen zur Teilhabe am Arbeitsleben.

Trotz erheblicher Bemühungen, alle jungen Menschen zu fördern, zeigen aktuelle Studien, dass ein Teil der jungen Erwachsenen von den Maßnahmen zur Ersteingliederung innerhalb der beruflichen Rehabilitation nicht profitiert (Tophoven, Reims, 2017). In Übergangsstudien wird regelmäßig eine Analyse der Abbruchgründe gefordert, die mit den verfügbaren Daten nur rudimentär eingelöst werden könne.

Um Unterstützungsleistungen für diesen Personenkreis valide bestimmen zu können, fordern Berufsbildungsforschung und Rehabilitationswissenschaften präzise Verfahren zur Herstellung „beruflicher Handlungsfähigkeit", als das Lern- und Entwicklungsziel jeder anerkannten beruflichen Ausbildung (§2, §3 BBiG). Berufliche Handlungskompetenz setzt sich aus Fach-, Sozial- und Humankompetenz zusammen und wird realisiert durch Lern-, Methoden- und Kommunikative Kompetenz (siehe Abb.1).

---

[1]   Die Studie wurde finanziell gefördert durch die Pädagogische Hochschule Ludwigsburg

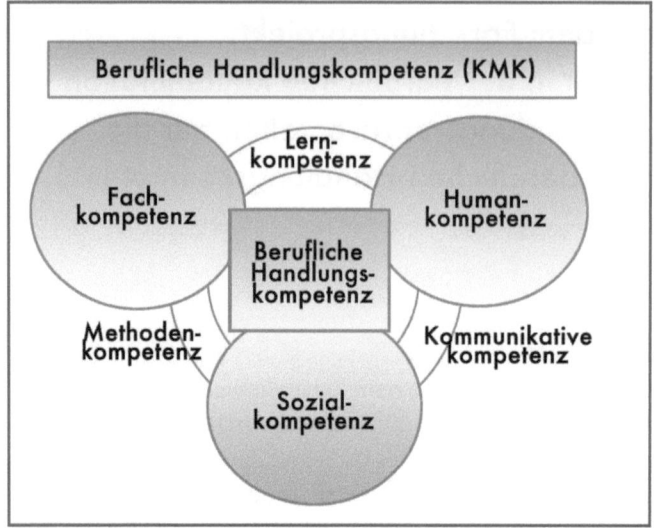

Abb.1: Berufliche Handlungskompetenz (www.prueferportal.org)

Während umfangreiche Forschung zur Feststellung von Human- und Sozialkompetenz verfügbar ist, fehlen bislang Verfahren, durch die deren Entwicklung während der beruflichen Ausbildung und Ausbildungsvorbereitung beschrieben werden kann.

Die Notwendigkeit, die Lernentwicklung – die mit Persönlichkeitsentwicklung einhergeht – mit erhöhter Aufmerksamkeit zu betrachten, ist umso dringlicher, je stabiler der Anteil derjenigen jungen Erwachsenen ist, die trotz eines Angebotsüberhangs an verfügbaren Ausbildungsstellen keine Möglichkeit zur Teilhabe an beruflicher Bildung erhalten.

Welche Faktoren die individuelle Lernentwicklung stören, möchte die vorliegende Arbeit aus subjektwissenschaftlicher Perspektive untersuchen.

Dass Störungen vorliegen, ist vielfältigen Diskursen zu entnehmen. Beispielsweise wird beklagt, dass zu oft die gewünschte Lernentwicklung ausbliebe (Stichwort „Ausbildungsreife"), dass immer mehr disziplinarische Maßnahmen nötig seien und schließlich, dass es fraglich sei, ob die aufwändigen Unterstützungsmaßnahmen unter Umständen aufrechterhalten werden sollten, die festgelegte Eingliederungsziele nicht zu erfüllen scheinen.

2. Ziel des Forschungsprojektes

Das Ziel des Forschungsprojektes besteht in der Bereitstellung eines Rasters zur Differenzierung individueller Lern- und Arbeitstätigkeiten, das der Praxis der beruflichen Ersteingliederung als Analyseinstrument an die Hand gegeben werden kann. Mit dem gewählten Forschungsdesign wird eine Analyse des individuellen Tätigkeitssystems möglich, das Störungen erklären und die Verhältnisse zwischen Subjekt und Gemeinschaft beschreiben kann (Engeström, 2008). Theoretisch wird Tätigkeit als physisch und psychisch determiniert betrachtet, wobei das „Eingebundensein" in Beziehungen zu anderen Menschen die existentielle Grundlage für die individuelle Tätigkeit darstellt (Leont'ev, 1977).

Um die Wechselwirkung zwischen dem subjektiven Erleben des „Eingebundenseins" und der eigenen Sicht auf die Lernbiographie nachzeichnen zu können, wird auf die Tätigkeitstheorie rekurriert. Anhand nachfolgend kurz umrissener zentraler Thesen der Tätigkeitstheorie können die Tätigkeiten der beruflichen Rehabilitanden strukturiert, analysiert und rekonstruiert werden:

- Tätigkeit ist immer gegenständlich. Die Tätigkeit konstituiert sich, wenn das Bedürfnis, das Motiv auf den Gegenstand trifft, durch den eine Befriedigung als wahrscheinlich angenommen wird (vgl. Leont'ev, 1977, S.26).
- Das Konzept der Tätigkeit bietet den Rahmen, indem die Beziehung zu anderen Menschen als existenziell betrachtet wird (vgl. ebd.)
- Durch das Agieren in Tätigkeiten entwickelt sich das Individuum im Lebensverlauf zur Persönlichkeit (vgl. Leont'ev 1977, Asmolov 2016).
- Die Arbeits-Tätigkeit gilt kulturhistorisch als die Tätigkeit, durch die Menschen gezwungen waren, Tätigkeiten arbeitsteilig in (Teil-)Handlungen mit (Teil-)Zielen zu untergliedern, weil die einzelnen Subjekte ihre Bedürfnisse nicht mehr selbst direkt befriedigen konnten. Der Wert, den die Arbeits-Handlung für die Gesellschaft hat, kann als Tauschwert betrachtet werden, der den Grad der Bedürfnisbefriedigung des tätigen Subjekts bestimmt (vgl. Leont'ev 1977, S.34).
- Die Lern-Tätigkeit kann durch ihre historische Entwicklung als institutionell organisierte Lern-Tätigkeit beschrieben werden (vgl. Lompscher 2006, S.43). Durch die theoretische Trennung von Lernen in Institutionen und in allen anderen Lebenszusammenhängen wird es möglich, die indi-

viduelle schulische Lernbiographie als Sonderform der Lernentwicklung zu untersuchen.

Im Forschungsprojekt wird das Tätigkeitssystem des Personenkreises empirisch untersucht und herausgearbeitet:
* wer die Handelnden in der Lern- bzw. Arbeitsbiographie sind,
* warum der Einzelne tätig ist, handelt,
* welche strukturellen Spannungen sich im Tätigkeitssystem zeigen und ob Zyklen qualitativer Veränderung des Tätigkeitssystems erfolgen.

3. Methodik

Die Erhebung der Daten wurde an einem Berufsbildungswerk (BBW) mit einem Pretest mit 8 Probanden im Juli 2015 und mit 35 Probanden anlässlich der Hauptstudie von Februar–April 2016 durchgeführt.

Aufgrund der Ergebnisse des Pretests wurde das Forschungsdesign verändert. Die Teilnahme an der Studie war freiwillig und wurde mit Teilnehmern der berufsbildenden Maßnahmen am BBW realisiert. Voraussetzung war, 16 Jahre oder älter zu sein sowie sich in deutscher Sprache ausdrücken zu können. Die Altersverteilung der Stichprobe stellt sich wie folgt dar (Tab. 1):

Alter	16	17	18	19	20	21	22	23	24	25
Anzahl	3	5	7	6	6	1	3	0	2	2

Tab. 1: Anzahl der Teilnehmer des jeweiligen Alters (in Jahren)

In einer Berufsvorbereitenden Maßnahme befanden sich 16 Befragte, im 1. Ausbildungsjahr 7 und im 2. Ausbildungsjahr 12 der Teilnehmer. 16 Befragte waren weiblich und 19 männlich.

Inhaltlich fokussierte die Erhebung zunächst die psychische Repräsentation des individuellen Erlebens von „Eingebundensein" in Beziehungen zu nahen anderen Menschen. Die Daten hierfür wurden durch das bindungstheoretisch fundierte, projektive Verfahren zur Bestimmung der Bindungsrepräsentation (Adult Attachment Projective Picture System (AAP) © George, West, Pettem, 1997) in Form von standardisierten Interviews gewonnen. Diese wurden anschließend wortwörtlich transkribiert und durch mich (als reliable Raterin) sowie durch eine zweite reliable Codierung ausgewertet. Erhoben wurden die vier (Haupt-)Bindungskategorien:

- sicher – autonome Bindungsrepräsentation
- unsicher vermeidend – distanzierende Bindungsrepräsentation
- unsicher ambivalent – präokkupierte Bindungsrepräsentation
- unverarbeitet – traumatisierte Bindungsrepräsentation

Zusätzlich wurden spezifische Marker, die für Strategien von Selbstwirksamkeit, Verbundenheit und Synchronizität stehen, unterschieden und gewichtet, sowie Bindungs-Abwehrprozesse und Diskursmarker anhand des Auswertungsmanuals des AAP klassifiziert (vgl. George & West 2001, S. 299ff.). Weil im Forschungsprojekt inhaltlich auf die Entwicklung von handlungsfähigen Strategien fokussiert wird, werden bindungsrelevante selbstwirksame Strategien aus den Transkripten herausgearbeitet.

Strategien, die hierfür sprechen, werden von George & West wie folgt beschrieben:

- Internalisierte sichere Basis. Diese Kategorie ist erkennbar, wenn das eigene Sicherheitsempfinden hauptsächlich von der verinnerlichten Beziehung zur Bindungsperson abgeleitet werden kann. Durch Nachdenken ist Selbsterkundung möglich (vgl. ebd. S.54ff.).
- Hafen der Sicherheit. Hierunter wird die Fähigkeit einer Person verstanden, Beziehungen zu nutzen, um das eigene Bindungsverhalten zu beruhigen. Wenn die Selbsterkundung nicht mehr möglich ist, wird die Zuflucht zur Bindungsperson oder die Wiedergutmachung von bedrohter Bindungsbeziehung genutzt, um verlorene Sicherheit wiederzuerlangen (vgl. ebd.)
- Handlungsfähigkeit. Unter Handlungsfähigkeit wird ein aktives, problemlösendes Verändern der eigenen Situation verstanden. Dies ist erkennbar, wenn die Verantwortlichkeit für die Handlung bei der handelnden Person selbst liegt und die Person in Gedanken Schritte zu einer konstruktiven Veränderung der eigenen Lage in der bedrohlichen/verunsichernden Situation macht (vgl. ebd. S.62ff.)

Des Weiteren wurden mit allen Teilnehmern leitfadengestützte, problemzentrierte Interviews geführt und diese theoriegeleitet sowie themenbezogen analysiert. In ihrer Feinstruktur untersucht wurden die Interviews von den

Teilnehmern, die einer unverarbeiteten, traumatisierten Bindungsrepräsentation zugeordnet wurden. Zu diesem Zweck wurden die Audioaufnahmen in vollem Umfang transkribiert und in Bezug auf die Ebenen der Textanalyse narrativer Agency-Konstruktionen ausgewertet, wie sie Lucius-Hoene vorschlägt (Lucius-Hoene, 2012) (Abb. 2).

Handlungs- Wirkmächtigkeits-Kategorien auf den Ebenen:

1. des Erzählers in den Erzählsätze
- Prädikatsausdrücke
- semantische Rollen

2. in der Interaktion
- Faktizität und Unsicherheit
- Geltungsansprüche
- Deutungshoheit
- Emotionale und kognitive Einflussnahm

3. durch die Wahl von Geschichtenversion und -moral

Abb.2: Ebenen der Textanalyse narrativer Agency-Konstruktionen (Lucius-Hoene 2012)

Die auf diese Weise untersuchte ‚Agency' in der subjektiven Rekonstruktion der eigenen Lernbiographie soll dazu dienen, die Genese der Handlungsebene im Tätigkeitssystem sichtbar zu machen. Hierzu wird sich auf die Struktur der Tätigkeit (Abb. 3) bezogen sowie auf das Instrumentarium der Entwickelnden Arbeitsforschung (Engeström, Rosa, 2008).

Mittels typisierender Strukturierung können dann unterschiedliche Muster individueller Tätigkeitssysteme bestimmt werden und gezeigt werden, inwieweit Lernende ihren Möglichkeitsraum in dissipativ selektiver Form erweitern.

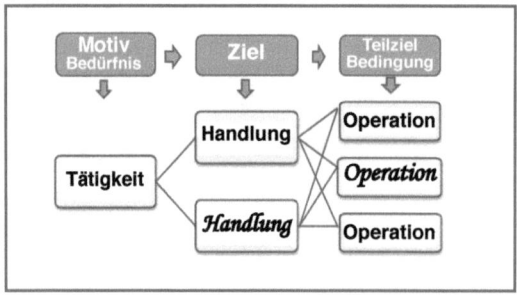

Abb.3: Struktur der Tätigkeit (Leont'ev 1977)

4. Ergebnisse

Von den 35 Probanden weisen 20 einen unverarbeitet-traumatisierten, acht einen unsicher ambivalent-präokkupierten und sieben einen unsicher vermeidend-distanzierten Bindungsstatus auf. Eine sicher-autonome Bindungsrepräsentation kam in der Stichprobe sowie im Pretest nicht vor.

Dies kann damit erklärt werden, dass die Zuweisungen seitens der Agentur für Arbeit an dieses BBW hauptsächlich aufgrund seelischer Behinderung erfolgt und eine Korrelation zwischen seelischer Behinderung und Bindungsrepräsentation in der Bindungsforschung als gesichert gilt.

Die Verteilung der Bindungsrepräsentation nach Alter lässt in der Stichprobe keinen Zusammenhang erkennen, auch nicht in Bezug auf die Unterscheidung zwischen Teilnehmer der Berufsvorbereitung und der Ausbildungsgänge. Bei der Betrachtung der Verteilung nach Geschlecht fällt auf, dass nur die männlichen Teilnehmer über eine ambivalent-präokkupierte Bindungsrepräsentation verfügen. Es wird vermutet, dass dieser Umstand ebenfalls mit der Zuweisungspraxis der Agentur für Arbeit zusammenhängt in Bezug auf die Bereitstellung von bestimmten Ausbildungsgängen.

Bei der im Fokus der Forschungsarbeit stehenden selbstwirksamen Strategien zeichnet sich ab, dass – auch wenn insgesamt eine unverarbeitet-traumatisierte Bindungsrepräsentation vorliegt – selbstwirksame Strategien internalisiert werden konnten (Abb. 4).

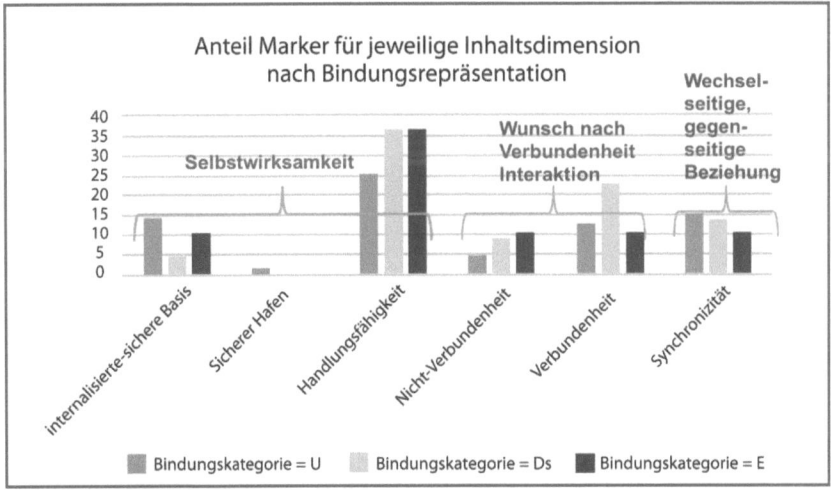

Abb.4: Anteil Marker für Selbstwirksamkeit, Verbundenheit und Synchronizität

Da beim AAP das Bindungsverhalten sukzessive aktiviert wird, kann analysiert werden, bis zu welchem Grad des Stresserlebens die selbstwirksamen Strategien problemlösend eingesetzt werden und wann auf Abwehrstrategien zurückgegriffen wird. Ein weiteres Ergebnis aus dieser Stichprobe ist, dass die selbstwirksamen Strategien je nach Geschlecht unterschiedlich ausgeprägt sind.

Während bei den männlichen Probanden eine größere Anzahl von Markern für eine ‚Internalisierte sichere Basis', ‚Handlungsfähigkeit' und ‚Verbundenheit' spricht, so ist bei den weiblichen Teilnehmern eine größere Anzahl von Markern für ‚Synchronizität' (Fürsorge, gegenseitige wechselseitige Freude) zu beobachten (Abb. 5).

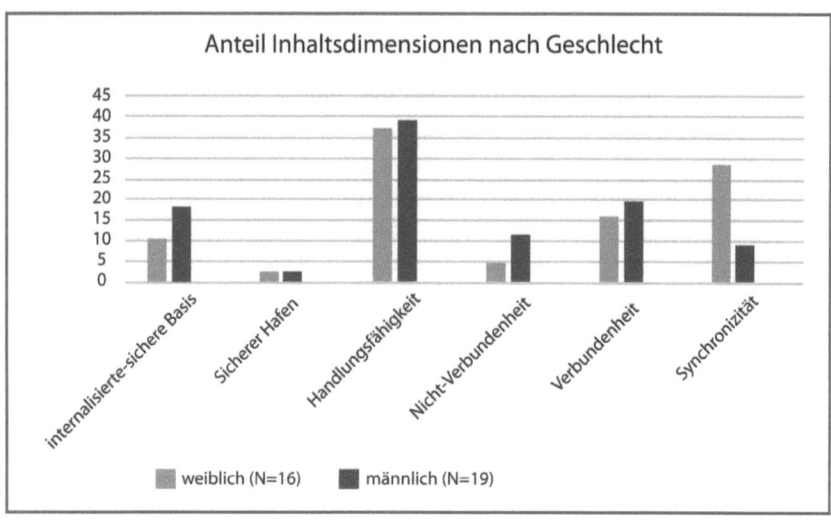

Abb.5: Anteil Selbstwirksamkeit, Verbundenheit und Synchronizität nach Geschlecht

Da die Teilnehmer der beruflichen Rehabilitation in der Regel vorher eine BvB durchlaufen haben, kann man mit zunehmendem Ausbildungsjahr von einer längeren Zeit für persönliche Entwicklung ausgehen.

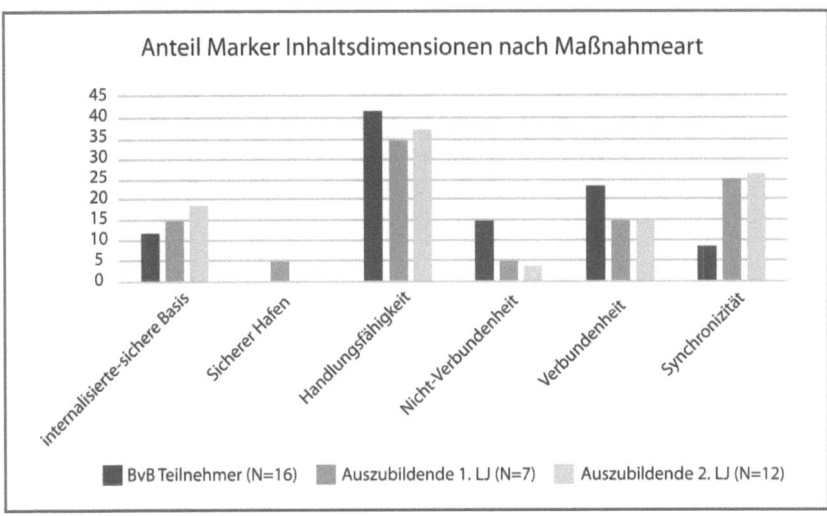

Abb.6: Anteil Selbstwirksamkeit, Verbundenheit und Synchronizität nach Maßnahmeart

Durch Abb. 6 wird deutlich, dass im 2. Ausbildungsjahr über eine ausgeprägtere ‚internalisierte sichere Basis' und ‚Synchronizität' verfügt wird als in der Berufsvorbereitung. Dies zeigt, dass die Lerntätigkeiten während der beruflichen Rehabilitation neben der Fachkompetenz auch die Human- und Sozialkompetenz der Lernenden entwickeln. Dass der Anteil der Marker für ‚Nicht-Verbundenheit' und ‚Verbundenheit' zurückgeht, wird an anderer Stelle analysiert.

Diejenigen Probanden, bei denen eine unverarbeitet–traumatisierte Bindungsrepräsentation festgestellt werden konnte, waren ausgewählt worden, um ihre Lernbiographien einer Feinanalyse hinsichtlich ihres Erlebens von Handlungsfähigkeit/Handlungsmächtigkeit (Agency) zu unterziehen.

Bei der Rekonstruktion von Agency zeichnet sich auf der Ebene des Erzählers in den Erzählsätzen durch unterschiedliche Ausprägungen der Aktions-, Prozess-, Status- und Qualitätsprädikatsausdrücke ein heterogenes Bild von Agentivität in den Lernhandlungen ab.

So ergibt sich beispielsweise, dass eigene Handlungen im Zusammenhang mit dem beruflichen Lernen überwiegend als initiierend beschrieben werden, gefolgt von denen, die ein Resultat herbeiführen (Abb. 7).

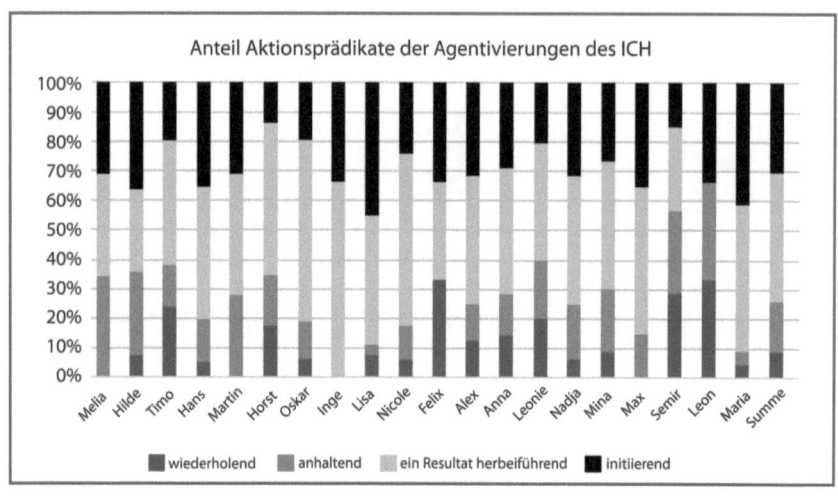

Abb.7: Differenzierung Anteil der jeweiligen Gruppe von Aktionsprädikaten

Beschreibungen, die der Lernaktivität eine wiederholende oder anhaltende Komponente beimessen, sind lediglich bei Einzelnen ausgeprägt. Es können erhebliche Anstrengungen nachgezeichnet werden, Lernergebnisse zu initiieren und Resultate herbeizuführen. Diese werden in der Realisierung oft an wahrgenommenen Hindernissen eingestellt, da sich die Lernenden unveränderbaren Lerntätigkeits-Strukturen ausgesetzt sehen.

Das wird deutlich, wenn man die Prädikatsformen in der Häufigkeit ihres Auftretens gegenüberstellt. Es ist zu erkennen, dass Aktionsprädikate (indizieren eine eigene Handlung oder Tätigkeit) in unterschiedlichem Anteil vorkommen.

Statusprädikate (indizieren die Einordnung der eigenen Situation in eine hierarchisch definierbare Skala) sind vereinzelt schwach ausgeprägt. Qualitätsprädikate (die auf individueller Einschätzung beruhend, unveränderbare Eigenschaften der eigenen Person darstellen) sind vorhanden, wobei es sich hauptsächlich um medizinische und sonderpädagogische Diagnosen handelt. Was auffällt, ist der große Anteil an Prozessprädikaten in den Erzählungen über die eigene Lernbiographie (Abb. 8).

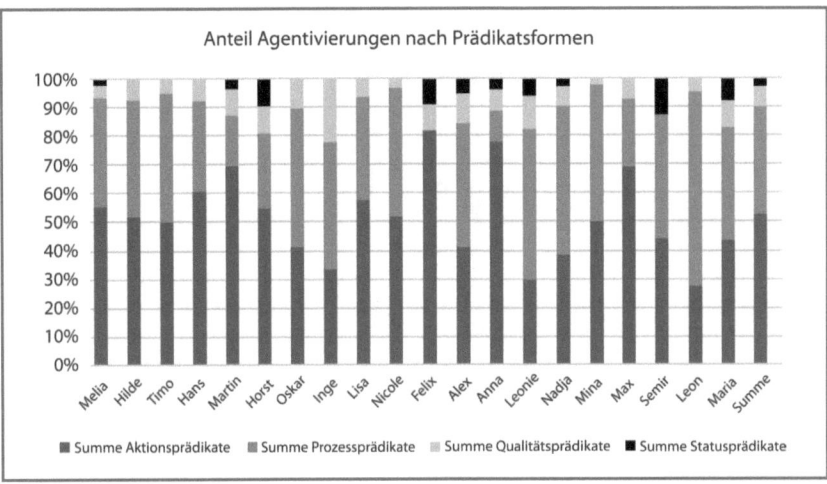

Abb.8: Anteil Aktions-, Prozess-, Qualitäts- und Statusprädikate

Hierzu werden Vorgänge gerechnet, die sich ohne willentliche Möglichkeit der Beeinflussung an der erzählenden Person vollziehen (vgl. Lucius-Hoene 2012, S.49ff.). Im Weiteren wurde anhand der Erzählungen über die eigene Lernbiographie ausdifferenziert, wer in den verschiedenen Lernsituationen die Agierenden sind.

Erwartungsgemäß ergab die Feinanalyse der Erzählungen, dass die Agierenden in den eigenen Lernbiographien zum großen Anteil andere sind. Hier waren die meistgenannten Agierenden Lehrer, elterliche Bezugspersonen, Sachbearbeiter der Agentur für Arbeit und Ausbilder der beruflichen Vorbereitung sowie der Ausbildungsgänge (Abb. 9).

Nachdem die zweite und dritte Ebene der Handlungs- und Wirkmächtigkeits-kategorien erfasst und ausgewertet sind (vgl. Abb.2), werden Störungsmuster des individuellen Tätigkeitssystems herausgearbeitet.

Dies geschieht durch eine Analyse der für jeden der Probanden angefertigten Matrix aus den fünf Prinzipien der Tätigkeitstheorie und den vier zentralen Fragen an das Lernen (Engeström, 2008). Es wird erwartet, dass sich Tätigkeitssysteme herausarbeiten lassen, die sich zu Ausprägungen von Mustern gruppieren lassen.

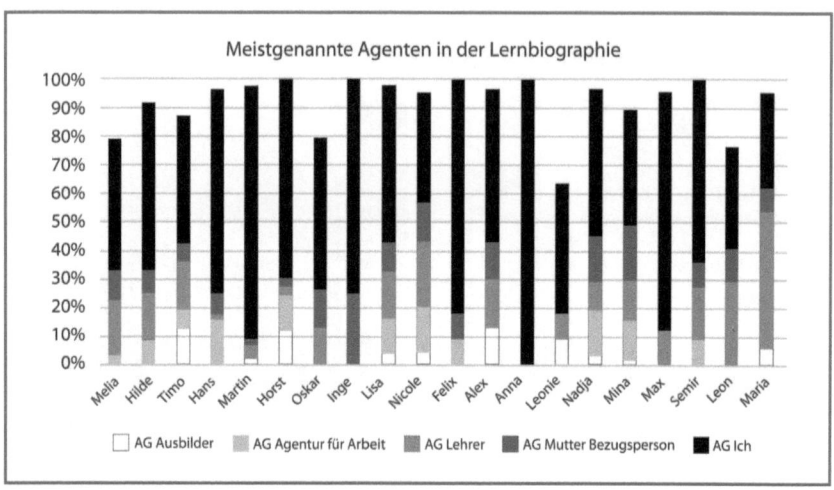

Abb.9: Meistgenannte Agenten der jeweiligen Lernbiographien

5. Ausblick

Die Ergebnisse zeigen, dass junge Erwachsene in der beruflichen Rehabilitation ein Bewusstsein darüber entwickeln, warum und wie sich etwas in ihrer Lernbiographie entwickelt hat und worin der nächste Schritt bestehen könnte. Dabei beziehen sie die Reaktionen der sie umgebenden Menschen ein und sind sich der Art ihrer Lernhandlungen bewusst (z.B. widersprüchlich, dysfunktional, „aus der Zeit gefallen").

Der gewählte Ansatz kann mit einem subjektwissenschaftlichen Interesse das Tätigkeitssystem hinsichtlich Störungen und Probleme analysieren sowie einen Zusammenhang von Handlungsfähigkeit im nahen Beziehungsbereich und im Lernkontext beschreiben.

Da die Empfänger wie die Anbieter von Unterstützungsleistungen der beruflichen Rehabilitation Teil einer kollektiven Tätigkeit sind, müsste im Anschluss an die vorliegende Arbeit das System der kollektiven Tätigkeit mit dem

Instrumentarium der Entwickelnden Arbeitsforschung analysiert werden.
Dadurch würde es möglich, die Entwicklungsprozesse, die zur beruflichen Handlungskompetenz führen, in einem reflexiven Lehr- und Lernprozess so zu gestalten, dass ein größerer Anteil der jungen Erwachsenen
von den Unterstützungsangeboten profitiert. Gleichzeitig würde ein insti-
tutioneller Entwicklungsprozess möglich, der zur Professionalisierung und
Qualitätssteigerung beiträgt.

Literatur

Asmolov, A.G.; Rückriem, G.; Matthäus, W. (Hrsg.) (2014): Teil 1 Das Per-
sönlichkeitsproblem. Teil 2 Tätigkeit und Einstellung. Methodologische
Grundlagen der kulturhistorischen Tätigkeitstheorie zur Untersuchung
der Persönlichkeit im Prozess von Evolution und Geschichte. Berlin:
Lehmanns Media.
Engeström, Y.; Rosa, L. (Hrsg.) (2008): Entwickelnde Arbeitsforschung.
Die Tätigkeitstheorie in der Praxis. Berlin: Lehmanns Media.
George, C., West, M., Pettem, O. (1997): ©Adult Attachment Projective
George, C.; West, M. (2001): Das Erwachsenen-Bindungs-Projektiv (Adult
Attachment Projective): Ein neues Messverfahren für Bindung im Er-
wachsenenalter. In: Gabriele Gloger-Tippelt (Hrsg.): Bindung im Er-
wachsenenalter. Ein Handbuch für Forschung und Praxis. 1. Aufl. Bern:
Huber (Psychologie-Handbuch), S. 295–321.
Leont'ev, A.N., Holzkamp, K., Schurig, V. (1977): Probleme der Entwick-
lung des Psychischen. 2. rev. Aufl. Kronberg/Ts.: Athenäum-Verlag.
Lucius-Hoene, G. (2012): "Und dann haben wir's operiert". Ebenen der
Textanalyse narrativer Agency-Konstruktionen. In: Bethmann, S. (Hrsg.):
Agency. Qualitative Rekonstruktionen und gesellschaftstheoretische Bezüge von Handlungsmächtigkeit. Weinheim: Beltz Juventa, S. 40–70.
Tophoven, S.; Reims, N. (2017): Junge Personen mit Behinderung in Ar-
mutslagen - LTA als Weg in den Arbeitsmarkt? In: Buschmann-Steinha-
ge, R. (Hrsg.): 26. Rehabilitationswissenschaftliches Kolloquium. Tagungs-
band. Berlin: Deutsche Rentenversicherung Bund, S. 226–227.

Mone Welsche

Ringen und Raufen für Kinder und Jugendliche mit kognitiven und körperlichen Beeinträchtigungen

1 Einführung

Ringen, Rangeln und Raufen stellt nach Beudels und Anders ein Bewegungs- und Handlungsfeld dar, welches auf kindlich-archaische Bewegungswünsche und Bedürfnisse nach spielerischer Auseinandersetzung aufbaut [Anders & Beudels, 2003]. Die Situationen, die im Ringen und Raufen geboten werden, beinhalten vielfältige Erfahrungsmöglichkeiten, die emotional-soziale wie motorische oder kognitive Entwicklungsschritte anstoßen und unterstützen können. Auch für Funke-Wieneke haben die „spielerische(n) Rangelei(en)" [2004, 92], die im Kindes- und Jugendalter bei Jungen und Mädchen zu beobachten sind, eine entwicklungsrelevante Bedeutung. Er betont die Aspekte des Kräftemessens, der Kontaktaufnahme und der Abgrenzung. Als besonders bedeutsam sieht er den Dialog an, der in und durch diese Bewegungsform zwischen den Partnern entsteht. In dieser „Art der körperlichen Zwiesprache, des Dialoges mit dem anderen (sieht er) die Grundlage aller Sozialität. Die Fähigkeit mit anderen Menschen umzugehen ist begründet in der Fähigkeit mit anderen Bewegungsbeziehungen eingehen zu können und in den Bewegungsbeziehungen etwas zu sagen, zu verstehen und damit dialogfähig zu werden" [Funke-Wieneke 2000].

Eine zentrale Zieldimension von pädagogischen Angeboten zum Ringen und Raufen bildet die Stärkung der Ich-Identität durch Erfahrungen von Selbstständigkeit, Erleben von Erfolg und Anerkennung und Entwicklung eines wirklichkeitsnahen Selbstbildes [Beudels & Anders 2014]. In Angeboten zum Ringen und Raufen können sich Kinder und Jugendliche als selbstwirksam erleben, ihren eigenen Körper durch den engen Kontakt zum Partner spüren und herausfordernde Situationen der Auseinandersetzung selbstständig und in einer konstruktiven Art und Weise bewältigen [Beudels & Anders 2014]. Darüber hinaus kann die Beziehung zwischen den Partnern und die Beziehungsfähigkeit allgemein durch Ringen und Raufen positiv beeinflusst werden [Lange 2010].

Im Ringen und Raufen sehen sich die Partner nicht als Gegner. Fairness, Kooperationsbereitschaft und Empathie sollen entwickelt werden, um ein „friedliches Gegeneinander", gleichzeitig aber auch um ein „kämpferisches Miteinander" zu ermöglichen und gemeinsam Spaß an der spielerischen Auseinandersetzung haben zu können [Beudels & Anders 2014].

Beudels und Anders [2014, 34] teilen die von ihnen vorgestellten Spielsequenzen in vier thematisch aufeinander aufbauende und im Anspruchsgrad steigende Bausteine ein, die eine sensible Hinführung zum Thema ermöglichen (Tab. 1).

I. Entwicklung und Entfaltung der Bewegungsfreude
II. Entwicklung der Bereitschaft Körperkontakt aufzunehmen, individuelle Grenzen zu akzeptieren und zu reflektieren
III. Förderung und Stabilisierung des Vertrauens zueinander und zu sich selbst
IV. Ringen und Raufen von einem emotional-sozial niedrigen Anspruchsniveau über „anbahnen und entwickeln", „erproben und verfeinern" bis hin zu einem höheren Anspruchsniveau „genießen und ausleben" zu steigern

Tab. 1: Bausteine des Ringen und Raufens nach Beudels & Anders [2014, 34]

Zu I: Entwicklung und Entfaltung der Bewegungsfreude

Kindern und Jugendlichen mit viel Bewegungsdrang soll ermöglicht werden, diesem nachzugehen und körperliche Anspannungen abzubauen. Junge Menschen, die eher wenig Initiative zeigen sich zu bewegen, können mit den Spielen motiviert werden. Der Schwerpunkt der angebotenen Spiele zu diesem Baustein sollte auf der Entwicklung und Freisetzung von Bewegungsfreude liegen. Deshalb ist es wichtig, die ausgewählten Spiele den Fähigkeiten und Fertigkeiten der TeilnehmerInnen anzupassen, sodass Frustration und als negativ erlebter Leistungsdruck vermieden wird. Gerade für Kinder und Jugendliche, die sich als unsportlich sehen, ist es wichtig, dass sie Freude an der

Bewegung haben und sich als erfolgreich in der Aktivität erleben können. Es gilt Spiele zu finden, die einen hohen Aufforderungscharakter und wenig spezifische Anforderung stellen und stattdessen Möglichkeiten zum lustvollen Bewegen eröffnen, um allen Teilnehmenden Erfolgserlebnisse und Freude am Spiel und an Bewegung zu ermöglichen.

Zu II: Entwicklung der Bereitschaft Körperkontakt aufzunehmen, individuelle Grenzen zu akzeptieren und zu reflektieren
Viele Kinder nehmen ohne Scheu Körperkontakt auf, achten aber oft nicht auf die Grenzen der anderen. Im Jugendalter wird Körperkontakt manchmal vermieden oder nur sehr selektiv zugelassen und aufgenommen, insbesondere dann, wenn er problembelastet zu sein scheint. Achtet die Anleitung auf einen natürlichen und achtsamen Umgang mit Körperkontakt, d. h.

- es wird auf Grenzen geachtet und explizit auf einen achtsamen Umgang hingewiesen,
- Stopp-Regeln sind etabliert,
- Möglichkeiten des Vertrauensaufbaus wurden gegeben,
- Körperkontakt zwischen den Geschlechtern wird nicht unnötig problematisiert oder vermieden, aber auch nicht zwangsläufig provoziert,
- die Anleitung ist aufmerksam und greift ein, wenn es zu Grenzüberschreitungen kommt (unachtsames, provozierendes oder auch sexualisiertes Verhalten),

kann eine Atmosphäre der Sicherheit entstehen, von welcher Kinder und Jugendliche vertrauens- und verantwortungsvoll Körperkontakt aufnehmen und gestalten können.

Zu III: Förderung und Stabilisierung des Vertrauens zueinander und zu sich selbst
Der achtsame Umgang mit sich selbst und mit anderen wird gefördert. Hierzu gehört es auch, die eigenen Grenzen zu sehen, zu überlegen, wem wann wieweit vertraut werden kann und wieviel sich jeder einzelne zutraut. Das Einhalten von Absprachen und Regeln ist eine wichtige Voraussetzung, damit sich Vertrauen in den pädagogischen Rahmen und in den Partner entwickeln kann. [Lippitz & Welsche 2014].

Zu IV: Ringen und Raufen von einem emotional-sozial niedrigem Anspruchsniveau über „anbahnen und entwickeln", „erproben und verfeinern" bis hin zu einem höheren Anspruchsniveau „genießen und ausleben" zu steigern

Beudels und Anders [2014, 34] fassen primäre, sekundäre und tertiäre Wirkfaktoren zusammen (Tab. 2), die berücksichtigt werden sollten, um eine für die TeilnehmerInnen passende Stunde zu gestalten.

Primäre Wirkfaktoren
• Lehrkraft
• psychische Konstitution der TeilnehmerInnen
• Umgang mit Nähe und Distanz
• das emotional-soziale Erleben
• die Körperwahrnehmung
• das Kommunikationsvermögen
Sekundäre Wirkfaktoren
• Interaktion
• Rahmenbedingungen
• Koordination
Tertiäre Wirkfaktoren
• Kondition
• Konstitution
• Technik
• Taktik

Tab. 2: Wirkfaktoren nach Beudels und Anders [2014, 40 ff]

2. Ringen und Raufen für Kinder und Jugendliche mit kognitiven Beeinträchtigungen

Spezifische Aspekte und inhaltliche Schwerpunktsetzungen zum Ringen und Raufen als Methode zur Entwicklungsförderung im heilpädagogischen Kontext wurden für Kinder und Jugendliche mit emotional-sozialen Auffälligkeiten, zu welchen insbesondere destruktiv-aggressive oder sehr zurückhaltend-unsichere Verhaltensweisen gezählt werden, bereits thematisiert [Welsche 2016]. Zusammengefasst sind folgende Aspekte für Ringen und Raufen Stunden für diese Adressaten besonders zu beachten:

- Es braucht das Bemühen um ein Verstehen der gezeigten Verhaltensweise. Was könnte das aggressive, das sich verweigernde, das sehr schüchterne und sozial ängstliche Verhalten bedeuten? Erst nach der Bildung und Überprüfung verschiedener Hypothesen, z. B. durch Fragen oder gezielte Beobachtung, sollte entschieden werden, welche Reaktion und welche inhaltlichen Aspekte der Stundengestaltung für das jeweilige Kind hilfreich sein könnten.

- Es braucht eine überschaubare Gruppengröße und ein passendes Verhältnis von Kindern, Jugendlichen und pädagogischen Fachkräften, so dass jedes Kind und jeder Jugendliche gesehen und bei Bedarf individuell begleitet werden kann.

- Die ausgewählten Spiele sollten Überforderung vermeiden und Erfolgserlebnisse ermöglichen. Da viele der vorgeschlagenen Spiele wie auch Alltagsspiele (z. B. das Schulhoffangispiel) für Kinder und Jugendliche mit emotional-sozialem Förderbedarf bereits ein hohes Maß an Sozialkompetenz erfordern, wird die Notwenigkeit einer Analyse der Spiele auf die Anforderung im emotional-sozialen Bereich besonders betont.

- Die Rollenverteilung in der Partnerarbeit in einen aktiven und einen passiven Part, mit Rollenwechsel, ist besonders hilfreich, um vor Überforderung und Eskalation zu schützen und aktiv/aktiv Spiele vorzubereiten. (s. Beispiele in Kasten 1)

aktiv-passiv Rollenverteilung	aktiv-aktiv Rollenverteilung
„Das ist mein Ball" [Beudels & Anders 2014, 194] Ein Partner legt sich mit dem Bauch auf einen Medizinball. Der andere Partner versucht den Ball wegzu-ziehen oder zu drücken, ohne den liegenden Partner zu berühren.	„Bleib´ auf´m Teppich" [Beudels & Anders 2014, 232] Ein Paar steht sich gegenüber. Mit den Füssen stehen sie auf jeweils einer Teppichfliese. Nun versuchen sie sich gegenseitig von den Fliesen runterzudrücken, -ziehen oder – schieben.

Kasten 1: Beispiele für unterschiedliche Rollenverteilungen

Für Kinder und Jugendliche mit kognitiven Beeinträchtigungen bietet sich der Einsatz von Ringen und Raufen Sequenzen nach dem Konzept von Beudels und Anders [2014] nun aus zwei Gründen an:

1. Rein entwicklungsbedingt ist auch bei jungen Menschen mit einer kogni-tiven Beeinträchtigung ein Bedürfnis nach Auseinandersetzung, Erleben der eigenen Kraft und Autonomie vorhanden.

Durch ein Angebot zum Ringen und Raufen kann dieses Bedürfnis in einer konstruktiven und entwicklungsförderlichen Art und Weise aufgegriffen wer-den. Eine geschlechtersensible Anleitung sollte gewährleistet sein, um Jungen und Mädchen einen individuumszentrierten Zugang zu diesem Erfahrungs-feld zu ermöglichen und die Festigung gesellschaftlicher Geschlechterrollen-zuschreibungen, die die individuelle Entwicklung hemmen können, zu ver-meiden [vgl. Welsche 2015, Welsche 2014].

2. Diese Zielgruppe zeigt häufig Auffälligkeiten im Sozialverhalten [Fied-ler, 2007]. Die Fähigkeit, Emotionen anderer zu erkennen und Perspek-tivenwechsel vorzunehmen, entwickelt sich langsamer, das Erlernen so-zialer Kompetenzen ist erschwert [Sarimski, 2001]. Bei Menschen aus dem Autismusspektrum gehören Beeinträchtigungen der Interaktion und des Sozialverhaltens zur Kernsymptomatik [Freitag, 2008].

Ein Ringen und Raufen Angebot kann demnach genutzt werden, um die Entwicklung sozialkompetenter Verhaltensweisen zu erlernen oder Entwicklungsschritte in diesem Bereich zu festigen. Die Berücksichtigung der oben genannten Aspekte ist für die Arbeit mit kognitiv beeinträchtigten Kindern also genauso relevant wie für Kinder, die „nur" emotional-soziale Verhaltensauffälligkeiten zeigen.

Neben den oben erwähnten Aspekten sollten noch folgende Zielgruppen spezifische Hinweise beachtet werden:

- Der motorische Entwicklungsstand bei Menschen mit einer geistigen Behinderung zeigt interindividuell eine große Variabilität. Bei aller Heterogenität des motorischen Erscheinungsbildes kann bei Menschen mit einer kognitiven Beeinträchtigung allerdings in der Mehrzahl der Fälle von einer deutlichen Verzögerung der motorischen Entwicklung bis hin zu bleibenden Einschränkungen in der Motorik ausgegangen werden [Knoll & Fediuk 2015]. Demnach müssen Spiele und Aktivitäten in besonderer Weise den motorischen Fähig- und Fertigkeiten angepasst werden. Auch im Rollstuhl kann gerangelt werden, bei unsicherem Stand kann der Boden als Unterstützung dienen und selbst das Spiel „Fingerjudo" (s. Kasten 2) bedient viele Aspekte des Ringen und Raufens ohne eine hohe Bewegungskompetenz zu fordern.

- Um eine Überforderung in kognitiver Hinsicht zu vermeiden, sollten die Regeln und das Spiel leicht verständlich und nicht zu kompliziert sein. Eine Visualisierung von Regeln, Informationen zum Spiel und des Zeitverlaufes (z. B. durch einen Timetimer) kann hilfreich sein, um die Informationsverarbeitung zu unterstützen und durch Strukturierung Sicherheit zu bieten. Die individuelle Aufmerksamkeitsspanne der TeilnehmerInnen sollte beachtet werden, z. B. bei der Länge eines möglichen Anfangs- und Abschlusskreises mit Reflexionsanteil. Da die Merkfähigkeit beeinträchtigt sein kann, sollten wichtige Informationen wiederholt werden. Regeln könnten auch als Poster visualisiert und im Raum aufgehängt werden, sodass jederzeit darauf zurückgegriffen werden kann.

- Der Förderung von Bewegung und Wahrnehmung im Handlungskontext kommt bei der Zielgruppe nach Fischer [2013] eine grundlegende Bedeutung zu, deshalb sollten Spiele und Aktivitäten zu diesen Erfahrungsbereichen feste Bestandteile eines Ringen und Raufen-Angebotes sein.

Fingerjudo: zwei Spieler verschränken die Innenflächen ihrer rechten bzw. linken Hand ineinander. Mit dem Daumen wird versucht, den Daumen des Partners einzuklemmen. Vor und nach dem „Kampf" verbeugen sich die Partner mit ihren Daumen voreinander als Zeichens des Respekts und der Fairness.

Kasten 2: Beschreibung des Spiels „Fingerjudo"

Für Kinder und Jugendliche mit einem besonderen Förderbedarf eignet sich die Kombination der Spiele zum Ringen und Raufen, wie Beudels und Anders sie in ihrem Buch beschreiben, in besonderer Weise mit Aktivitäten aus dem Sherborne Konzept. [Welsche 2018, Welsche & Werthmann in diesem Buch]. Viele der vorgeschlagenen Spiele von Beudels und Anders in den verschiedenen Bausteinen können den Sherborneschen Beziehungsdimensionen des „Füreinander", „Gegeneinander" und „Miteinander" zugeordnet werden. Spielideen zu Vertrauen aufbauen (Baustein 3) entsprechen dabei häufig der Dimension des „Füreinander", die Sequenzen zum Ringen und Raufen im engeren Sinne dem „Gegeneinander" entsprechen.

Durch Aktivitäten zur Körper-, Raum- und Bewegungserfahrungen aus dem Sherborne Konzept kann die Entwicklung emotionaler und körperlicher Sicherheit gefördert werden [vgl. Welsche 2018]. Sequenzen zu den Beziehungsdimensionen „Füreinander" und „Miteinander" können für manche Klienten hilfreich sein, um auf das Ringen und Raufen im eigentlichen Sinne vorzubereiten.

3. Förderung der Ich- und Sozial Kompetenz für Jugendliche mit einer geistigen Behinderung: Ergebnisse eines Projektes

Die Ergebnisse einer qualitativen Pilotstudie zur Frage der Förderung emotional-sozialer Kompetenzen von Jungen mit einer geistigen Behinderung zwischen 12-16 Jahren (n=8) durch ein 1x pro Woche über 3 Monate stattfindendes Angebot zum Ringen und Raufen zeigten das Potential für die Adressaten [Welsche & Schäffler 2016].

Wie die Rückmeldungen der LehrerInnen und die Ergebnisse der Beobachtung mit der Leuvener Beobachtungsskala [Simons et al. 1989] zeigen, wurde
das Ringen und Raufen Projekt von den Jugendlichen sehr gut angenommen.
Gerade Jugendliche, die sonst (Körper-)Kontakt vermeiden, zeigten sich interessiert, motiviert und aktiv. Auch ein Junge aus dem Autismusspektrum, eine
Klientel, welcher häufig eine Abwehr körperlicher Kontakte zugeschrieben
wird, konnte den Kontakt gut annehmen und gestalten.

Ein befragter Lehrer führte die scheinbar ungewöhnlich große Motivation auf das alterstypische Thema des Rangeln und Raufens mit Gleichaltrigen zurück. Diese persönliche Einschätzung bestätigt die entwicklungspsychologische Bedeutung, die dem Konzept zugeschrieben wird, auch für das
Jugendalter. Die Selbstwahrnehmung in Abgrenzung zu anderen, wie auch
die Positionierung in der Peergroup gelten als grundlegende Entwicklungsthemen des frühen Jugendalters [Oerter & Dreher, 2008], für Jugendliche
mit und ohne Behinderung. Ein weiterer Erklärungsansatz für die bei vielen
ungewöhnlich hohe Motivation könnte laut einer befragten Lehrerin darin
liegen, dass, anders als im Sportunterricht, alle Jungen mit ihren unterschiedlichen Fähig- und Fertigkeiten an den Aktivitäten teilnehmen und sich als
kompetent und erfolgreich erleben konnten.

Die Ergebnisse der strukturierten Beobachtung bildeten ab, dass bei Jungen
mit einem sehr niedrigen Ausgangsniveau zum Teil deutliche Veränderungen
in der Ich- und Sozialkompetenz feststellbar waren, die in Teilen durch die
Rückmeldungen der LehrerInnen bestätigt wurden. Die befragten LehrerInnen berichten hingegen, dass gerade die kompetenteren Jugendlichen, von
dem Angebot besonders profitiert hätten, was sich in den LOVIPT-Skalen
nicht abbildet, was als mangelnde Sensibilität des Instrumentes interpretiert
werden könnte. Auch wenn die positiven Ergebnisse aufgrund der Kürze des
Projektes eher als Tendenz denn als stabile Entwicklungen gesehen werden
müssen, geben sie einen Hinweis darauf, dass entwicklungsförderliches Potential und eine Passung an die Zielgruppe vorhanden zu sein scheint.

4. Zusammenfassung

Unter Berücksichtigung zielgruppenspezifischer Aspekte ist das Konzept des Ringen und Raufens auch für Kinder und Jugendliche mit kognitiven Beeinträchtigungen ein lohnender Ansatz, um

a) das entwicklungsbedingte Bedürfnis nach Kräftemessen konstruktiv und in einem pädagogischen Rahmen aufzugreifen und

b) die Entwicklung und Festigung emotional-sozialer Kompetenzen im Kontext eines altersangemessenen Angebotes unterstützen zu können.

Literatur

Anders, W. & Beudels, W. [2003]. R&R. Sportpädagogik 27 (3): 4-9.

Beudels, W. & Anders, W. [2014]. Wo rohe Kräfte sinnvoll walten: Handbuch zum Ringen, Rangeln und Raufen in Pädagogik und Therapie. Borgmann, Dortmund.

Fiedler, D. [2007]. Soziale Kompetenz bei Menschen mit geistiger Behinderung. Julius Klinkhardt, Bad Heilbrunn.

Fischer, K. [2013]. Bewegung, Spiel und Sport. In: Neuhäuser, G, Steinhausen, H-Chr., Häßler, F. & Sarimski, K. (Hrsg.). Geistige Behinderung. Grundlagen, Erscheinungsformen und klinische Probleme, Behandlung, Rehabilitation und rechtliche Aspekte. 4te vollständig überarbeitete und erweiterte Aufl. Kohlham-mer, Stuttgart: 336-350.

Fischer, K. [2009]. Einführung in die Psychomotorik. Ernst Reinhardt, München.

Freitag, C. M. [2008]. Autismus-Spektrum-Störungen. Ernst Reinhardt, München.

Funke-Wieneke, J. [2004]. Handlung, Funktion, Dialog, Symbol. Menschliche Bewegung aus entwicklungspsychologischer Sicht. In G. Klein (Hrsg.). Bewegung. Sozial- und kulturwissenschaftliche Konzepte. transcript Verlag, Bielefeld: 79-106.

Funke-Wieneke, J. [2000]. Die pädagogische Bedeutung des Judo für Kinder und Jugendliche. In: Pöhler, R (Hrsg.). Judo & Pädagogik. Üben – Erziehen – Helfen – Vermitteln. Schneider Verlag, Frankfurt – Hohengehren: 10-22.

Knoll, M. & Fediuk, F. [2015]. Geistige Behinderung. In: Wegner, M., Scheid, V. & Knoll, M. Handbuch Behinderung und Sport, Beiträge zur Lehre und Forschung im Sport. hofmann, Schorndorf: 193-204.

Lange, H. [2010]. „Kämpfen-lernen" als Bildungsthema im Fokus sportpädagogischer Arbeit. In Lange, H. & Leffler, T. (Hrsg.). Kämpfen – lernen als Gelegenheit zur Gewaltprävention?! Interdisziplinäre Analysen zu den Problemen der Gewaltthematik und den präventiven Möglichkeiten des „Kämpfen – lernens". Schneider Verlag, Hohengrehen: 191-213.

Lippitz, D. & Welsche, M. [2014]. Wie erleben Kinder Unterrichtseinheiten zum Thema „Ringen und Raufen"? – Auswertung einer Fragebogenerhebung zu Bedingungen für positives Erleben. In: Liebl, S (Hrsg.). Kampfkunst und Kampfsport in Forschung und Lehre 2013. Feldhaus Hamburg. Edition Czwalina: 115-123.

Oerter, R. & Dreher, E. [2012]. Jugendalter. In Oerter, R. & Montada, L. (Hrsg.). Entwicklungspsychologie. Beltz, Weinheim: 271-331.

Sarimski, K. [2001]. Kinder und Jugendliche mit geistiger Behinderung. Hogrefe, Göttingen.

Simons, J., Van Coppenolle, H., Pierloot, R. & Wauters, M. [1989]. Zielgerichtete Beobachtung des Bewegungsverhaltens in der Psychiatrie. Motorik 12: 66-71.

Welsche, M. [2018]. Beziehungsorientierte Bewegungspädagogik. Reinhardt Verlag, München.

Welsche, M. & Werthmann, R. (in diesem Buch).

Welsche, M. & Schäffle, L. [2016]. „Ringen und Raufen" für Jugendliche mit einer geistigen Behinderung, Auswirkungen auf die Ich- und Sozialkompetenz. In: Meyer, M. (Hrsg.). Kampfkunst und Kampfsport in Forschung und Lehre 2015. Feldhaus, Hamburg. Edition Czwalina: 134-143.

Welsche, M. [2016]. Nicht nur für die wilden Kerle „Ringen und Raufen" zur Entwicklungsförderung im Kontext heilpädagogischen Handelns. heilpaedagogik.de 2: 6-13.

Welsche, M. [2015]. Geschlechtsidentität im Kindes- und Jugendalter. Entwicklungspsychologische Perspektiven, Stellenwert in und Bedeutung für die Psychomotorik. In: Reichenbach, Ch. & Richter-Mackenstein, J. (Hrsg.). Forschungsansätze und Methodendiskussion, von prä- und perinatalen Erfahrungen, Identitäten und Geschlechterkonstruktionen bis körperorientierten Methoden in Psychomotorik und Motologie. Wissenschaftlicher Verlag für Psychomotorik und Motologie, Marburg: 37-51.

Welsche, M. [2014]. Wie erleben Mädchen und Jungen „Ringen und Raufen"– eine qualitative Erhebung mittels geschlechtsspezifischer Gruppendiskussionen. In: Liebl, S. (Hrsg.). Kampfkunst und Kampfsport in Forschung und Lehre 2013. Feldhaus, Hamburg. Edition Czwalina: 194-202.

Mone Welsche & Ralf Werthmann

Beziehungsorientierte Bewegungspädagogik nach Veronica Sherborne – Sherborne Bewegungspädagogik

1.Einleitung

Das Konzept der Beziehungsorientierten Bewegungspädagogik geht auf die englische Bewegungspädagogin und Physiotherapeutin Veronica Sherborne [1922-1999] zurück [Sherborne 2001]. Inspiriert von der Bewegungslehre Rudolf von Labans [Laban et al. 2003; Kennedy 2010] entwickelte sie das Konzept für Kinder mit besonderen Bedürfnissen. Die Bedeutung der frühen und unterstützenden Beziehungserfahrungen und deren Auswirkungen auf die Entwicklung der kommunikativen und sozialen Fähigkeiten sowie die zentrale Rolle, die sie der Bewegung für die individuelle Entwicklung zuschrieb, bilden das Fundament des Konzeptes.

Als Grundlage benennt Sherborne selbst lediglich Labans Bewegungslehre, ergänzt um Erkenntnisse über die Bedeutung von positiven Beziehungserfahrungen aus ihren langjährigen Erfahrungen mit und Beobachtungen von Kindern. Zur theoretischen Fundierung dieses eher praxeologischen Ansatzes wurden aktuell Bezüge zur Bewegungspädagogik und Sportwissenschaft als auch zu anthropologischen und entwicklungspsychologischen Ansätzen und Theorien hergestellt [Welsche 2018]. Diese begründen und verdeutlichen das Potential des Konzeptes für entwicklungsförderliche Prozesse.

Sherborne ging von folgenden Grundannahmen aus:
„Kinder müssen sich in ihrem Körper zu Hause fühlen können, um eine gute Körperbeherrschung zu erlangen und sie müssen fähig sein, Beziehungen zu gestalten."

„Bewegungserfahrungen sind fundamental für die Entwicklung aller Kinder, aber wichtig für Kinder mit speziellen Bedürfnissen, welche häufig Schwierigkeiten in der Beziehungsgestaltung zu ihrem eigenen Körper und zu anderen Personen haben. Bewegungserfahrungen sollten für Kinder mit speziellen Bedürfnissen konzentrierter und kontinuierlicher angeboten werden als für nichtbehinderte Kinder." [Welsche 2018, 25f].

Im Laufe der Zeit erweiterte sich die Adressatengruppe. Das Konzept kann in allen pädagogischen Kontexten über die Lebensspanne eingesetzt werden, in welchen die Entwicklung von **Körper- und Raumwahrnehmung, Bewegungs-und/oder Beziehungskompetenz** als Ziel formuliert ist.

Da eine breite Auswahl von Aktivitäten mit unterschiedlichen Anspruchsniveaus zu den einzelnen Bausteinen zur Verfügung steht, kann die Gestaltung der Stunden den Bedingungen verschiedenster Adressaten angepasst werden. Nicht nur für Kinder mit leichten bis schweren Beeinträchtigungen, auch für Jugendliche, Erwachsene und Senioren mit und ohne besonderen Bedürfnissen können Angebote nach diesem Konzept gestaltet werden, um zielgerichtet entwicklungsförderliche Erfahrungen zu allen oder einzelnen der oben genannten Bereiche zu vermitteln.

Für inklusive Angebote eignet sich das Konzept in besonderer Weise. Sherborne arbeitete bereits in den 1980ern mit heterogenen – heute würden wir vielleicht sagen: inklusiven – Gruppen. Unterschiede in den Fähigkeiten und Fertigkeiten der TeilnehmerInnen sah sie als Chance für die Entwicklung jedes einzelnen. In der Partnerarbeit, die eine sehr häufig angebotene Sozialform im Sherborne Konzept darstellt, können gerade Menschen mit unterschiedlichen Funktionsniveaus voneinander profitieren [vgl. Welsche 2018].

Von den grundlegenden Annahmen werden übergeordnete Entwicklungsbereiche abgeleitet, welche durch die verschiedenen Bewegungsaktivitäten angesprochen werden können und die sich, wie bei den meisten bewegungspädagogischen Konzepten, aus einer motorischen und einer persönlichkeitsfördernden Komponente zusammensetzen. Die Ziele des Konzeptes liegen im Aufbau von:

• **Selbstvertrauen**
• **Körperkenntnis**
• **körperlicher** und **emotionaler Sicherheit** sowie
• **Kommunikationsfähigkeit**

Mit den Sherborne typischen Bewegungsaktivitäten, in welchen weitestgehend auf Material verzichtet wird, werden sowohl **Beziehungserfahrung zur eigenen Person** als auch **zu anderen Menschen** vermittelt. Die Bedeutung einer guten Körper-, Bewegungs-, Zeit- und Raumwahrnehmung sowie Bewegungskontrolle wird betont. Diese ist notwendig, um sich an die Umwelt anzupassen, sie den eigenen Wünschen und Bedürfnissen entsprechend zu gestalten und sich ausdrücken zu können.

Die Bewegungsaktivitäten zum „Füreinander", „Gegeneinander" und „Miteinander" ermöglichen es, differenzierte Beziehungserfahrungen zu vermitteln.

2. Beziehungserfahrung zur eigenen Person durch Förderung der Körper-, Bewegungs-und Raumwahrnehmung

Mit Aktivitäten zur Förderung der **Körperwahrnehmung** können Körperkenntnis und Bewegungskontrolle entwickelt werden. Die ganzkörperliche Wahrnehmung, die Wahrnehmung des Rumpfes, der Körpermitte und der gewichtstragenden Körperteile wie Knie und Hüfte wird besonders betont. Sherborne ging davon aus, dass diese Körperpartien die Basis aller Bewegung darstellen und deshalb besonders beachtet werden sollten. Aktivitäten wie z. B. Rollen, Robben, Hüpfen, Springen bieten Gelegenheiten, um diese Wahrnehmung zu vermitteln.

Impulse zur Förderung der **Bewegungswahrnehmung** unterstützen die Exploration verschiedener Bewegungsqualitäten (s. Tab.1), wie sie in der Laban Bewegungslehre beschrieben werden. So kann ein breites Bewegungs- und damit Ausdrucks- und Handlungsrepertoire entwickelt werden. Aktivitäten zu diesem Bereich sollen motivieren, Bewegungen mit verschiedenen Antriebsqualitäten – leicht, kraftvoll, direkt, indirekt, plötzlich, allmählich, gebunden, frei – auszuprobieren.

Bewegungsqualitäten	
Antriebsfaktoren	Antriebselemente
Kraft	kraftvoll - leicht
Bewegungsfluss	gebunden - frei
Zeit	allmählich - plötzlich
Raum	direkt - indirekt

Tab. 1: Die Bewegungsqualitäten nach Laban (Laban et al. 2003)

Über die Exploration des **persönlichen und allgemeinen Raumes** kann ein sicheres Raumgefühl erlangt werden. Die Wahrnehmung des persönlichen Raumes, der in die kleine, körpernahe Kinesphäre, die mittlere und die große Kinesphäre unterschieden wird, wird insbesondere in Aktivitäten ermöglicht, in welchen die TeilnehmerInnen motiviert werden, sich besonders klein zu machen, wie z. B. wenn sie sich als Schildkröte zusammenziehen oder versuchen, sich wie eine Kugel vorwärts zu bewegen oder möglichst groß zu machen und viel Raum einzunehmen, wie in Abb. 1. Hier explorieren zwei Menschen gemeinsam die große Kinesphäre.

Abb. 1: Exploration der großen Kinesphäre in Partnerarbeit

Diese Bausteine werden durch die emotionale Komponente der Selbstwahrnehmung ergänzt. In und durch die Bewegungs-, Körper-, Raum- und die Partnererfahrungen sollen die TeilnehmerInnen die Möglichkeit erhalten, eine positive Selbstwahrnehmung, Selbstwert und damit emotionale Stabilität zu entwickeln. Sie werden unterstützt, sich im eigenen Körper wohl und in den eigenen Bewegungen wie im Raum sicher zu fühlen.

3. Beziehungsgestaltung zu anderen Menschen

In der Beziehungsgestaltung zu anderen Menschen wird im Sherborne Konzept in drei Dimensionen unterschieden:
- In „Füreinander" oder Caring Beziehungen unterstützt oder umsorgt ein Partner einen anderen oder wird unterstützt oder umsorgt.

- „Gegeneinander" oder Against Beziehungen sind durch den Einsatz von Kraft gegen jemand anderen gekennzeichnet, sei es um Widerstand zu leisten oder um sich durchzusetzen. Hierbei wird das Gegenüber jedoch nicht als Konkurrent, sondern als gleichberechtigter Partner gesehen.
- „Miteinander" oder Shared Beziehungen umschreibt eine Beziehungsgestaltung, in welcher beide Partner ein Miteinander in der Aktion erleben und in der Bewegungsaktivität voneinander abhängig sind. Diese Aktivitäten können nur gelingen, wenn beide miteinander kooperieren.

3.1 „Füreinander" oder Caring Beziehungen

Die „Füreinander" Beziehung zeichnet sich durch den fürsorglichen Umgang eines Menschen mit seinem Partner aus. Die einzelnen Aktivitäten zu dieser Beziehungsdimension können einen ruhigen, entspannenden oder einen aktivierenden Charakter haben. So kann ein Partner den anderen z. B. tragen, wiegen oder beim Rollen, Schaukeln, Springen oder Balancieren (Abb. 3) unterstützen.

Ziel dieser Aktivitäten ist die Entwicklung von körperlicher und emotionaler Sicherheit durch die körperliche Unterstützung des Partners. Im Rollenwechsel wird das Erleben von Kompetenz in der Unterstützung anderer ermöglicht. Diese Aktivitäten sind auch in der Gruppe gut umsetzbar, wie die Abb. 2 zeigt.

Abb. 2: Die Rückenwiege als „Füreinander" Situation in der Gruppe

Abb. 3: Die Kniebalance

3.2 „Gegeneinander" oder Against Beziehungen

Die „Gegeneinander" Beziehung zeichnet sich durch ein Kräftemessen aus, in welchem ein Partner den anderen in der Wahrnehmung der eigenen Kraft unterstützt. Im Vordergrund steht die (Wieder-)Entdeckung von Selbstän-digkeit, Abgrenzung, Kraft und Individuation. In der Co-Therapeuten Kon-stellation ermöglicht der Unterstützung gebende Teilnehmer seinem Partner die Erfahrung, Kraft und Energie zu haben, indem er in spielerischer Art und Weise den vollen Krafteinsatz seines Gegenübers herausfordert und fördert.

Der unterstützende Teilnehmer investiert immer nur so viel Kraft, wie sein Partner braucht, um die eigene Kraft dagegen zu setzen. Der Unterstützung annehmende Teilnehmer wird so motiviert, seine Kraft zu nutzen und sollte Erfolg erleben, wenn er all seine Energie eingesetzt hat.

Das Ziel der Aktivitäten zu dieser Beziehungsdimension liegt darin, die Teil-nehmerInnen darin zu unterstützen, die eigene Energie und Kraft zu entde-cken, diese zielgerichtet einzusetzen und Durchsetzungsvermögen zu entwi-ckeln. In diesen Aktivitäten sollte das Gegenüber als PartnerIn und nicht als GegnerIn gesehen werden.

In den Partneraktivitäten zum „Gegeneinander" können Sequenzen nach unterschiedlicher Rollenverteilung, aktiv-aktiv und passiv-aktiv, unterschieden werden. In einigen Aktivitäten verfolgen beide Partner dasselbe Ziel und die-selbe Rolle (aktiv-aktiv), z. B. wenn beide Partner versuchen, sich Rücken an Rücken wegzuschieben. Neben den Gegeneinander Aktivitäten aus dem Sherborne Konzept, können auch einige Spiele aus dem „Ringen und Rau-fen" nach Beudels & Anders [2014] dieser Form der Beziehungsgestaltung zugeordnet werden.

Eine unterschiedliche Rollenverteilung liegt dann vor, wenn die Partner an-dere Ziele und Rollen haben, wie auf der Abb. 4 zu sehen. Hier versucht ein Partner den anderen umzuschieben (aktiv), während der Partner im Vierfüßler versucht, die Position zu halten (passiv). Diese Rollenverteilung ist als Her-anführung an „Gegeneinander" Aktivitäten sinnvoll und besonders hilfreich, wenn beide Partner noch nicht bereit sind, gleichgestellt miteinander zu rangeln und Kräfte zu testen. Durch die fehlende direkte Auseinandersetzung wird die Gefahr einer Eskalation im Vergleich zu einer aktiv/aktiv Situation reduziert.

Darüber hinaus wird ein Perspektivenwechsel angeboten, durch welchen das freudvolle Erleben der eigenen Kraft in spielerischer Atmosphäre in den Vordergrund der Aktivität gesetzt wird – und nicht das „Gewinnen und Verlieren".

Abb. 4: Eine „Gegeneinander" Aktivität mit einer aktiv/passiv Rollenverteilung

„Miteinander" oder Shared Beziehungen

Die Erfahrung der gegenseitigen Abhängigkeit in Bewegung und im direkten Körperkontakt steht hier im Vordergrund. Dies wird vor allem durch Balanceaktivitäten (Abb. 5 und 6) ermöglicht, in welchen jeder seine stabile Position aufgeben muss, um eine gemeinsame Stabilität zu ermöglichen.

Ein zentrales Ziel liegt darin, durch die Erfahrung der gegenseitigen Abhängigkeit die Wahrnehmung des anderen, die Fokussierung der Aufmerksamkeit auf die Aktivität und die Bereitschaft zur Kooperation zu fördern. Sie erfordert und übt die Fähigkeit, auf den Partner zu achten. Der Blickkontakt, der sich meist von selbst einstellt, unterstützt die Konzentration, die Kooperationsfähigkeit und vor allem die Wahrnehmung des Gegenübers.

Abb. 5: Standbalance mit Hilfestellung   **Abb. 6:** Fusskerze

4. Hinweise zur Durchführung der Stunden

Die Gestaltung einer Stunde sollte immer den Bedürfnissen und Bedingungen der TeilnehmerInnen angepasst sein. Durch eine zielgerichtete Beobachtung mit Blick auf die verschiedenen Bausteine des Sherborne Konzeptes [Welsche 2018, 49ff], können Informationen über Präferenzen, Fähigkeiten, Fertigkeiten und Ressourcen wie auch Einschränkungen gesammelt werden. Der Schwerpunkt der ersten Stunden sollte in der Erfassung dieser Informationen liegen, um eine zu den Bedürfnissen und Möglichkeiten der Teilnehmenden passende Planung zu ermöglichen.

Der Stundengestaltung liegen darüber hinaus übergeordnete Prinzipien zugrunde [Welsche 2018, 42ff], die in der folgenden Aufzählung kurz benannt werden:

- Präsenz und Vermittlung eines Gemeinschaftsgefühls durch die Leitung
- Erfahrungsmöglichkeiten statt Übungen anbieten
- Kreativität ermöglichen und gegenseitige Wertschätzung innerhalb der Guppe fördern
- Partizipation und Engagement ermöglichen
- Freude statt Konkurrenz und Leistungvergleiche fördern
- Emotionale Sicherheit bieten
- Durch Personenzentrierung und Differenzierung auf individuelle Bedürfnisse der Teilnehmerinnen eingehen
- Selbstbestimmung und Initiative ermöglichen
- Ausreichende Zeit für die Aktivitäten geben
- Ressourcenorientierung
- Bewusste Körperwahrnehmung ermöglichen

Der inhaltliche Ablauf einer Stunde kann dann sehr unterschiedlich gestaltet werden, abhängig von den Bedürfnissen und Möglichkeiten der TeilnehmerInnen. Allgemeine und zielgruppenspezifische Hinweise für die Stundenplanung, exemplarische Stundenbilder für unterschiedliche Adressatengruppen sowie verschiedene unterschiedlich herausfordernde Aktivitäten zu den Bausteinen des Sherborne Konzeptes werden von Welsche [2018] beschrieben.

Organisation und Weiterbildung

Die Internationale Dachorganisation Sherborne Cooperation (ISCO) wurde 1992 gegründet *(www.sherborneinternational.com)*. Laut ISCO werden in Großbritannien, Belgien, Niederlande, Schweden, Deutschland, Spanien, Portugal, Italien, Griechenland, Türkei, Norwegen, Japan, Polen, Finnland, Ukraine, Brasilien, Dänemark, Kuba, Kapverden, Irland, Südafrika und Estland Projekte nach dem Sherborne Konzept durchgeführt. In der ISCO haben aktuell Großbritannien, Belgien/Niederlande, Schweden und Norwegen einen festen Sitz als Landesvertretungen. Deutschland befindet sich in diesem Gremium als „Floating member" („schwebendes Mitglied"), als eine sich im Aufbau befindliche Landesvertretung, repräsentiert durch Ralf Werthmann. Die offizielle Weiterbildung findet im Rahmen eines von der ISCO ausgearbeiteten Kurssystems statt. Dieses gliedert sich in zwei Basiskurse, die mit einem nationalen Zertifikat abschließen, einem mehrtägigen internationalen Kurs, der mit einem internationalen Zertifikat abschließt, sowie einem Leistungsnachweis zur Erlangung der internationalen Lehrberechtigung. Detailliertere Informationen sind auf der offiziellen Homepage *www.sherborne-deutschland.de* zu finden.

Literatur

Beudels, W. & Anders, W. (2014): Wo rohe Kräfte sinnvoll walten: Handbuch zum Ringen, Rangeln und Raufen in Pädagogik und Therapie. Borgmann, Dortmund.

Kennedy, A. (2010): Bewegtes Wissen. Logos, Berlin

Laban, R., Ullmann, L., Vial, K. (2003): Der moderne Ausdruckstanz in der Erziehung. Eine Einführung in die kreative tänzerische Bewegung als Mittel zur Entfaltung der Persönlichkeit. 6. Aufl. Florian Noetzel Verlag, Wilhelmshaven

Sherborne, V. (2001): „Developmental Movement for children", Worth Publishing, London

Welsche, M. (2018): Beziehungsorientierte Bewegungspädagogik", reinhardt Verlag, München

Gottfried Maria Barth

Nur noch online? – Wie verändern neue Medien unsere privaten und professionellen Beziehungen: Welche Möglichkeiten und Gefahren bringen sie?

Neue Medien beschäftigen derzeit intensiv Fachleute wie Familien und es stehen sich häufig sehr gegensätzliche Positionen gegenüber. Das führt bei vielen, vor allem bei vielen Eltern zu einer großen Verunsicherung, bei manchen auch zu einer rigiden Haltung, deren Begründung in der Regel einer kritischen Hinterfragung jedoch nicht standhält. Es werden von der einen Seite große Chancen in der Nutzung neuer Medien gesehen. Dies wird verbunden mit dem Appell, Kinder und Jugendliche könnten nicht früh genug in die Medienwelt eingeführt werden, da diese die reale Welt abbildeten. Auf der anderen Seite wird gewarnt vor den Gefahren der Neuen Medien bis hin zur Prophezeiung einer digitalen Demenz (Spitzer 2012) mit der Folgerung, Kinder und Jugendliche möglichst lange von den Neuen Medien fern zu halten. Beide Standpunkte können jedoch auf wenig fundiertes Wissen über positive oder negative Auswirkungen zurückgreifen. Es bleibt überwiegend bei Vermutungen, was neue Medien mit unserer Welt und unserer Kommunikation machen.

Eine erste hilfreiche Differenzierung wäre die zwischen unmittelbaren und indirekten Folgen der Mediennutzung. Unmittelbare Folgen können die Preisgabe intimer Daten oder der Präsenzdruck durch die Medienwelt ebenso sein wie Folgen der Ablenkung durch Mediennutzung oder Vernachlässigung anderer wichtiger Aufgaben. Indirekte Folgen können massive innerfamiliäre Auseinandersetzungen um die Mediennutzung sein mit großen Belastungen für Familien oder völligem Zerbrechen des Familienzusammenhalts.

Viele Fragen bleiben dabei offen:

- Sind Online-Kontakte Ersatz oder Ergänzung von nicht medial vermittelten Beziehungen?
- Ist der Ersatz durch Neue Medien für bestimmte Jugendliche hilfreich?
- Gibt es eine neue Qualität von Kontakten?
- Gibt es negative Folgen der neuen Online-Welt?

• Quo vadis heutige Jugend?...
Nur teilweise sind Antworten möglich, die im Folgenden angedeutet werden.

Die Welt der neuen Medien

Für unsere Jugend und unsere jungen Erwachsenen ist die Welt der elektronischen Medien zur Normalität geworden. Menschen, die zusammen sind, sich jedoch nicht unterhalten, sondern gebannt in ihr Smartphone schauen, gehören zum normalen Straßenbild. Die Schlussfolgerung, dass die Medien Kommunikation beeinträchtigen, lässt sich jedoch nicht daraus ableiten, da ein Schwerpunkt der Smartphone-Nutzung die Kommunikation ist. Bei weitem ist die Präsenz der Medien nicht nur auf die junge Generation beschränkt. Überall, auch in der Politik, im Geschäftsleben, an der Börse – die Kommunikation per Smartphone in jeder Lebenssituation ist nicht mehr weg zu denken. Die Psychotherapie ist vielleicht einer der letzten Bastionen, in denen die Smartphone-Nutzung noch nicht permanent präsent ist. Bezeichnend, dass kaum noch Jugendliche Facebook nutzen – bei ihnen besteht ein Bewusstsein über die problematische Datensicherheit. Aber WhatsApp, Instagram, Snapchat, YouTube, Spotify, Netflix und viele weitere gehören zum Alltag der meisten Jugendlichen. Gibt es einen grundlegenden Unterschied zum Radiohören früherer Generationen? Das Risiko, mit verstörenden Inhalten konfrontiert zu werden oder sich zum Affen zu machen (Kommentar einer 14-jährigen zu „musical.ly") ist größer. Auf der anderen Seite werden die Inhalte bewusster ausgewählt, kein ständiges seichtes berieselt werden wie früher.

Jugendliche und immer mehr Kinder bewegen sich mit einer sehr großen Sicherheit in diesen Medien, die vielen Erwachsenen noch fremd sind und vielleicht gerade deshalb bedrohlich vorkommen. Ab dem Alter von 10 Jahren nutzten im Jahr 2016 über 90% der Kinder Computer oder Laptop (KIM-Studie 2016). Ab dem Alter von 12 Jahren hat sich der Smartphone-Besitz in den Jahren 2012-2016 bei den Kindern und Jugendlichen zur Normalität für 91% der älteren Kinder und 96% der Jugendlichen entwickelt (JIM-Studie 2016). Die durchschnittliche Onlinenutzung von Jugendlichen hat sich von 2006 bis 2016 von etwa 100 Minuten auf etwa 200 Minuten verlängert (JIM 2016). Bei all diesen Zahlen ist praktisch kein Geschlechtsunterschied zu erkennen. Der Zugang zum Internet verlagert sich immer mehr auf das Smartphone, bei Mädchen bereits zu 83% (Jungen: 69%) (JIM 2016). Damit verschiebt sich der Online-Kontakt weg vom häuslichen Computer hin in alle Lebenssituationen. Der Unterschied zwischen Jungs und Mädchen dürfte an den genutzten Inhalten liegen: viele der überwiegend von Jungs gespielten PC-Spiele sind nur auf vollwertigen Computern interessant. Daneben schauen Jungs noch mehr YouTube, wohingegen Mädchen in den Kommunikationsplattformen aktiver sind, allen voran WhatsApp und Instagram (Jim 2016 und KIM 2016).

Beim oberflächlichen Hinsehen scheinen die elektronischen Medien alles zu bestimmen. In der genauen Befragung der Themeninteressen liegen Freunde und Freundschaft weit vor der Bedeutung der elektronischen Medien. Und diese liegen lediglich gleichauf mit Interessen wie Sport, Tiere und Mode (KIM 2016). Es gibt derzeit keine Hinweise, dass die Medien selbst alle anderen Interessen verdrängen, allerdings werden sie gerade im Bereich Freundschaft intensiv genutzt. Ab dem Alter von 12 Jahren verabredet man sich über Text- und Sprachnachrichten, einfach vorbei gehen oder anrufen spielt dann keine Rolle mehr (KIM 2016). So wenig einheitlich wie die genutzten Inhalte sind die Einstellungen der Nutzer. Eingeteilt nach Nutzerkategorien, sogenannte Internet-Milieus, ergibt sich eine relativ gleichmäßige Aufteilung auf sieben verschiedene Nutzungsmuster, unter denen man höchsten bei einem Viertel, den Netz-Enthusiasten und den unbekümmerten Hedonisten ein eher kritikloses Eintauchen in die Medienwelt vermuten würde, bei einem weiteren Viertel (effizienzorientierte Performer und souveräne Realisten) möglicherweise eine unvorsichtige Verwendung der Medien, wogegen die Hälfte eher verantwortungsbewusst, skeptisch und unsicher im Gebrauch der Medien ist.

Internet-Nutzer-Milieus:
- Netz-Enthusiasten (15 Prozent)
- Souveräne Realisten (12 Prozent)
- Effizienzorientierte Performer (15 Prozent)
- Unbekümmerte Hedonisten (11 Prozent)
- Verantwortungsbedachte Etablierte (16 Prozent)
- Vorsichtige Skeptiker (12 Prozent)
- Internetferne Verunsicherte (19 Prozent)

DIVSI Internet-Milieus 2016

Auch hier ergibt sich kein Hinweis darauf, dass diese Medien unsere ganze Welt und unsere ganzen Beziehungen verändern würden. Zwar wird erlebt, dass ohne die elektronischen Medien die Organisation und Planung im Freundeskreis nicht mehr möglich wäre. Ebenso erleben es viele Schüler als unverzichtbar für die Schulorganisation aber auch die Planung in der Familie. Gleichzeitig sehen Jugendliche selbstkritisch, dass sie viel Zeit in die Medien verschwenden und sie erleben sich überflutet von den Nachrichten auf dem Handy (JIM 2016). Mehr als zwei Drittel der Kinder und Jugendlichen geben handyfreie Zeiten an, der Großteil dieser Zeiten erstreckt sich jedoch auf die Schule und den Schlaf. Andere Zeiten werden jeweils von maximal 15% der Befragten genannt. Für maximal 4% sind die Essenszeiten handyfrei.

Noch erschreckender sind Zahlen aus den USA über den Mediengebrauch im Kleinkind- und Säuglingsalter. Wenn hier beispielsweise die Mediennutzung im ersten Lebensjahr für Fernsehen mit über 80%, Spiele oder App-Nutzung mit über 40% angegeben wird, stellt sich die Frage nach der Qualität der Beziehungserfahrungen.

Bedeutung und Auswirkungen der neuen Medien

Die frühkindliche Kommunikation ist nach unserem heutigen Wissen ein entscheidender Faktor für die kindliche seelische Entwicklung überhaupt mit massivsten Auswirkungen bis ins hohe Alter. Oder anders gesagt, die erlebte frühkindliche Kommunikation trägt entscheidend zur Persönlichkeitsentwicklung und seelischen Gesundheit des ganzen Lebens bei. Auch wenn wir zugestehen, dass Zeiten am Bildschirm für die heutige und zukünftige Welt ausbilden, müssen wir davon das Kleinkind- und Säuglingsalter ausnehmen. In diesem Lebensabschnitt sollte weder Ausbildung noch Bildung überhaupt im Vordergrund stehen, sondern Förderung der seelischen und vor allem emotionalen Entwicklung. Zeiten am Bildschirm sind allerdings weitgehend verlorene Zeiten für unmittelbare Beziehungserfahrung. Ab einer (individuell unterschiedlichen) kritischen Zeitdauer beeinträchtigen sie die sozial-emotionale Entwicklung. Wir haben wissenschaftliche Daten, dass die frühe Mediennutzung mit sozialen und emotionalen Problemen verbunden ist. Kinder mit sozial-emotionalen Schwierigkeiten werden öfters durch Mobil-Technologie beruhigt. Frustration auf Seiten der Eltern mit dem Verhalten von Kindern im Alter von 15 bis 36 Monaten ist häufiger damit verbunden, digitale Medien als Beruhigungsmittel einzusetzen (Radesky et al. 2016). Dies prädestiniert zu einem Teufelskreis: Der Medieneinsatz beeinträchtigt die Kommunikation und damit die emotionale Entwicklung, die emotionalen Belastungen auf beiden Seiten verführen zu vermehrtem Medieneinsatz.

Eine sinnvolle Mediennutzung entspräche der vom Medienverbund Südwest vorgegebenen Medienbiographie aus 2011:

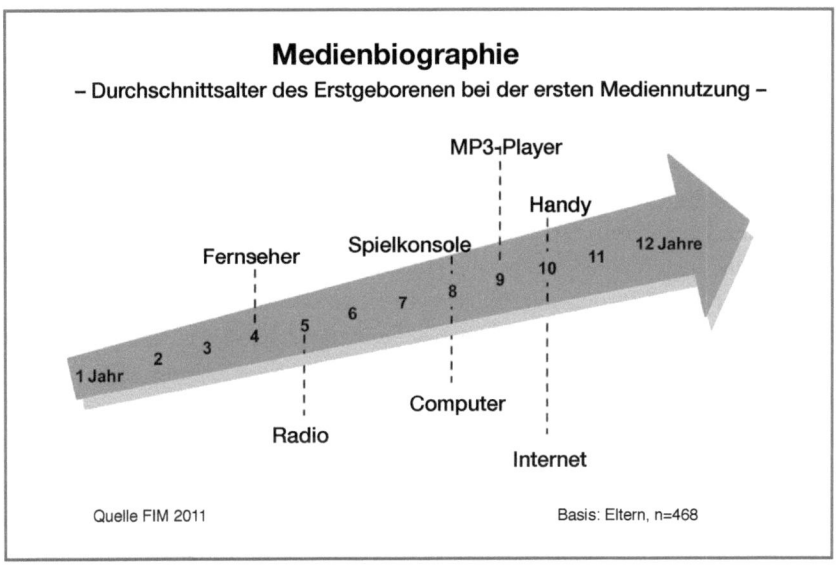

Allerdings entwickelt sich die Realität im Moment hin zu einer Smartphone-Nutzung bereits im Grundschulalter. Dann sollte wenigstens aber noch die Kindergartenzeit der unmittelbaren Beziehungserfahrung vorbehalten bleiben.

Für das spätere Kindes- und das Jugendalter fehlen uns klare Belege, dass Medien primär die Entwicklung beeinträchtigen. Es gibt jedoch zahlreiche problematische Aspekte des permanenten Mediengebrauchs. Ablenkung durch Smartphones teils mit katastrophalen Folgen gehört zu unserem Leben. Im Struwwelpeter hätte Hans guck in die Luft heute sicher ein Smartphone in der Hand. Ein Video, wie er gebannt auf sein Smartphone schauend in den Abgrund stürzt, hätte im Nu unzählige Klicks. Diese Einzelfälle scheinen den teuflischen Charakter der neuen Medien zu belegen und bergen doch auch einen gewissen Reiz. Der darauffolgende Reflex entspricht dem Struwwelpeter: Zu gerne würde man die Daumen abschneiden um die Smartphone-Nutzung bei Kindern und Jugendlichen zu verhindern. Auch extreme Folgen, wie beim Zugunglück von Bad Aibling vom 9.2.2016 mit 12 Toten und über 80 Verletzten, wurde durch die Nutzung eines Smartphone-Spiels verursacht. Völlig im Dunkel bleibt, wie viele Autounfälle durch Smartphone-Nutzung verursacht werden.

Fast unbemerkt und ohne erneute Kassandra-Rufe vollzog sich der Wandel des Internet-Zugangs hin zum Smartphone. Dennoch hat er größte Bedeutung. Zum einen ist die Online-Ablenkung als Störung in jeder Lebenssituation gegenwärtig. Zugleich ist die Kontrolle über Umfang und Inhalte der Nutzung durch Eltern dadurch noch mehr erschwert bzw. vollends verloren gegangen. Andererseits werden dadurch auch die massiven häuslichen Auseinandersetzungen weniger. Darin könnte eine Erklärung liegen, dass nach wie vor Mädchen drastisch seltener wegen exzessiver Mediennutzung in den Beratungsstellen vorgestellt werden gegenüber Jungen, die wie beschrieben noch häufiger stationäre PCs nutzen. Die unterschiedlichen Inhalte der Mediennutzung selbst (z. B. Computerspiele versus soziale Netzwerke) scheinen keinen wesentlichen Unterschied in den negativen Auswirkungen auf Alltagsleben, Schule und Arbeit aufzuweisen (Pinta-Diary 2013).

Tatsache ist, dass Verabredungen unter Jugendlichen heute fast nur noch über die sozialen Plattformen geschehen. Verabredungen gerade auch in Gruppen (auch beispielsweise in Vereinsmannschaften) werden dadurch leichter und möglicherweise dadurch auch häufiger. Auf jeden Fall gibt es keine validen Hinweise darauf, dass reale Treffen durch Medienkontakte abgelöst werden und seltener werden. Gleichzeitig entsteht dadurch ein Druck der Präsenz und der schnellen Antwort, der bereits von vielen Jugendlichen als unangenehm empfunden wird. Eine 18-jährige Abiturientin beschreibt ihre Erfahrungen folgendermaßen:

• Es herrscht eine Sucht nach Aufmerksamkeit
• Facebook, Twitter, Snapchat, InstagramStory sind unnötig
• Persönliches geht verloren

- Jedes Wort wird auf die Goldwaage gelegt
- Jeder erwartet in Whatsapp, dass Du sofort antwortest

Und eine 14-jährige Schülerin charakterisiert verschiedene Netzangebote folgendermaßen:
- Musically: *„Sich zum Affen machen"*
- Snapchat: *„Dass Du Deine Freunde nerven kannst. "*
- Whatsapp: *„Freunde mit nervigen Nachrichten zuspamen. "*
- Instagram: *„Dass jeder sieht, wie toll Du bist – bzw. sein möchtest. "*
- Twitter: *„Dass Du Deine Meinung an jeden rausposaunen kannst. Für Die, die das Gefühl haben, dass ihnen niemand zuhört. "*
- Facebook: *„Was für Ältere. "*

Jugendliche haben inzwischen also durchaus einen kritischen Blick auf die neuen Medien entwickelt. Allerdings bleibt oft ein ambivalentes Verhältnis zu handyfreien Zeiten. Es ist bezeichnend für unsere heutigen Familien, dass es kaum Regeln für handyfreie Zeiten gibt, dass selbst bei gemeinsamen Mahlzeiten das Handy oft nicht außen vor bleibt. Dann droht wirklich ein merklicher Verlust an innerfamiliärer Kommunikation und damit jedoch auch an familiärer Bindung und verlässlichem Rückhalt.

Obwohl es Mobbing auch früher gab, so kann es doch heute über das Smartphone in alle Lebensbereiche hinein verfolgen, vor allem wenn die handyfreien Bereiche verloren gegangen sind. Umso mehr benötigen Kinder und Jugendliche den Bereich vertrauender Kommunikation mit der Möglichkeit, belastende Medieninhalte kommunizieren zu können. Wobei auch dies durchaus partiell über die neuen Medien geschehen kann.

Aufgrund der medial vermittelten Kommunikation ohne zusätzliche Kommunikation über persönliche Präsenz, also vor allem Mimik und Gestik, sind Missverständnisse leichter möglich und werden nicht automatisch korrigiert. Andererseits bieten die neuen Kommunikationsmöglichkeiten auch den Weg, solche schnell zu klären. Dies setzt jedoch den aktiven Gebrauch der Medien voraus, nicht nur ein passives Sichtreibenlassen. Entscheidend über positive und negative Möglichkeiten der neuen Medien ist also die dahinter stehende Haltung.

Ein eindrückliches Beispiel über die Gefahr eines passiven Ausgeliefertseins stellte im Jahr 2016 der Film „Nerve" dar, den viele Jugendliche aber kaum Erwachsene in unseren Kinos ansahen. Ein langsames Hineinschlittern in die Dynamik eines Smartphone-Spiels, bei dem die Grenzen zum realen Leben verschwimmen, führt die Protagonisten bis zum Verlust ihrer Identität und zum totalen Ausgeliefertsein an das Spiel mit damit verbundenen tödlichen Gefahren.

Verändern sich unsere Beziehungen durch die neuen Medien?

Die Präsenz der Medien verändert die Beziehungen, dies lehrt uns die Alltagserfahrung. Die entscheidende Frage ist jedoch, Änderung zum Schlechteren oder zum Besseren? Unsere klassischen Erziehungs- und Beziehungsformen konnten nicht verhindern, dass eine ganzes Land das Denken beendete und sich Demagogie und Rassenwahn unterwarf. Das Schreckbild der smartphonenutzenden, das Kind nicht beachtenden und Kinderwagen schiebenden Eltern ist nicht selten zu beobachten. Doch wissen wir nicht ob diese Eltern ohne Smartphone mehr mit ihrem Kind kommunizieren würden. Ebenso sind die Säuglinge und Kleinkinder, die mit Smartphone und Tablet beruhigt werden keine Seltenheit mehr. Doch auch hier stellt sich die Frage, ob die Kommunikation mit diesen Eltern, die sie den elektronischen Medien überlassen, tatsächlich gewinnbringender wäre als die Medien. Aus kinder- und jugendpsychiatrischer Sicht sind überforderte Eltern heute keine Seltenheit.

Die Wirksamkeit von Tablet oder Smartphone zur effektiven Beruhigung ist nachgewiesen (World Federation of Societies of Anaesthesiologists 2016). Dies könnte die Überforderung vieler Eltern reduzieren und damit das Wohlergehen der Kinder fördern. Dennoch häufen sich Klagen von kinder- und jugendpsychiatrischen Patientinnen und Patienten, dass sie ein Elternteil an das Internet oder das Smartphone verloren hätten.

Im Jahr 2017 verdoppelte Twitter den Umfang der einzelnen Botschaft auf 280 Zeichen, was heftige und divergierende Resonanz im Netz hervorrief. Die Präsidentin Estlands, Kersti Kaljulaid, twitterte: „280 Zeichen auf Twitter fühlt sich an, wie einen Roman zu schreiben." Dies führt sofort zur Frage, wie einfältig ein solcher Roman sein muss im Vergleich zur Vielfalt der Beziehungen in beispielsweise einem Zauberberg. Heißt das, dass auch unsere Beziehungen weniger differenziert werden?

Veränderungen finden statt. Seit Facebook hat der Begriff Freund eine andere bzw. zusätzliche Bedeutung bekommen und es ist notwendig bei der Verwendung dieses Begriffes zu spezifizieren, was gemeint ist.

Die 18-jährige Abiturientin zeigt, dass sie sich dessen bewusst ist:

„Man bekommt viel mehr ‚Freunde‘, die eigentlich keine sind und so verlernt man zu vertrauen und zu wissen, wer wirklich dein Freund ist. Außerdem kommt man unter Druck, weil man denkt, man muss allen gerecht werden, obwohl sie eigentlich nicht deine Freunde sind.

Man lernt sich zu verstellen und vergisst, wer man wirklich ist, da ein komplett anderes Bild von dir gewollt ist. In den Socialmedia wird ein Menschenbild vermittelt, was viele dazu zwingt, jemand anderes zu sein, als man wirklich ist. Niemand weiß mehr, wer wirklich er ist und wer sich verstellt.

Das Leben wird unpersönlich, und man verliert immer mehr von seiner Privatsphäre, da so viele Communities wissen wollen, was du im Moment machst (z. B. Snapchat). Jeden Schritt den man tut, muss man für alle anderen Freunde und Fremde festhalten. Nichts bleibt mehr geheim bzw. privat."

Auswirkungen der neuen Medien auf Beratung und Therapie

Die erste Welle der neuen Medien traf Beratung und Therapie vor allem als therapeutische Herausforderung: Wieviel Aggression wird durch Computerspiele gefördert, wie kann eine exzessive Mediennutzung oder Mediensucht behandelt werden und wie können betroffene Angehörige beraten werden. Seit diesem Jahrhundert beschäftigt die Frage der Computer- bzw. Mediensucht die Fachleute, erst die Forschungskriterien der DSM 5 beendeten die Diskussion endgültig und führten die „Online Gaming Disorder" als Krankheit offiziell ein. Die Mediensucht wird seit mehreren Jahren in Deutschland als bedeutendstes Suchtproblem von Jugendlichen angesehen (Die Drogenbeauftragte 2014). Die Behandlung dieser Sucht stößt jedoch häufig an die Grenze der fehlenden Motivation der Betroffenen. Weitere Modelle der Beratung von Angehörigen haben sich deshalb entwickelt. Für die Behandlung der Betroffenen selbst steht die Frage der Motivation im Mittelpunkt. Wie häufig bei Suchtstörungen im Kindes- und Jugendalter besteht bei den Betroffenen selbst oft wenig Änderungsmotivation, teils aus mangelnder Problemeinsicht, teils weil der Mediengebrauch subjektiv zu viele Vorteile bietet. Aus diesem Grund ist es notwendig, erst schritt-weise diese Motivation aufzubauen. Wie bei der bisherigen Hauptform der substanzungebundenen Verhaltenssucht, der Glücksspielsucht (heute auch zunehmend online praktiziert), ausreichend bekannt, können trotzdem er-hebliche negative Folgen auftreten. Deshalb ist es für Therapie und Bera-tung heute unabdingbar, dass ein Grundwissen über Verhaltenssucht und ihre negativen Auswirkungen, aber auch über Behandlungsmöglichkeiten vorhanden ist. Bei kindlicher und jugendlicher Mediensucht gehört neben den möglichen physikalischen Beschränkungen durch Eltern (die aufgrund der Verlagerung auf Smartphones und die billiger werdenden Flatrates geringer werden) auch der Versuch, eine Behandlung zu erzwingen über eine von den Eltern beantragte richterlich genehmigte freiheitsentziehende Maßnahme.

Gleichermaßen aufgeklärt sein müssen Therapeuten und Berater über mögliche Gefahrenquellen im Netz. Dazu gehören problematische Kon-taktaufnahmen bis hin zu pädophiler Belästigung und Verführung. Die Ver-fügbarkeit aller Stoffe im Netz und die Möglichkeiten zu negativen, teils suizidalen Verabredungen gehört zu den neuen Möglichkeiten. Ebenso gehört es zum Alltag, dass Kinder und Jugendliche mit Inhalten z. B. por-nographischer oder gewaltsamer Art gewollt oder ungewollt konfrontiert werden, die sie in ihrer Verarbeitungsfähigkeit massiv überfordern. Dies muss Beratung und Therapie im Auge haben und muss zur Verfügung ste-hen, dass sich Kinder und Jugendliche in ihrer Überforderung anvertrauen können. Dies hat dann Priorität gegenüber anderen veränderungsorientier-ten Interventionen.

Derzeit wandelt sich die Bedeutung der neuen Medien hin zu einem wertvollen Arbeitsmittel von Beratung und Therapie. Telemedizin wird offiziell gefördert und soll vor allem Versorgungsengpässe beheben. Ne-ben der allgemeinärztlichen Versorgung gibt es in vielen Gegenden einen totalen Mangel an psychotherapeutischen Angeboten. Erste Ansätze der Einbindung von Smartphones in die Psychotherapie sind vielversprechend. Hier ergeben sich ganz neue Dimensionen einer psychotherapeutischen Unterstützung in konkreten Belastungssituationen. Über das Smartphone ist es dem Patienten möglich, viel unmittelbarer sein Erleben und seine reale Belastung zeitnah mitzuteilen, und dem Therapeuten ist es möglich, direkt in die Belastungssituationen hinein zu wirken. Bei vielen Krankheitsbildern, beispielsweise Phobien, gilt die begleitete Exposition als therapeutisch am wirksamsten. Mit Hilfe der neuen Medien ergeben sich ganz neue Möglichkeiten dieser Begleitung in der Exposition. Die dadurch mögliche Präsenz der Therapeuten kann die Notwendigkeit stationärer Behandlungen reduzieren. Wenn diese Einbindung neuer Medien gekoppelt ist an eine personale Beziehung, gibt es keinen Grund, einen Wegfall essentieller psychotherapeutischer Elemente zu befürchten. Vielmehr kann es zu einer Intensivierung dieser Beziehungen führen. Wir haben keine Hinweise darauf, dass aufgrund der neuen Medien die Kompetenz zu persönlichen Gesprächen eingeschränkt wäre. Das persönliche Treffen und das Lesen von Büchern haben ihre Bedeutung bei Jugendlichen nicht verloren. Dies spricht dafür, dass die neuen Medien weniger eine Gefahr, sondern eher eine Erweiterung unserer derzeitigen Beratungsmöglichkeiten und Therapieformen bringen werden.

Die beruhigende Wirkung elektronischer Medien ist wie oben erwähnt ein wirksames Hilfsmittel. Über die Nützlichkeit entscheidet die Art des Einsatzes. Wenn das das Medium direkte personale Begegnung ersetzen soll, wird dadurch keine wirkliche Beruhigung erreicht werden können. Es bleibt lediglich eine akut wirkende Droge, in diesem Fall eine, die die längerfristige Beruhigung sogar behindert. Eingesetzt als Überbrückung zur Beruhigung in den Intervallen zwischen der personalen Begegnung kann es sehr nützlich sein und die Erfolgschance z. B. ambulanter Beratung erhöhen.

Eine inzwischen alltägliche Problematik durch die neuen Medien sind die damit verbundenen innerfamiliären Konflikte, die inzwischen in viele Beratungen und Therapien hineinspielen. Häufig werden durch diese Problematik tieferliegende Konflikte maskiert oder relevante Fragestellungen in den Hintergrund geschoben. Oft besteht die Erwartung, dass der Therapeut über eine objektive Aufklärung über den richtigen Mediengebrauch eine der Konfliktparteien bestätigt. Viele Familien suchen eine Art väterlicher Strukturierung von außen, die die inzwischen oft schwache väterliche Funktion innerhalb der Familie unterstützt. Dabei besteht die Gefahr einer frühzeitigen Parteinahme. Dies hat zur Folge, dass für die andere Seite statt eines guten väterlichen Objekts ein strafendes verfolgendes Objekt installiert wird. Damit erreicht man jedoch das Gegenteil vom Erhofften: Dieser erhöhte Druck treibt Kinder und Jugendliche umso mehr in die Mediennutzung hinein und verbaut ihnen geradezu den Weg, sich hier angepasster zu verhalten.

In der Beratung und Therapie ist zu berücksichtigen, welche tieferen Funktionen der Mediengebrauch für Kinder und Jugendliche aber auch viele Erwachsene hat. Man kann es zusammenfassen als eine Art Affektregulation. Wir haben zahlreiche Befunde, dass der Mediengebrauch dazu dienen kann, eigene Affekte besser auszuhalten und den Affektdruck zu verhindern. Im Vergleich zu manchen anderen Wegen der Affektregulation, beispielsweise Selbstverletzungen, ist der Mediengebrauch eine recht positive Möglichkeit. Gerade bei Kindern und Jugendlichen, bei denen die im präfrontalen Gehirnbereich lokalisierte Affektregulation bei weitem noch nicht ausgereift ist, spielen die Ersatztechniken eine sehr wichtige Rolle. Dies ist für die Beratung zu beachten. Denn wenn durch vorzeitige Parteinahme oder andere Interventionen negative Affekte erzeugt werden, erhöht sich dadurch der Affektdruck und damit gleichzeitig der Drang, auf die hilfreichen Medien zurückzugreifen. In diesen Teufelskreis geraten viele Familien: Der exzessiven Mediennutzung wird versucht, durch erhöhten Zwang zu begegnen. Dies steigert die negativen Affekte auf Seiten der Nutzer. Diese haben jedoch gelernt, negative Affekte primär durch Mediennutzung zu regulieren. Sie werden also in eine verstärkte Mediennutzung hineingetrieben. Die Eltern und Angehörigen wundern sich, dass ihre gut gemeinten Interventionen nichts nützen oder die Nutzung nur noch verschlimmern. In dieser Situation suchen sie verzweifelt Hilfe. Und hier ist es wichtig, dass Beratung und Therapie aus diesem Teufelskreis aussteigen. Es ist völlig verständlich, dass Mediennutzer auf ihr bewährtes Schema zurückgreifen und andere Ideen der Affektregulation zunächst gar nicht nutzen können. Die Bahnungen im Gehirn können wir uns wie Wege und Trampelpfade vorstellen. Letztere werden immer mehr ausgetreten, während die Wege immer mehr mit Gestrüpp zuwuchern. Bis schließlich die üblichen Wege der Affektregulation, soweit sie im Rahmen förderlicher Beziehungen bisher überhaupt erlernt werden konnten, nicht mehr begehbar sind und nur noch durch mühsame Rodung wieder freigelegt werden könnten, wogegen sich die Trampelpfade der Mediennutzung breit anbieten und sofortige Entlastung versprechen. Die durch anderweitige Selbstregulation nicht mehr mögliche Entlastung muss also zunächst von außen übernommen werden, also durch ein wertschätzendes und ernst gemeintes Beziehungsangebot, das die Fähigkeit, eigene Affekte besser auszuhalten, fördert und das ggf. durchaus auch durch sinnvolle Medieninhalte ergänzt werden kann.

Gelingt die Arbeit mit den betroffenen Mediennutzern jedoch nicht, kann es sinnvoll sein, mit deren Angehörigen alleine zu arbeiten. Wenn diese lernen, die Zusammenhänge zwischen Befinden und Mediennutzung zu verstehen, können sie auf geeignetere Weise damit umgehen. Und wenn diese lernen etwas für sich zu tun und ihre eigene Affektlage nicht nur von der Mediennutzung der Betroffenen abhängig zu machen, kommen sie in die Lage, insgesamt positiv auf die Beziehung einzuwirken und aus dem Teufelskreis der ungewollten Verstärkung der Mediennutzung auszubrechen. Dies sind keine realitätsfernen Visionen, sondern nähert sich sehr den wahren Bedürfnissen unserer Kinder und Jugendlichen an.

Was suchen die Kinder und Jugendlichen heute?

Jugendliche suchen häufig eine verlässliche „Vater"figur. Selbst Jugendliche, deren Verhalten und Emotionalität sehr entgleist ist und die Unterstützung entweder durch die Kinder- und Jugendpsychiatrie oder die Jugendhilfe benötigen, tragen diese Sehnsucht oft in sich. Sie befürchten allerdings, von den Erwachsenen dieses gerade nicht zu bekommen. Deshalb ist es wichtig, bei ihnen nicht mit der Türe ins Haus zu fallen. Eine vorsichtige Annäherung und Vermeidung einer Identifizierung mit der elterlichen Aggression ermöglicht die Stärkung eines wohlwollenden strukturierenden väterlichen Objekts und vermeidet die erneute Erfahrung eines verfolgenden und strafenden bösen Vaters.

Kinder und Jugendlichen benötigen auch im Zeitalter der neuen Medien die persönlichen Beziehungen zur Entwicklung einer sicheren Bindung und zur weiteren Persönlichkeitsentwicklung. Diese persönlichen Kontakte, die dazu notwendige Aufmerksamkeit von Erwachsenen, das wie Papst Franziskus beschreibt genaue Zuhören und eine für die Kinder und Jugendlichen verstehbare Sprache sind durch übermäßige Mediennutzung von Erwachsenen bedroht. Aber sie sind auch durch verschobene Werte bedroht. Wenn Adel Tawil in seinem bei Jugendlichen intensiv rezipierten Song „Zuhause" formuliert: „hier ist die Liebe umsonst", weist das uns klar darauf hin, dass diese bedingungslose Liebe nicht mehr zu den selbstverständlichen Erfahrungen unserer Kinder und Jugendlichen gehört. Viele Kinder und Jugendliche werden genau dann geliebt, wenn sie die Erwartungen des Umfelds, allen voran der Eltern und der Schule erfüllen. Damit ist ihnen die unmittelbare nicht bewertende Ich-Du-Begegnung im Sinne Martin Bubers vorenthalten. Anstelle des Werdens am Du müssen sie einen unter Anstrengung erarbeiteten Selbstwert setzen, der jedoch immer leistungs- und bewertungsabhängig bleibt und eben nicht die innere Beruhigung und Freiheit einer sicheren Bindung bietet. Die Mediennutzung bietet für diese Kinder und Jugendlichen eine Rettungsinsel, in der sie dann aktuell immer wieder die Anerkennung und Beziehung erfahren. Auch wenn diese Erfahrung in der schnellen Medienwelt nur eine oberflächliche bleibt, ist ihnen nicht geholfen, diesen Strohhalm zu verteufeln oder weg zu nehmen. Vielmehr sollten wir neben (auch gerne in) den Medien ihnen mit einem authentischen Beziehungsangebot gegenüberzutreten.

Und wir sollten lernen, die Medienaktivität nicht zu verteufeln, sondern als Ort anzuerkennen, in dem viele Kinder und Jugendliche ihre Kreativität unter Beweis stellen. Natürlich gibt es die Beispiele „sinnloser" Netzaktivität. Aber Kinder und Jugendliche aller Generationen haben ihre Wege sinnloser Aktivität der Nichtaktivität gefunden, um sich von den Anforderungen der Erwachsenenwelt zu erholen bzw. abzugrenzen. Mediennutzung gehört in der Regel nicht zu den schlechtesten Formen einer solchen Subkultur. Substanzgebrauch oder Selbstverletzung oder auch permanente Regelverletzungen sind in der Regel problematischer. Viele Kinder und Jugendliche wollen sich mit Hilfe der Medien eine neue, eine bessere Umwelt bauen.

Dies zeigt die Vision einer 14-jährigen Schülerin. Sie möchte eine Schulcommunity programmieren mit Inhalten wie:

• Infos über AGs, Aktionen der SMV, Sani-Kurs
• Chat + Gruppenfunktion mit Teilnahme der Lehrer
• Forum (Fragen bei Hausaufgaben)
• Benachrichtigung bei Ausfall
• Schwarzes Brett
• Lehrer schreibt Hausaufgaben an
• News / Infos
• Nachhilfe suchen

Diese sollte dann nur schulisch sein, keinen Quatsch wie bei WhatsApp beinhalten. Sie sollte gebündelte Infos beinhalten. Dann wäre kein nerviges Fragen beispielsweise bei den Hausaufgaben mehr notwendig, kein Wohlwollen der Mitschüler, dass man richtig informiert wird. Es gäbe kein Vergessen, dass man Ausfall hat (ganz wichtig!). Man könnte sich leichter gegenseitig helfen und es wird von ihr eine Stärkung der Gemeinschaft erwartet.

Dagegen wäre auch von den Erwachsenen nichts einzuwenden!

2014 erhielt der Computerspezialist Jaron Lanier den Friedenspreis des Deutschen Buchhandels. In seiner Preisträgerrede in der Frankfurter Paulskirche zog er eine vorläufige Bilanz, welche auch heute noch unser Wissen um die Mediennutzung treffend einschätzt:

- Können wir zurücktreten und Bilanz ziehen? Gibt es derzeit mehr digitales Licht oder mehr Dunkelheit?
- Darf ich vorschlagen, dass die Technologen wenigstens versuchen so zu tun, als würden sie an die menschliche Besonderheit glauben, nur um zu sehen, wie es sich anfühlt?
- Es sind die Wunder, die wir errichten – die Freundschaften, die Familien, die Bedeutung –, die staunenswert, interessant, glorreich und berauschend sind.
- Lasst uns die Schöpfung lieben (Lanier 2014).

Literatur

American Psychiatric Association (2013): DSM 5 - Diagnostic and statistical manual of mental disorders (5th ed.). Arlington, VA: American Psychiatric Publishing.

Bischof, G., Bischof, A., Meyer, C., John, U. & Rumpf, H.J. (2013): Prävalenz der Internetabhängigkeit – Diagnostik und Risikoprofile (PINTA-DIARI). Bericht an das Bundesministerium für Gesundheit. Lübeck: Universität Lübeck, Klinik für Psychiatrie und Psychotherapie.

Buber, M. (1923): Ich und Du. In M. Buber (1984): Das dialogische Prinzip. Heidelberg: Lambert Schneider.

Die Drogenbeauftragte der Bundesregierung (2014): Drogen- und Suchtbericht 2014. http://www.Drogenbeauftragte.de

DIVSI (2016): DIVSI Internet-Milieus 2016. Die digitalisierte Gesellschaft in Bewegung. https://www.divsi.de/wp-content/uploads/2016/06/DIVSI-Internet-Milieus-2016.pdf (Stand 5.4.2018)

Lanier, J. (2014): Rede in der Frankfurter Paulskirche anlässlich des Erhalts des Friedenspreises des Deutschen Buchhandels am 12.10.2014

Medienpädagogischer Forschungsverbund Südwest (2016): JIM-Studie 2016. Jugend, Information, (Multi-) Media und KIM-Studie 2016. Kinder, Informationen, (Multi-) Media). Stuttgart: Medienpädagogischer Forschungsverbund Südwest.

Papst Franziskus (2013): Predigt am 31.5.2013 zur Beendigung des Marienmonats Mai auf dem Petersplatz in Rom.

Radesky, J.S. (2016): Use of Mobile Technology to Calm Upset Children: Associations With Social-Emotional Development. JAMA Pediatr. 2016; 170(4):397-399. doi: 10.1001/jamapediatrics.2015.4260

Spitzer, M. (2012): Digtale Demenz: Wie wir uns und unsere Kinder um den Verstand bringen. München: Droemer.

Tawil, A. (2014): Zuhause. Popsong aus dem Album "Lieder". United Kingdom: Vertigo Records.

World Federation of Societies of Anaesthesiologists (2016). "iPads as effective as sedatives for children before operations." ScienceDaily, 29.August 2016. <www.sciencedaily.com/releasesses/2016/08/160829094027.html>.

Autorinnen und Autoren

Barth, Gottfried Maria
Dr. med., M.A. Universitätsklinik, Abteilung Psychiatrie und Psychotherapie
im Kindes- und Jugendalter, Tübingen

Bauer, Daniela
Dipl.-Psych. M.Sc., BruderhausDiakonie, Reutlingen

Bender-Joans, Silvia
Logopädin, Marte-Meo-Therapeutin und Supervisorin,
Psychomotorikerin, Wetter

Blob, Friedgard
Dipl.-Psych. Dipl.-Päd., Focusing Zentrum Tübingen – Training, Therapie, Ausbildung.

Bossong, Laura
Dipl.-Psych., Kompass Kindheit GbR, Stuttgart

Deuschle, Nina
Dipl.-Psych. M.Sc., BruderhausDiakonie, Reutlingen

Feuling, Martin
Dr., Psychotherapeut, Kinder- und Jugendlichenpsychotherapeut,
Verein für Psychoanalytische Sozialarbeit e.V., Tübingen

Hölter, Gerd
Prof. em. Dr., TU Dortmund, Fakultät Rehabilitationswissenschaften

Luderer, Hans-Jürgen
Prof. Dr. med., Facharzt für Psychiatrie und Psychotherapie, Heilbronn,
Chefarzt bis 2014 am Klinikum Weissenhof, Weinsberg

Luxen, Ulrike
Dipl.-Psych., psych. Psychotherapeutin, Supervisorin, Korb

Rückert, Claudia
Dipl.-Päd., Dipl.-Sozialarb., Sonderpäd. Berufs- u. Erwachsenenbildung, PH Ludwigsburg

Schulz, Adelheid
Prof. Dr., Hochschule Fresenius Düsseldorf

Autorinnen und Autoren

Vahl-Seyfarth, Ellen
Dr. Dipl.-Psych., Rangendingen

Welsche, Mone
Prof. Dr., Katholische Hochschule Freiburg

Werthmann, Ralf
Staatl. gepr. Motopäde, staatl. anerk. Erzieher, Ansprechpartner
für die Sherborne Vereinigung Deutschland, Remshalden.